外语名家访录

INTERVIEWS WITH FOREIGN LANGUAGE EDUCATORS

——思与识之光

王祖友 等◎著

汕頭大學出版社

图书在版编目（CIP）数据

外语名家访谈录 : 思与识之光 / 王祖友等著 . --
汕头 : 汕头大学出版社，2018.5
ISBN 978-7-5658-3648-0

Ⅰ . ①外… Ⅱ . ①王… Ⅲ . ①英语—教学研究 Ⅳ .
① H319.3

中国版本图书馆 CIP 数据核字（2018）第 129122 号

外语名家访谈录 —— 思与识之光
WAIYU MINGJIA FANGTAN LU SI YU SHI ZHI GUANG

著　　者：王祖友 等
责任编辑：宋倩倩
责任技编：黄东生
装帧设计：黑眼圈工作室
出版发行：汕头大学出版社
　　　　　广东省汕头市大学路 243 号汕头大学校园内　邮政编码：515063
电　　话：0754-82904613
印　　刷：北京市金星印务有限公司
开　　本：710mm×1000mm　1/16
印　　张：17
字　　数：293 千字
版　　次：2018 年 5 月第 1 版
印　　次：2021 年 7 月第 2 次印刷
定　　价：60.00 元
ISBN 978-7-5658-3648-0

目　录

"致广大而尽精微"

　　—— 蒋洪新教授访谈录 001

中国学术走出去与文学伦理学批评

　　—— 聂珍钊教授访谈录 009

王宁教授的世界文学观

　　—— 王宁教授访谈录 019

文本、文学与文化：中国比较文学发展的动力

　　—— 乐黛云教授访谈录 030

叙事学与文学批评

　　—— 申丹教授访谈录 044

关于文学地理学的研究方法与发展前景

　　—— 邹建军教授访谈录 053

文学伦理学批评的创立者

　　—— 聂珍钊教授访谈录 064

翻译与女性文学

　　—— 朱虹教授访谈录 078

百花齐放总是春

　　——赵彦春教授访谈录 085

新科技信息时代对翻译的定位与认知

　　——潘文国教授访谈录 097

关于当前几个重要翻译问题的思考

　　——谢天振教授访谈录 104

学术翻译与中国媒介环境学的发展

　　——何道宽教授访谈录 111

不该遗忘的角落

　　——关于翻译书评理论研究的对谈 124

翻译研究·学术期刊·学科建设

　　——李亚舒教授访谈录 141

语用、模因与翻译

　　——何自然教授访谈录 148

"译坛巨匠"是怎样炼成的?

　　——杨武能教授访谈录 158

贯中西、适者存:生态翻译学的兴起与国际化

　　——胡庚申教授访谈录 169

从海外华文教育看京剧在美国的传播和接受

　　——陈祖言教授访谈录 181

人文关怀理念下的大学英语教学与科研

　　——刘润清教授访谈录 190

学英语教学改革的战略基点

　　—— 束定芳教授访谈录 197

MTI 教学：素养与能力

　　—— 黄忠廉教授访谈录 206

学术创新能力培养的几点思考

　　—— 王寅教授访谈录 216

中国学生英语能力：含义与描述

　　—— 邹为诚教授访谈录 229

中国应用语言学发展的若干问题

　　—— 文秋芳教授访谈录 239

认知语言学在中国

　　—— 文旭教授访谈录 249

系统功能语言学：发展及应用

　　—— 张德禄教授访谈录 257

"致广大而尽精微"
—— 蒋洪新教授访谈录

叶 冬[1]

摘要：湖南师范大学外国语学院博士生导师蒋洪新教授长期从事英美文学、比较文学、翻译理论与实践、高等教育学等领域的研究，并卓有建树。蒋洪新教授就"大学的意义"与英语人才培养的理念、英语人才培养中通识教育的重要性、新版《英语专业本科教学质量国家标准》、英语诗歌的研究方法，以及20世纪美国文学思想研究的价值与意义等诸多问题阐述了他深刻而独到的见解。

关键词：人文主义；通识教育；英美诗歌；文学思想；跨文化传播

蒋洪新教授简介：湖南师范大学外国语学院教授、博士生导师，副校长；1996年毕业于中国社会科学院研究生院（2017年整合中国青年政治学院本科教育及部分研究生教育资源，成立中国社会科学院大学），获文学博士学位；曾在美国加州大学圣迭戈分校、田纳西大学、英国伦敦大学、罗伊汉普顿大学等欧美高校和研究机构讲学与访学；并担任香港城市大学等数十所海内外高校的客座教授。蒋洪新教授是2014年度国家社会科学基金重大项目"20世纪美国文学思想研究"首席专家；主持完成国家社科基金项目2项、省部重大招标项目和其他项目10余项；发表论文80余篇，其中部分论文被《新华文摘》《外国文学研究》（人大复印资料）全文转载；出版著作、译作等10部，其中《走向〈四个四重奏〉—— T.S.艾略特的诗歌艺术研究》《英诗新方向——庞德、艾略特诗学理论与文化批评研究》《大江东去与湘水余波——湖湘文化与西方文化比较断想》《庞德研究》《庞德学术史研究》等专著

---

[1] 清华大学外文系，北京，邮政编码：100084。

在学界享有盛誉；获得高等教育国家级教学成果二等奖1项（合作），湖南省哲学社会科学优秀成果奖3项，湖南省高等教育省级教学成果奖一等奖。蒋洪新教授现为国务院学位委员会学科评议组成员、国家社会科学基金项目评审专家、教育部高校外国语言文学类专业教学指导委员会委员、教育部高校英语专业教学指导分委员会副主任委员、全国翻译专业学位研究生教育指导委员会委员、国家留学基金委评审专家、全国英国文学学会会长。蒋洪新教授是教育部"新世纪优秀人才支持计划"入选者、新世纪"百千万人才工程"人选、国家重点学科"英语语言文学"带头人，享受国务院特殊津贴专家。近日，笔者专访了蒋洪新教授。

叶冬（以下简称叶）：蒋老师，我们发现近十年来您在从事英语语言文学专业研究的同时，发表了多篇有关"大学的精神"和"大学的意义"的论文，提出了自近代以来欧美大学办学精神中"人文主义"与"科学主义"的争论和博弈。这是否与您兼有高校学者与管理者的双重身份有关呢？

蒋洪新（以下简称蒋）：我个人认为，对于"大学的精神"和"大学的意义"的反思与探究，应该是每一个大学教师自觉的社会责任和职业使命。中国高等教育近几年发生了翻天覆地的变化，其中引人注目的巨变之一就是大学生和研究生的扩招，大学完成了从精英教育向大众教育的过渡。然而，我们在扩招的同时如何把握教育质量？在知识爆炸的年代，大学如何传承知识和进行创新？外语专业的人才仅仅作为会说洋文的传声筒，还是培养复合型的外语人才？这一系列问题不断地拷问着每一个从事大学教育的人的心灵。而其中的核心就是高等教育的人才培养理念和标准的问题，换而言之，就是大学的"精神"和"意义"何在？西方自近现代以降，有关大学的理念与功能至少存在着信奉人文主义和科学主义两派之争。人文主义的倡导者是英国19世纪的红衣主教纽曼。面对英国工业革命后"科学"的社会地位和影响日益上升，纽曼高举人文主义旗帜，提出了自己的大学理想：大学教育的目的是发展人的理智，大学的真正使命是"培养良好的社会公民"和促进社会的和谐发展。到了20世纪30年代，美国芝加哥大学校长赫钦斯秉承纽曼的自由教育以及学术自由的思想，对当时盛行美国的实用主义提出批评，反对大学过分专业化。与纽曼所怀抱的理想迥然不同的是德国柏林大学校长洪堡的教育理念，他认为大学的首要任务是发展知识，而不是传授知识；大学不仅仅是教学的阵地，更应该是科学研究的中心。洪堡所创办的柏林大学成为现代化大学的典范。洪堡这一理念的追随者还包括哈佛大学校长查尔斯·艾略特。尽管西方拥有诸多富有远见的教育家，但是"人文主义"和"科学主义"的教育主张一直是大学论争的主旋律。

叶：对"大学的精神"的探究，对于英语人才培养有着什么样的关联性或启发性？

蒋：发生在英美两国近两个世纪的人文与科学、通识与职业的教育之争，其实是工业化过程与社会转型时期所面临的普遍问题，这场跨世纪的思想交锋至今尚未尘埃落定。透过喧嚣的论争，我们扪心自问：在现代化征程中高歌迈进的中国及其大学教育是否也面临类似的问题？毫无疑问，改革开放30多年来，我国的高校英语专业取得了突飞猛进的发展。据有关资料统计：除303所独立学院外，我国普通本科学校1 145所，994所设有英语专业，146所设有商务英语专业。外国语言文学学科原有36个本科专业，经国家调整增至62个本科专业；英语语言文学硕士点已有200多个，外国语言文学的博士点（包括外国语言学及应用语言学）已有40余个。其规模的扩大，教学的投入，为我国的经济建设、对外交往和社会发展等领域培养了数百万的外语人才。但在发展的同时，许多专家注意到还存在不少问题，如教学偏重语言知识的传授，轻语言交际能力的培养；人才培养模式方面，不少外语人才知识面过窄、技能单一、社会适应性不强等。但透过现象看本质，我们在办学的指导思想、课程设置以及教学过程上也许还存在某些值得探讨的问题。

叶：您刚才提到了"科学与人文""通识与职业"的教育理念之争，那么您能否谈谈英语人才培养中"通识"教育的重要性及其所面临的问题？

蒋：中国现代大学从诞生起就吸取了西方现代大学的先进理念。清华大学前校长梅贻琦提出了通识教育的理念，他认为大学教育"重心所寄，应在通而不在专"，吴宓先生在1926年代理清华外文系主任时就拟定了办系总则："博雅之士；了解西洋文明之精神；熟读西方文学之名著，谙悉西方思想之潮流，因而在国内教授英、德、法各国语言文学，足以胜任愉快；创造今世之中国文学；汇通东西之精神思想，而互为介绍传布。"可以说"通识教育"的理念对我国的高等教育包括英语专业的教学无疑是有借鉴意义的。尤其是在改革开放之后，国家的现代化建设急需外语人才，外语学科迎来了前所未有的繁荣。除大学将英语列为必修课之外，英语专业多年来成为最热门的专业——可以不夸张地说本科院校大多有英语专业。但在人才培养目标和通识教育环节中存在的问题不少，情况令人担忧。首先，英语专业对不少的大学行政管理人员而言，还未上升到专业和学科建设的高度，他们大多将其视为培养工具性人才服务的专业。其次，中国相当多的大学长期在条块分割下形成的管理模式，阻断了各院系、各学科教学人员相互交流。没有学科的交叉融合以及大学行政和学术教学组织的良好协调，通识教育无从谈起，由此也就导致了英语专业的学生知识结构单一、视野不够开阔。因此，如何将大学的通识教育的理念与英语专业的建设相结合是我国高校所面对的重要问题。

叶： 的确，就我国高等教育中英语人才培养的理念、标准与模式等方面来看，存在着诸多需要拓展与改进的领域。据悉自 2013 年始，教育部高等学校英语专业教学指导分委员会按英语、翻译和商务英语三个专业制定英语类本科教学质量国家标准。您作为（教育部高校）英语专业教学指导分委员会副主任、《英语专业本科教学质量国家标准》（以下简称《国标》）的主要起草者，能否谈谈制定《国标》的目的和意义何在？

蒋： 英语专业的《国标》，就是国家关于英语专业人才教育和培养质量的国家标准，也是基本标准。英语专业的《国标》是未来的一段时期内我国高等教育中英语专业人才的培养目标、教学理念、培养模式、教学队伍、课程设置、教学内容、教学手段以及教学管理等方面的质量标准体系。具体而言，新《国标》要求未来英语专业的学生应该具备：扎实的英语语言基础知识和熟练的英语语言运用技能、系统的英语文学知识和较强的文学鉴赏与批判能力、较丰富的多元文化知识和较强的跨文化沟通能力。在注重学生语言知识与技巧（读、说、听、写、译）培养的同时，提升学生的文学鉴赏能力和思辨能力。新《国标》还强调学生应具有多元文化认同感，能以开放的态度、批判的思想和包容的胸襟对待多元文化现象；具有较强的跨文化意识，能比较敏锐地觉察各种跨文化现象；能较好理解、诠释、评价文化差异，并灵活运用沟通策略来突破汉语和英语文化的差异而实现跨文化的传播与交流活动。因此，《国标》具有极其重要的指导意义，当然制定《国标》也是一个极其复杂的系统工程。

叶： 英语专业的《教学大纲》历史上曾有过几个版本，《教学大纲》的历史演变反映出了我国英语人才的培养观念发生哪些时代性的变化？

蒋： 我国在改革开放之后，从 1978 年到 2000 年制定了三个高等学校教学大纲。1978 年，教育部制定了《高等学校英语专业基础阶段实践课教学大纲（实行草案）》，1979 年 4 月（该草案）连同教学计划草案一起下发到各校。这是国内第一个独立和完整的高校英语专业教学大纲。1980 年，教育部英语编审组完成了《高等学校英语专业基础阶段实践课教学大纲（实行草案）》修改稿；20 世纪 90 年代初国家教委（全称为中华人民共和国国家教育委员会，现已更名为中华人民共和国教育部）又实施了《高等学校英语专业高年级英语教学大纲》。这两个教学大纲基本确定了我国英语专业教学的基本模式，为我国英语教学质量的提高和有序发展做出了很大的贡献。但这两个大纲很大意义上沿袭了重英语语言知识和基本技能训练的外语教学模式。1998 年教育部高教司颁发了《关于外语专业面向 21 世纪本科教育改革的若干意见》，并于 2000 年 4 月颁布《高等学校英语专业英语教学大纲》。新大纲的特点在于：不再分基础阶段和高年级阶段，而是一个连续统一的整体；明确了 21 世纪英语专业的培养目标；确立了新世纪英语专业人才的培养规格；将英语专业本科阶段所开设的课程分为英语专业技能、英语专业知识和相关专业知识三大板块。新大纲体现了新形势对外语人才的新需求，虽然其中所提出的"复合型外语人才的培养模式"有褒贬不一的反响，但新大纲整体上得到了学界与社会的较好评价。然而，值得注意的是：因为《大纲》（《高等学校英语专业英语教学大纲》）只是一个总则和基本框架，在具体实施和执行过程中却有着各自不同的解读，由此产生了诸多的困惑和矛盾——这也是《国标》应运而生的缘由。

叶：那么，您负责主持制定的新版《国标》是以什么样的"理念"来作为标准的？

蒋：《国标》制定的主要依据为《国家中长期教育改革和发展规划纲要（2010—2020 年）》《教育部关于全面提高高等教育质量的若干意见》和《高等学校创新能力提升计划》。同时，还借鉴了我国外语学科历史上各种有关教学大纲和质量标准，参考了海内外有关提升教学质量的标准，并广泛调研各层次学校和征求专家、教师和学生的意见，以确保《国标》具有合理性。《国标》框架主要包括前言、培养目标、培养规格、课程体系、教学与评价、师资队伍、教学条件等几个部分。就英语专业人才培养的标准而言，新《国标》明确了一系列重要的原则和指标。例如：首先在学科分类上，确定了其属于人文学科。强调人文学科的意义在于英语不应简单作为语言工具，英语专业培养的学生应该具有广博的知识面，健全的人格和道德素养，以及全球化理念和国际化视野，并对不同意识形态有清醒的认识和正确的立场。其次，关于培养规格。在新形势下，培养规格的覆盖面应更为广阔，至少应该具备扎实的英语语言基础知识和熟练的英语语言运用技能、系统的英语文学知识和较强的文学鉴赏与批判能力、较丰富的多元文化知识和较强的跨文化沟通能力。其三，关于课程体系。新《国标》是一个基本标准，总体框架由公共基础课、专业必修课、专业选修课（分为语言课程、文学课程、文化课程和特色课程四个模块）、教学实践环节和毕业论文（设计）五个部分组成，突出理论课程和实践环节相结合、人文精神和科学精神相结合、综合素质和专业技能相结合、国家标准和学校特色相结合的理念和标准。此外，对于师资队伍和办学条件也提出了一系列的评价指标。

叶：蒋老师，作为一位在英美文学、比较文学、翻译理论与实践方面卓有成就的知名学者，我们知道您在英美诗歌研究领域有着很高的声誉，尤其是《庞德研究》《庞德学术史研究》以及《庞德研究文集》三部著作，被学术界誉为"在学术方法、研究视野、内容取向以及文献开拓与阐释方面极富特色与创新"。您能否与我们分享一下您在研究中的心得与经验？

蒋：在我的学术研究的理念与方法上，导师袁可嘉先生给了我极大的启示和影响。具体到《庞德研究》上，我个人认为可以分享的经验与体会主要是在以下三个方面：一、文学研究与文学批评应采用"总体把握"与"细节洞察"，也即"宏观"与"微观"相结合的研究路径。一个文学家或诗人的艺术作品与艺术风格的形成，必然有着他人无法复制或无法企及的特殊性。在研究过程中，我力图将庞德的家庭背景、学术渊源、社会语境、时代思想、诗学理论、文化理论，以及各个时期的诗歌创作特色与代表作等诸方面进行全景式展现和对接。二、文学研究与文学批评应将抽象的理论研究和具体的文本解读相结合。在庞德诗歌创作的不同时期，其意义与风格呈现出了不同的风貌。对社会、历史、文化意象，庞德并非简单地挪用，而是注入自己的感受与领悟，并以独特的意象构造出有机的、充满情感与精神张力的诗学结构，形成了一种"庞德诗体"。因此，在研究文学时我们岂能仅靠某一种批评方法将作品的"整体性"解剖与消解呢？所以我将西方关于庞德的诗学文献进行了引用与疏解，并对东西方的经典诗学和文化批评理论进行吸收与运用，进而以文献考证与理论批评相结合的方法对庞德的诸多经典篇章进行了解读。三、注重文学比较与跨文化的研究方法。我们在进行文学欣赏与研究时应该学会如何跨越时间和空间的隔阂，既探本溯源了解其本身的文化立场，又不拘于不同文化的机械对立，在承认固有差异的同时从更高的角度把握时代与历史价值。以庞德为例，他本人更看重文学的世界性而非地域性，在 20 世纪初就倡导跨国界的比较文学方法。他与中国的渊源本身就是比较文学研究非常好的范例之一。我从世界文学的学术格局对庞德诗作中的中国元素和翻译进行了跨文化的探究，发现了庞德诗作中一个东西方文学与文化交融的新领域。

叶：作为 2014 年度国家社会科学基金重大项目"20 世纪美国文学思想研究"的

首席专家，您能谈谈这一选题的背景和价值吗？您为何选择了这样一个具有大尺度、大视野和大纵深的课题？

蒋：总体来看，国内外关于美国文学思想的研究大致可分为四大类别：一是"文学思想史"或"美国思想史"中的历史性研究；二是文学通史中的关联性研究；三是文学理论、文学批评的纵论性研究；四是关于文学类型、文学流派或文学家的专题性研究。研究成果虽然不少，但缺乏整体性探究和历时性梳理，尤其对"文学思想"与文学观念、文学思潮的区分不深入：散论式、片段式、单向式研究偏多。文学是人类社会中重要的文化活动和文化现象，"文学思想"集中体现在对文学的本质、使命、价值、内涵等重大问题的思考和言说上，也体现在关于文学的形式因素、创作方式、发生发展规律、读者接受、社会传播、历史影响等各个环节和要素的思考上。文学思想除了体现出文学主体对于文学自身构成和发展现状的认识，同时也反映出一个社会特定时期的政治、经济、文化、历史各个方面的情形，而且深受后者的影响。20世纪美国社会的历史风云激荡、波澜壮阔，对美国文学和文学思想发展的影响既深远且巨大。我期待这一研究能超越传统的文学史观，以中国的学术精神和中国学者的研究理念来拓展美国文学研究的新视角；同时探究不同时期美国文学发展的现实语境，并对20世纪百年间美国文学思想的发生与发展，以及不同历史时期的阶段性差异及其产生的内在原因和外在动因进行梳理，以此完整地揭示出20世纪美国文学及思想发展的总体态势。我希望本课题的研究成果能丰富20世纪西方乃至世界文学及其思想的研究范畴，并形成一种创新性的文学思想研究架构，对20世纪美国文学思想与精神的根本属性，以及美国的社会思潮、文化特征、国家形象及全球影响力研究产生一定的关联价值。当然，我也希望该研究能对21世纪中国文学与文化的创新、发展，以及转型期中国本土文学思想中民族意识与民族精神的建构产生重要的借鉴作用。

叶：我们注意到您在跨文化传播与翻译研究领域里一个颇有意味的特点就是"不忘本土"——关注"湖湘文化与西方文化的比较研究"，这是否有特殊意义？

蒋：文化的冲突与融合，已是当今世界不可逆转的时代潮流。在这样一个文化转型时期，如何融入世界文化之中又不失掉自己的声音一直是学界探讨的重要话题。而"湖湘文化"的提法一直有学者质疑其存在与否，部分学者认为"湖湘文化"早已融入中华文明之中，不再具有其地域文化的身份。我在《大江东去与湘水余波——湖湘文化与西方文化比较断想》一书中分别从钱钟书与国立师范学院的关系，庞德、燕卜荪等西方学者与"湖湘文化"的渊源,《楚辞》、毛泽东诗词的翻译与传播,曾国藩父子对于西方文明的接纳与借鉴,以及一些湖南籍翻译家的译作等方面考察了"湖湘文化"之于西方文化、西方文化之于"湖湘文化"的双向影响与交融,说明了自近代以来"湖湘文化"的存在和延续。我认为在世界文化格局中应该且必须有"湖湘文化"的位置,它是我们民族文化身份认同的重要组成部分 —— 无论是基于中华文化建构的历史贡献,还是基于当今全球化背景下文化多样性的格局来考察,"湖湘文化"的确有着它"发声"的"话语权利"。这也是一个从事外语研究的学者职责使然。

叶:蒋老师,以上您就"英语人才培养的理念与标准""英语专业新版《国标》的说明与通识教育的重要性"等专题接受了我们采访,并荣幸地分享了您治学的心得与经验。感谢您在百忙之中抽出时间来接受我们的采访,"致广大而尽精微,极高明而道中庸"——谢谢您对青年学者的忠告。

中国学术走出去与文学伦理学批评
—— 聂珍钊教授访谈录

武月明　龙　云

摘要： 聂珍钊，华中师范大学文学院教授，《外国文学研究》主编，兼任中国外国文学学会副会长、国际文学伦理学批评研究会副会长，主要从事英美文学与比较文学、文学伦理学批评理论与方法研究。2016 年 4 月，应北京第二外国语学院盛情邀请，聂教授来校做了文学伦理学批评专题演讲，反响强烈，广大师生不仅被文学伦理学批评理论体系的原创性与主体性所吸引，更为它所代表的中国立场、中国智慧、中国价值所触动。鉴于此，我们采访了聂教授，访谈内容涉及文学伦理学批评理论的建构与发展、创建兼具中国特色与国际影响力的学术话语体系的迫切性，以及实现中国学术走出去宏伟目标的策略与路径。

关键词： 文学伦理学批评；学术话语；走出去战略

聂珍钊教授简介： 1976 年毕业于华中师范大学英语系，1982 年毕业于华中师范大学中文系。1988 年破格晋升副教授，1992 年破格晋升教授。1994 年赴剑桥大学英语系从事学术研究一年。1996 年受英国学术院王宽诚基金资助作为访问教授赴英国剑桥大学达尔文学院与华威大学英语系从事研究一年。2006 年至 2007 年应邀赴美国芝加哥大学、普度大学、俄亥俄州立大学从事讲学和研究。先后独自承担三项国家社会科学基金项目，两次获教育部人文社会科学研究优秀成果奖二等奖（第一届，第五届）。现任华中师范大学文学院教授、博士生导师，国家级精品课程"外国文学史"主持人，英美文学与比较文学研究所所长，《外国文学研究》杂志主编，同时担任中央马克思主义理论研究和建设工程教育部《外国文学史》首席专家，国家哲学社会科学规划（基金）外国文学学科评委，中国外国文学学会副会长，湖北省外国文学学会会长，国际学术组织"中美诗歌诗学协会"（Chinese/American Association for Poetry and Poetics，Upen-based）副会长。主要研究领域为文学批评、英美小说、英语诗歌、比较文学等。在英国文学方面，其研究哈代的主要学术成果《悲戚而刚毅的艺术家：托玛斯·哈代小说研究》获首届全国高等学校人文社会科学研究优秀成果二等奖。在英语诗歌研究方面，其《英语诗歌形式导论》是我国有关英语诗歌韵律研究最为系统、全面的学术成果，于2009年获教育部全国高校人文社科优秀成果奖二等奖。在文学批评方面，聂珍钊教授创造性地发展了文学伦理学批评方法，被国外称为文学伦理学批评的中国创立者。他主编的学术期刊《外国文学研究》杂志于2005年被A&HCI（艺术与人文科学引文索引）收录，实现了中国人文科学学术期刊在国际核心数据库中零的突破。

武月明、龙云（以下简称武、龙）： 首先，非常感谢您百忙之中接受采访。中共中央总书记习近平最近提出："我们不仅要让世界知道'舌尖上的中国'，还要让世界知道'学术中的中国''理论中的中国''哲学社会科学中的中国'。"您认为在当前环境下，中国学术怎样才能真正走出去，怎样才能提升中国学术的国际话语权，进而实现"让世界知道'发展中的中国''开放中的中国''为人类文明做贡献的中国'"的宏伟目标？

聂珍钊（以下简称聂）： 中共中央总书记习近平在哲学社会科学工作座谈会上的讲话指出，坚持和发展中国特色社会主义，哲学社会科学具有不可替代的重要地位。遗憾的是，当前我国哲学社会科学在国际上的声音还比较小，还处于有理说不出、说了传不开的境地。因此中共中央总书记习近平强调，我们需要站在思想文化的制高点上，增强理论自信和战略定力；在指导思想、学科体系、学术体系、话语体系等方面构建具有中国风格与时代精神的中国哲学社会科学话语体系；在国际合作、交流与对话中增进中国哲学社会科学研究的国际认同，增强我国哲学社会科学研究的国际影响力，让世界知道"学术中的中国""理论中的中国""哲学社会科学中的中国"。中共中央总书记习近平的讲话内涵丰富、旨意深刻，是繁荣发展我国哲学社会科学的根本指导思想。概言之，中共中央总书记习近平讲话的主旨就是中国需要在哲学社会科学领域进行学术创新，中国不仅需要在哲学社会科学领域拥有自己的学术话语权，而且还要用自己的理论和学术话语影响世界、引领世界，做哲学社会科学的大国、强国。

中国学术走出去，需要我们具有充分的学术自信与自觉，妄自菲薄、自轻自贱或者妄自尊大、自以为是都是不可取的。前者消极自卑、人云亦云、没有主见、自我否定，认为一切都是外国的好，沦为他人的学术附庸，其结果势必走向历史虚无主义和学术虚无主义；后者坐井观天、见识短浅、抱残守缺、闭关自守，一切都是自己的好，其结果势必走向排外主义和学术孤立主义。对于西方学术不迷信盲从，不是不能使用外国的理论与学术话语。在学术共同体内，学术理论与话语是互通的，但当我们没有自己的原创而只能使用外国理论和话语时，这就意味着我们不是主动的参与者，只是被动的旁听者。学术论文的引用也是学术价值的一种反映。我们在撰写学术论文的过程中引用文献，只引用外国人的文献而不引用中国人的文献，这就是对我国学术缺乏自信的表现，不能不引起我们的警觉。因此，只有在学术自信的基础上，我们才能自觉地进行学术创新，构建自己的学科体系、学术体系、话语体系，学术成果才能真正走出去并在国际上产生影响，通过自己的学术贡献让世界知道"发展中的中国""开放中的中国"和"为人类文明做贡献的中国"。

让人感到可喜的是，在国家的支持与推动下，进入新世纪之后，国内涌现出一批原创性的哲学社会科学研究成果，并在国际学术界产生了一定影响。已经走出去的中国文学伦理学批评理论，得到了国际学术界同行专家的良好评价，吸引了众多国内外学者参与研究，这充分说明中国学术完全有能力走出去并得到国际学术界的认可。

武、龙：早在 2004 年，您就指出中国的文学批评出现了两种需要引起我们警觉的倾向，一是文学批评远离文学，一是文学批评的道德缺位。一些打着文化批评、美学批评、哲学批评旗号的批评，不重视文学作品的阅读与阐释，只注重批评家自己某个命题的求证，从而消解了文学作品和文学批评的意义，变成了用来建构批评者自身某种理论体系或阐释某个理论术语的话语片断。您指出这种现象是我国文学批评理论和学术话语严重西化的结果，同时也说明在文学批评理论领域我们缺少自己的创新和贡献。正是在这样的历史背景下，您开始建构文学伦理学批评的基础理论和学术话语。而在大洋彼岸，20 世纪 80 年代，美国布斯教授推动的伦理批评曾经风靡一时，但又慢慢地沉寂下去了。21 世纪初，伦理批评以文学伦理学批评的新面貌在中国出现，很快在中国流传开来并转而传播到国外，这是让人无比欣喜的。如今十多年过去了，可以说，文学伦理学批评的基本理论已经发展得比较成熟了。为了让我们更清楚地理解文学伦理学批评，您可否对它的基本理论做一些描述？

聂：好的。自改革开放以来，大量西方的文学批评被引入中国，奠定了建构中国文学批评理论的基础，推动了我国文学批评的发展。如果对西方的文学批评进行深入考察，我们会发现它们很少建构起自己坚实的理论基础，话语体系并不完善。例如女性主义批评、生态批评、新历史主义批评、文化批评、后殖民理论等，它们的理论基础是什么并不是十分清晰。这些批评的主要贡献在于给我们提出了重要的研究课题以及研究范畴。至于如何进一步研究这些课题，则需要寻找适用的方法。布斯教授的伦理批评同样如此。我们能够感觉到伦理批评的重要性，但是它的理论基础是什么？方法论是什么？却不甚了了。理查德•波斯纳敢于旗帜鲜明地反对伦理批评，其根本原因就在于布斯教授的伦理批评缺乏自己的理论基础与批评术语，没有建立起自己的话语体系。

与布斯教授的伦理批评不同，文学伦理学批评从一开始就在批判、借鉴和吸收古今中外文学批评理论和方法的过程中，着力建构自己的理论基础和话语体系。简而言之，文学伦理学批评是一种从伦理视角阅读、分析、阐释和评价文学的批评方法，其理论基础就是伦理选择。人类文明发展经历了两个阶段，即自然选择和伦理选择。自然选择是第一个阶段，它在生物进化过程中完成；伦理选择是第二个阶段，它在教诲的过程中进行。自然选择的方法是进化，伦理选择的方法是教诲。自然选择是人的形式的选择，假以时日来完成进化，而伦理选择是人的本质的选择，它不能通过进化完成，只能通过教诲进行。通过教诲，人才可以从形式的人转变为道德的人。

伦理选择把人类从兽中解放出来，人类才真正获得人的概念，认识到自己同兽的区别。胎儿的诞生可以看成是自然选择的结果，也可以看成是人的自然选择阶段的完成。人在出生后所经历的认知和理性成熟的过程，则是人所经历的伦理选择过程。整个人类的文明史，就是自然选择与伦理选择不断重复的历史。在伦理选择的过程中，人的伦理意识开始产生，善恶的观念逐渐形成。伦理选择是通过教诲实现的，而教诲的重要工具就是文学。人类的文明史表明，文学能通过讲述一系列道德事例和塑造榜样达到教诲、奖励和惩戒的目的，从而帮助人完成择善弃恶的伦理选择过程。在中外经典文学中，如中国的《赵氏孤儿》《桃花扇》《西游记》《红楼梦》等，西方的《俄狄浦斯王》《哈姆雷特》《十日谈》《堂吉诃德》等，无不是用文学的形式来展现人类的伦理选择，生动地演绎了人类只有经过伦理选择才能从野蛮和蒙昧中走出来，变成具有伦理意识的人。

文学伦理学批评是一种从伦理的视角阅读、阐释、理解和分析文学作品的研究方法，其任务就是去挖掘文学的伦理价值，并通过解读和阐释文学作品以帮助人们做出正确的伦理选择。因此，文学能够为人类的伦理选择提供指引。但如何使用文学这个工具，则需要使用工具的说明书，文学伦理学批评的任务就是演示义学如何用于教诲的说明书。

武、龙： 您关于伦理选择是文学伦理学批评理论基础的论证有理有据，令人信服。用伦理选择解释自然选择之后的人类文明发展，显然比其他理论更有说服力。您在伦理选择的基础上，构建了文学伦理学批评的话语体系，从而使文学伦理学批评成为一种科学的研究方法得以在文学研究中广泛运用。可否请您从文学伦理学批评术语入手谈谈它的话语体系建设？

聂： 文学伦理学批评与美国伦理批评和传统道德批评的不同，不仅在于它在自然选择的基础上发现了伦理选择并将其作为解释人类文明发展和人的道德形成的理论基础，还在于它以伦理选择为核心建构了自己的用于文学批评的话语体系。概言之，文学伦理学批评的话语体系是以伦理选择为核心并由相互关联的术语构成的。

伦理选择是文学伦理学批评中最重要的术语和概念。在文学伦理学批评的术语中，伦理选择的概念有两种含义，一种是同自然选择相对应的伦理选择，另一种是个人或集体的具体的选择。前者是对伦理选择的整体描述，英文中使用 Ethical Selection 这个术语；后者是对具体行为的描述，英文中使用 Ethical Choice 这个术语。因此，在不同的语境中，伦理选择这个中文术语的内涵是不同的。一般来说，伦理选择都是指后者。现实中的人生和社会都是由一个个具体的伦理选择构成的，文学作品中描写的人生和社会同样如此。现实中的人和社会每时每刻都在经历着伦理选择，因此时间也是由伦理选择构成的。没有伦理选择，我们就感觉不到时间的存在。文学作品描写的人物、人物的生活、社会以及社会的变迁和发展，也都是由伦理选择构成的。没有伦理选择就没有人物和社会的存在。存在是伦理选择的结果，存在就是一种伦理选择。因此，对文学作品的分析，要从对性格、社会、文化、政治、心理、精神、科学等的分析转向伦理选择分析，即把它们变成社会伦理选择、文化伦理选择、政治伦理选择、心理伦理选择、精神伦理选择、科学伦理选择，进而进行伦理选择的分析与解释，为现实中的社会和人提供借鉴、参考和教诲。

在文学作品分析中，斯芬克斯因子用于解释人在伦理选择过程中善恶并存的现象。人身上理性和兽性并存的特点，是由斯芬克斯因子决定的。斯芬克斯因子由人性因子和兽性因子两部分构成，其中人性因子是高级因子和主导因子，兽性因子是低级因子和从属因子，因此前者能够控制和约束后者，从而使人成为伦理的人。斯芬克斯因子从人与兽的结合点上说明人同兽之间只是一步之遥或一墙之隔，因此就需要做出理性的选择。文学作品的价值就在于通过人性因子与兽性因子的不同组合与变化揭示人的伦理选择过程。人性因子的表现形式是理性意志，兽性因子的表现形式是自然意志或自由意志或非理性意志。在文学作品中，斯芬克斯因子的不同组合，导致文学作品中人物的行为和性格复杂化。斯芬克斯因子的不同变化，导致不同的伦理冲突。不同的伦理选择会导致不同的结果，体现出不同的道德教诲价值。当然，伦理选择的分析还需要结合伦理身份、伦理环境、伦理语境等其他术语。有关这些术语，可以参考《文学伦理学批评导论》一书中的附录"文学伦理学批评术语解释"。

武、龙：我们高兴地看到文学伦理学批评作为中国学者的原创理论，不仅立足中国文学批评的具体语境，解决当下中国文学研究的问题，同时又放眼整个世界文学研究的发展与进程，在国际学术共同体中发挥作用，充分展现了中国学者的历史使命感与学术责任感。文学伦理学批评已经在中国学者的共同推动下率先走出国门，得到国际同行专家的高度认同与肯定。例如，美国学者玛乔瑞·帕洛夫认为，文学伦理学批评在很大程度上帮助读者重拾和发掘了文学的伦理价值，唤醒了文学的道德责任。德国学者安斯加·纽宁认为，中国的文学伦理学批评在很大程度上复兴了文学伦理学批评，是中国学者对世界文学研究的一个重要贡献。耶鲁大学克洛德·罗森教授甚至用"文学伦理学批评之父"来肯定您在文学伦理学批评理论建构方面的贡献，文学伦理学批评是中国学术成功走到国际前沿的一个优秀范例，对于中国学术走出去和争取国际学术话语权有重要的借鉴价值。您能否谈谈文学伦理学批评走出去并在国际学术界产生广泛影响的原因？

聂：文学伦理学批评能够走出去并在国际上产生广泛影响，首先要归功于中国学者的共同努力。中国学术走出去，这是全体中国学人的共同责任与担当。中国学术需要创新，需要走出去，这也是中国学者的一种自觉与自信。文学伦理学批评无论是在创建之初还是在发展过程中，都有一大批中国学者在为之努力，如吴元迈、陈众议、陆建德、吴笛、刘建军、王宁、蒋洪新、董洪川、王守仁、许钧、王立新、赵炎秋等学界名家，用现在一句时髦的话说，就是大家付出了"洪荒之力"。此外，还有一批年轻的学者形成了文学伦理学批评研究的中坚力量，如苏晖、尚必武、罗良功、王松林、李俄宪、杨革新、张连桥、刘茂生、郑杰、杜娟、刘兮颖、杨建、王树福、徐彬、杨金才、田俊武等，他们都是这个学术群体的杰出代表，做出了重要贡献。

其次，还要归功于国际同行的积极参与和高度评价。例如，欧洲知名期刊《阿卡狄亚》（*Arcadia*，indexed by A&HCI）于 2015 年先后推出文学伦理学批评专刊，美国知名期刊《比较文学与文化》（*CLCWeb: Comparative Literature and Culture*，indexed A&HCI）也于 2015 年推出特刊，刊登中外学者合作研究文学伦理学批评的研究论文。英国已有 100 多年历史的文学刊物《泰晤士报文学增刊》（*Times Literary Supplement*，indexed A&HCI）也于 2015 年刊发了评价文学伦理学批评的专栏论文，并一反惯例，发表导论："一般而言，我们不会为某期专刊撰写导论，但是本期专刊不仅主题重要，而且还把中西方的学者汇聚到一起，别具一格，因此我们打破惯例为本期专刊撰写一篇导论，作为对这一批评理论的思考和反应。我们既想突出这一批评理论的价值，也要指出从我们的观点看，为了增强说服力这一批评理论还可以进行怎样的拓展"。同年 7 月发表评论，高度评价文学伦理学批评在过去 10 年中的成绩，认为它已发展成为一种充满活力和成果丰富的批评理论。让我们鼓舞的是，有越来越多的国际学者参与到文学伦理学批评的研究中来，如玛乔瑞·帕洛夫、查尔斯·伯恩斯坦、安斯加·纽宁、维拉·纽宁、杰夫·霍尔、彼得·海居、汉克·雷泽尔、沃尔夫冈·米勒、克努特、莎伊塔诺夫等。

再次，文学伦理学批评能够成功走出去，还在于它的中国特色，在于它同中国的现实结合在一起，并敢于直面文学活动中的一系列根本性问题。美国学者汉克·雷泽尔（Hank Lazer）在文章中写道："文学伦理学批评很重要（至少）有两个原因：第一，它是有中国特色的文学批评理论，因此，它从一个特别的文化与历史视角改变、挑战，乃至激活了世界范围内关于文学和文学研究价值的讨论与创作（特别是当公众、高校行政管理者一度对文学研究的实际意义抱以一定的怀疑态度时）；第二，它让我们不可避免地重新思考一系列根本性的问题，如我们为什么要阅读文学，深度地研究和阅读文学（尤其是严肃文学）有什么价值，而这些问题却常常因为我们忙于思考更加'复杂'和专业的问题而被我们所忽视。"（2016：15）

文学伦理学批评坚持学术研究既能回应中国文学批评实践遇到的问题，也能回答国际学术界共同遇到的问题，因此文学伦理学批评才能形成中国特色，才能走向世界，才能产生国际影响。

武、龙： 您说得极是。在《文学伦理学批评导论》这部著作中，您提出任何创作与批评都必须承担道德责任。当前中国对文学最大的伦理需要，就是文学要为建设良好的道德风尚服务，为净化社会风气和创造良好的社会环境服务，为满足改革开放的需要服务。无论文学创作还是文学批评，都要促进我国民族文学的繁荣，担负起建设社会主义精神家园的责任，为把美好的中国梦变成中国的现实而服务。这些不仅是文学伦理学批评的道德责任，也是其追求的目标。您认为文学的功能在于教诲，那么文学与文学批评是否可以在促进道德风尚转变和加强精神文明建设方面发挥作用？

聂：这是肯定的。在某种程度上说，当下的信仰危机、社会道德滑坡、官员腐败等都与文学的伦理价值缺失有关。自古以来，文学因其特有的教诲功能一直被用来进行道德教诲。文学借助一系列道德事例、榜样和说教，或从正面劝喻、鼓励、赞扬和褒奖，或从反面警示、谴责和批判以实现教诲目的，从而为我们如何进行伦理选择提供指引。无论是西方的史诗，还是中国的卜辞或诗歌，抑或后来的戏剧和小说等文学样式，它们的价值包括提供教诲。人类经过自然选择获得人的形式之后，所面临的最大问题是怎样通过伦理选择获得人的本质，这就需要榜样和说教。现实中的榜样缺少且不完美，如何解决这个问题？最好的办法就是把存在于不同时间和不同地点的榜样变成故事，转换成用文字表达的文本，以方便学习和效仿。文学的价值之一就在于给个体和社会提供教诲，因此古今中外的文学传统历来是教诲的传统。只要是文学，无论是古代的还是当代的，是西方的还是中国的，教诲都是其基本的功能，甚至可以说，没有教诲功能的文学是不存在的。即使到了今天，尽管有人宣扬文学的使命已经终结，断言文学已经死亡，但实际上文学仍然在发挥着推动社会文明进步的教诲作用。文学的历史和人类的文明史无不表明，文学从来都是人生的教科书，只要文学存在，文学的教诲功能就存在。即使进入科学选择的时代，文学的教诲功能也不会消失。

武、龙：文学伦理学批评的基本理论和话语体系具有铿锵有力的理论底气，不仅言之有物，而且持之有故。也正是因为其严密的理论体系和富有内涵的批评话语，文学伦理学批评才充满生机与活力，才具有可贵的科学性和权威性，才有充分的学术自信，并能借此积极参与国际学术话语权的竞争。作为中国学者的独创理论，文学伦理学批评在打破文学理论的西方话语霸权方面提供了可贵的成功实例，显示了新时期中国文学批评理论应有的品格和担当。对于文学伦理学批评的未来发展，您有什么展望和期待？

聂：对于未来文学伦理学批评的发展，首先是要进一步加强学术自信，进一步矫正学术研究中的崇洋心理。自改革开放以来，随着西方学术思想的引进与对外学术交流的不断扩大，一种对西方理论盲目崇拜的心理也在中国学术界滋生蔓延，中国成了西方理论、概念、范畴的倾销地。一些中国学者食"洋"不化，成了西方理论和话语的传声筒。一些人的研究不是为了追求学术真理，不是为了吸收、借鉴和创新，而只是一味地盲目照搬、机械运用。实际上这正是缺乏学术自信的表现。作为一种由中国学者提出的新的文学批评方法，文学伦理学批评的未来发展不仅要立足于中国文学批评的特殊语境，解决当下中国文学研究的问题，同时也要放眼整个世界文学研究的发展与进程，解决世界文学中存在的共同问题；既要提振中国学人的学术自信，也要参与国际学术话语权的竞争，打破西方理论一统天下的局面。

近年来，除了中国学者积极运用文学伦理学批评进行文学研究，还有大量的外国学者参与文学伦理学批评的研究和讨论，并运用这一批评理论撰写研究论文。国际文学伦理学批评研究会自成立以来，已经举行了 5 次大型国际学术研讨会，外国学者纷纷参与由中国学者主导的学术研讨会，这既说明了文学伦理学批评的国际影响力，也说明了中国学者在这一研究领域的国际话语权竞争中处于主导地位。韩国建国大学申寅燮教授在第三届文学伦理学国际年会上发言时表示：文学批评理论表面繁荣的实质是理论泛滥成灾。中国文学批评的这种现状，不只是在中国（大陆）存在，韩国和日本也同样如此。纵观文学理论与批评的发展，韩国和日本跟随在美国后面，亦步亦趋，基本上没有自己的建树。我不知道中国台湾地区是否如此。可以说，文学伦理学批评不仅在文学批评中独树一帜、形成流派，而且正在形成一种社会思潮。他进而总结说：回顾中国文学伦理学批评的发展，不能不为东方学者感到振奋。文学伦理学批评让当代东方这个文学批评与理论的侏儒重新拾回了信心，也借助文学伦理学批评在由西方主导的文学批评与理论的俱乐部中，有了自己的一席之地。

中共中央总书记习近平在哲学社会科学工作座谈会上指出：当代中国正经历着我国历史上最为广泛而深刻的社会变革，也正在进行着人类历史上最为宏大而独特的实践创新。这种前无古人的伟大实践，必将给理论创造、学术繁荣提供强大动力和广阔空间。我相信，只要充分吸收中华民族优秀传统文化的精华，立足我国文学批评的当下现实，放眼世界文学的进程与发展，文学伦理学批评理论就能够成功建构具有自身特质的理论体系和话语体系，形成自己的特色和优势，并在国际学术界拥有自己应有的地位，赢得国际同行的认可与尊重。

武、龙：谢谢您接受我们的采访！

参考文献

[1] Lazer H. Ethical criticism and the challenges posed by innovative poetry[J]. Foreign Literature Studies，2016，（2）：12-19.

[2] 黄晖，张连桥. 文学伦理学批评与国际学术话语的新建构 ——"第五届文学伦理学批评国际学术研讨会"综述 [J]. 外国文学研究，2015，（2）：165-168.

[3] 聂珍钊. 文学伦理学批评：文学批评方法新探索 [J]. 外国文学研究，2005，（5）：16-24.

[4] 聂珍钊. 文学伦理学批评导论 [M]. 北京：北京大学出版社，2014.

[5] 聂珍钊. 文学伦理学批评：人性概念的阐释与考辨 [J]. 外国文学研究，2015，（6）：10-19.

王宁教授的世界文学观
—— 王宁教授访谈录

王祖友 [1]　王　宁 [2]

摘要：世界文学崛起并迅速成为国际文学理论界和比较文学界的又一个前沿理论话题。本文关于王宁教授的访谈录，主要涉及世界文学的概念、发展模式和体系、世界文学作品构成、比较文学的新问题和方法，以及作为世界文学和比较文学理论升华的世界诗学的建构等。作为学贯中西的国际知名学者，王宁教授结合自己学习、考察、研究经历，在西方学者的研究基础上，从比较的和中国的视角提出了一种世界诗学的理论建构，这一理论话题值得国际学界关注和讨论，将改变和修正现有的世界文学和文论格局。

关键词：世界文学；比较文学；世界诗学

王宁教授简介：清华大学学术委员会委员，教育部长江学者特聘教授，清华大学比较文学与文化研究中心主任，上海交通大学人文艺术研究院院长、致远讲席教授，欧洲科学院外籍院士，中国中外文艺理论学会副会长，中国文艺理论学会副会长，中国比较文学学会会长。

2017 年 7 月 11 日，江苏省比较文学学会 2017 年年会在泰州学院举行。笔者受《英语研究》的委托对王宁教授进行访谈，现就主要内容整理如下：

王祖友：江苏省比较文学学会 2017 年年会在我校（泰州学院）举行，本次会议

---

[1]　泰州学院外国语学院，江苏泰州，邮政编码：225300。

[2]　清华大学外文系，北京，邮政编码：100084。

的主题是"世界文学的在地化：阅读、翻译与传播"，您认为这个主题的时代意义有哪些？如何做到"世界文学的在地化"？

王宁：众所周知，在最近的 10 多年里，比较文学在西方世界陷入了危机之境地，所幸的是世界文学崛起并迅速成为国际文学理论界和比较文学界的又一个前沿理论话题。"世界文学"（Weltliteratur）这一术语是德国作家、思想家歌德在 1827 年和青年学子艾克曼谈话时创造出来的一个充满"乌托邦"幻想色彩的概念。但实际上歌德并不是第一个使用"世界文学"这一术语的人，早在 1810 年，克里斯托弗·马丁·魏兰（Christoph Martin Wieland）就率先使用了这一术语；哲学家赫尔德等人也在不同的场合使用过诸如"世界的文学"这样的表达法。但是人们不可否认，歌德是最早将其付诸实践和概念化的思想家、作家。所以，从这个意义上说来，歌德被称为比较文学和世界文学的鼻祖之一就不是偶然的了，因为他的理论概念具有一定的独创性和启发性，并引起一代又一代学者们的讨论甚至争论。就这一点而言，我们完全可以说，全球化时代的来临致使世界文学这一课题再度成为一门显学。因此可以说它也是全球化进程中的一个产物。

另一方面，世界文学发展到今天，早已摆脱了早先的乌托邦色彩，成了当今时代的一个审美现实。我们都知道，歌德具有广阔的世界主义视野，他所关注的文学现象不仅仅限于德国和欧洲的，而且涉及了广袤的东方诸国的，尤其是中国的文学现象。当时年逾古稀的歌德在读了一些包括中国文学在内的非西方文学作品后总结道："诗是人类共有的精神财富，这一点在各个地方的所有时代的成百上千的人那里都有所体现……民族文学现在算不了什么，世界文学的时代已快来临。现在每一个人都应该发挥自己的作用，使它早日来临。"具有反讽意味的是，歌德虽然不懂中文以及其他东方语言，但他当年之所以提出"世界文学"的概念，恰恰得助于他通过翻译对包括中国文学在内的非西方文学的阅读，今天的中国读者们也许已经忘记了《好逑传》《老生儿》《花笺记》和《玉娇梨》这样一些在中国文学史上并不占重要地位的作品，但正是这些作品启发了歌德，使他得出了具有普世意义的"世界文学"概念。这一点颇值得我们从事东西方文学比较研究的学者深思。

后来，马克思和恩格斯在《共产党宣言》（1848）中，借用了这一术语，用以描述作为全球资本化的一个直接后果的资产阶级文学生产的"世界主义特征"。马克思和恩格斯在考察了资本在全世界范围内的扩张和发展后总结道："物质的生产是如此，精神的生产也是如此。各民族的精神产品成了公共的财产。民族的片面性和局限性日益成为不可能，于是由许多种民族的和地方的文学形成了一种世界的文学。"这里，马克思和恩格斯所说的世界文学较之歌德早年的狭窄概念已经大大地拓展了，实际上专指一种包括所有知识生产在内的全球性的世界文化。在这里，一种具有审美特征的乌托邦想象已经演变成为一种社会现实。马克思主义创始人试图证明，随着经济全球化步伐的加速和世界市场的扩大，一种世界性的文学或文化知识（生产）已经出现。这就赋予我们以一种开阔的、超越了民族/国别视野的全球视野来考察文学。用于文学的研究，我们不能仅仅关注单一的民族/国别文学现象，还要将其置于更加广阔的国际视野下来比较和考察。我们今天若从学科的角度来看，世界文学实际上就是比较文学的早期雏形，它在某种程度上就产生自经济和金融全球化的过程。为了在当前的全球化时代凸显文学和文化研究的作用，我们自然应当运用一种比较的和国际的眼光来研究文学现象，这样我们就有可能在文学研究中取得进展。这也许正是我们要把中国文学研究置于广阔的全球文化和世界文学语境下的重要意义。同时也正是为什么世界文学必须"本土化"或"在地化"的一个原因。因为它并非凭空出现的，而恰恰是各民族文学的优秀作品凝练成的。

王祖友：作为特邀嘉宾您做了题为《世界主义、世界文学与中国当代文学》的主旨发言，能请您简明扼要地阐释一下您的观点吗？

王宁：我们都知道，在最近10多年里，由于全球化时代的来临，沉寂已久的世界主义再度浮出历史的地表，成为国际人文社会科学诸学科领域的又一个前沿理论课题：它频繁地出现在哲学和社会学家的著作中，并且更为频繁地得到专门从事文学和文化研究的学者们的引证、讨论。这些研究和批评性著述大多从政治哲学和文化的角度来讨论世界主义，但也不同程度地涉及了文学和文化问题。这就促使我们将其与当今比较文学界所热烈讨论的世界文学这个话题相关联。当然，从世界主义过渡到"世界文学"，必然涉及歌德关于世界文学的理念。虽然中国古典哲学中也有一些世界主义的因子，比如说所谓的"天下观"就被一些东西方哲学家所热烈讨论。但是世界主义真正作为一个理论概念是从西方翻译过来的，并在20世纪初的中国思想界和文化学术界产生了一定的影响。中国现当代文学作品中也出现了一些有着世界主义主题的作品。另一方面，我们从世界主义的角度来考察世界文学的分布，就不难发现，长期以来，由于西方中心主义作祟，中国文学在世界文学的版图上一直处于边缘化的地位。因此我们今天在全球化的语境下讨论世界主义和世界文学，就一定要从中国的文学立场和理论视角出发，借助世界主义和世界文学这个理论视角大力促使中国文学进一步走向世界。而在这方面，翻译将起到至关重要的作用。作为中国的比较文学学者，我们讨论世界文学的一个重要目的就是借助于翻译中介将中国文学的优秀作品推向世界，从而对新的世界文学的版图重新绘制做出自己的贡献。因此，虽然这是三个独立的话题，但彼此间又有着密切的联系，这便促使我将其放在一个讲座中来讲授。

王祖友：20 世纪 90 年代以来，国际文学学术界出现了世界文学理论研究热。讨论的世界文学理论热点问题有：重新定义世界文学；世界文学的发展模式和体系；世界文学作品是由融合了源语文化与译语文化的译本构成；世界文学话语的实践层面。您在这方面有哪些看法？

王宁：确实，早在 20 世纪 80 年代，国际比较文学界就有学者开始关注世界文学这一现象，例如荷兰学者佛克马就在出版于 1987 年的一部专题研究文集中，多次讨论了世界文学问题，并将其与文学经典的形成相关联。但真正促使这一现象成为比较文学界普遍关注的一个话题则始自世纪之交，在这方面，法国的卡萨诺瓦、美籍意大利学者莫莱蒂、美国学者达姆罗什、比利时学者德汉等起到了一定的推进作用。他们频繁地著述立说，并在各种国际会议或论坛上发表见解，试图对世界文学这一老的话题进行全新的阐释。他们的先期研究成果对我本人也不无启迪，而我本人也于 21 世纪初参与了这一讨论，并在英文学术刊物上发表了大量论文，且分别在 *Neohelicon*（《世界比较文学评论》）、*Comparative Literature Studies*（《比较文学研究》）等欧美学术刊物上编辑了好几个主题专辑，发表了一些中国学者的论文。我从达姆罗什的定义出发，通过参照中国文学的发展历程将其做些修正和进一步发挥，并提出我本人对世界文学概念的理解和重建。在我看来，我们在使用"世界文学"这一术语时，实际上已经至少赋予它下列三重含义：

（1）世界文学是东西方各国优秀文学的经典之汇总。

（2）世界文学是我们的文学研究、评价、批评所依据的全球性和跨文化视角及比较的视野。

（3）世界文学是通过不同语言的文学的生产、流通、翻译以及批评性选择的一种文学历史演化。

此外，我还认为，并非世界各地的文学放在一起就是世界文学。衡量一部作品是否属于世界文学，有如下几个标准：（1）是否把握了特定的时代精神；（2）其影响是否超越了本民族或本语言的界限；（3）是否纳入后来的研究者编选的文学经典选集；（4）是否能够进入大学课堂；（5）是否在另一语境下受到批评性的研究。只有从上述诸方面来衡量，我们才能判定一部作品是否属于世界文学。我的这些观点在国际学界发表后也引起了国际学界的重视，并得到国际同行的回应。

王祖友：全球范围内对"世界文学理论"的讨论主要分为三个学派，各个学派各有一位代表性的学者——空间说及其代表性人物帕斯卡尔·卡萨诺瓦（Pascale Casanova）、问题说及其代表性人物弗朗哥·莫莱蒂（Franco Moretti）、流通说及其代表性人物大卫·达姆罗什（David Damrosch）。您最认同这三种理论中的哪一种？

王宁：实际上并不能说他们是三个学派的，他们各自的著述实际上着眼于三种不同的视角，他们彼此间并未展开争论，而是在互补和互证。我这里首先概括一下这三位理论家的世界文学观。帕斯卡尔·卡萨诺瓦（Pascale Casanova）的世界文学观主要体现于她的《文学的世界共和国》（*La Republique mondiale des lettres*，1999）一书。该书尤其对达姆罗什有着很大的启发，这本书是 10 多年来国际比较文学和世界文学研究领域内被人们讨论得最多的一部非英语著作，同时也是法语世界研究世界文学的一部奠基性著作，2004 年该书被译成英文并出版后，在英语世界也产生了很大的影响，并广为人们所引证，它在英语世界的翻译出版为推进英语世界的世界文学研究起到了极大的作用。此外，卡萨诺瓦本人也身体力行，她一直活跃在世界文学教学第一线，经常往返于欧美两大陆，将世界文学的理念从书本直接引入课堂。她的这本书开篇就讨论了法国社会学家布尔迪厄的理论，并以费南德·布罗代尔的《文明与资本主义》一书为出发点，高屋建瓴地描述了整个世界的状况。她将"世界文学空间当作一个历史和地理概念"来考察。她认为，这一广大的世界文学空间一直为两个为人们所认可的习俗所遮盖：第一是将文学的书写当作纯粹的创作活动，第二则在民族/国别文学的框架内来看待文学。但是同时她又论证道，这显然远远不够，因为事实上，文学并非，也不可能仅仅限于在民族文学的领地中发挥作用，它也不纯然是一种创作活动。她实际上在提醒我们，一大批作家已经暗示了这一真实情形，我们仍可以将文学领域本身当作是一个关涉文学的研究的学术领域，但我们往往会忽视这一点。

莫莱蒂作为一位马克思主义理论家，他关于世界文学的主要著述包括论文《世界文学的构想》（*Conjectures on World Literature*，2000）、《更多的构想》（*More*

Conjectures，2003）和《演化，世界体系，世界文学》（*Evolution，World-System，Weltliteratur*，2009）等，在这些论文中，他从今天的视角赋予世界文学这个老话题以新的意义和内涵。在《世界文学的构想》一文中，莫莱蒂拓展了歌德的"世界文学"构想，认为，在当今时代，"世界文学不能只是文学，它应该更大……它应该有所不同"，既然不同的人们的思维方式不同，他们在对世界文学的理解方面也体现出了不同的态度，因此在他看来，"它的范畴也应该有所不同"。莫莱蒂进一步指出，"世界文学并不是目标，而是一个问题，一个不断地吁请新的批评方法的问题：任何人都不可能仅通过阅读更多的文本来发现一种方法。那不是理论形成的方式，理论需要一个跨越，一种假设 —— 通过假想来开始"（Moretti，2000：55）。他的这篇论文发表后引起了理论界的强烈反响，对于在英语世界挑起关于世界文学的讨论起到了奠基性的作用。

达姆罗什（David Damrosch）曾经是莫莱蒂在哥伦比亚大学（简称"哥大"）的同事，我 1998 年首次在哥大讲学时，达姆罗什和莫莱蒂一起请我共进午餐，那时我就和他们相识了。他后来将他的新书《什么是世界文学？》（*What Is World Literature*？2003）赠送给我，希望我在中国也发起这方面的讨论。可以说，在当今的世界文学研究领域内，达姆罗什是一位领军人物，同时其理论和观点也是被引证和讨论最多的。他的这部专著现已被公认为世界文学研究领域内的奠基性经典著作，有着广泛的世界性影响。该书把世界文学界定为一种文学生产、出版和流通的范畴，而不只是把这一术语用于价值评估的目的。达姆罗什在书中将世界文学分为经典（主要指历史上的文学名著）和杰作（当代优秀作品），认为这两类作品都应该被视为世界文学。在讨论世界文学是如何通过生产、翻译和流通而形成的时，达姆罗什提出了一个专注世界、文本和读者的三重定义。

（1）世界文学是民族文学的简略折射。

（2）世界文学是在翻译中有所获的作品。

（3）世界文学并非一套固定的经典，而是一种阅读模式：超然地去接触我们的时空之外的不同世界的一种模式。

达姆罗什不仅从理论概念上推进世界文学，而且还身体力行地将世界文学的理念付诸教学和学术活动。早在 21 世纪初，他就领衔主编了六卷本《朗文世界文学选》，出任该文选创始总主编，并在其中收录了大量非西方的文学作品以及非经典的当代"杰作"（masterpiece），对于突破世界文学研究领域内的西方中心主义做出了极大

的贡献。2011 年，他还联合了欧美、亚洲和澳洲的一些学者共同在哈佛大学创立了
世界文学研究院（Institute for World Literature），每年在世界各地举办暑期学校，为
世界文学在世界各主要国家和地区的高校普及做出了卓越的贡献。

我从上述三位学者的论点中汲取营养，提出了自己的观点。也即我从卡萨诺瓦
的空间说中受到启发，将其拓展到西方文学以外的空间；从莫莱蒂的"远距离阅
读"中汲取营养，认为通过翻译来把握世界文学的总体方向是可行的；从达姆罗
什的具有解构意义的流通观点中得到启发，并加上了批评性选择这一点。当然，我
还有一个重要的观点，也即世界文学并非只有一个版本，它既是单数，同时也是
复数。

王祖友："和而不同"思想集中体现中国传统哲学智慧，可以作为世界文学研
究的哲学基础和方法论指导。"和"就是研究各国文学优秀成分以期达到和睦相处、
共同繁荣的新常态；"和而不同"就是不随声附和，同时又汲取不同研究的合理观
点，实现"多元互补"。"和而不同"将各国文学的合理因素与合理成分联结为一体，
形成一个伟大的综合体——"文学的世界共和国"，推动真正世界文学时代的到来。
您如何评价"和而不同"作为阐释"世界文学"的理论资源的价值和意义？

王宁：正如我前面所说的，世界文学既是单数同时又是复数，它绝不意味着世
界上只有一种语言或艺术形式的文学。实际上，在今天的全球化语境下，随着世界
文化和世界语言版图的重新绘制，世界文学已经成为一个我们无法否认和回避的现
实：通过翻译的中介，一些优秀的文学作品在多个国家和不同的语境下广为流传；
一些具有双重甚至多重国籍和身份的作家在一个跨文化的语境下从事写作，涉及一
些人们普遍关注的话题；文学研究者自觉地把本国的文学放在一个世界性的语境
下来考察和比较研究，等等。在这个意义上说来，世界文学也意味着"超民族的"
（transnational）或"翻译的"（translational）的意义，意味着共同的审美特征和深
远的社会影响。世界文学就其发展现状而言，远不止是一个固定的现象，而更是一
个旅行的概念。在其旅行和流通的过程中，翻译扮演了重要的角色，可以说，没有
翻译的中介，一些文学作品充其量只能在其他文化和文学传统中处于"死亡"或"边
缘化"的状态。同样，在其世界各地的旅行过程中，一些本来仅具有民族/国别影响
的文学作品经过翻译的中介产生了世界性的知名度和影响，因而在另一些文化语境
中获得持续的生命或来世生命。而另一些作品也许会在这样的旅行过程中由于本身
的可译性不明显或译者的误译而失去其原有的意义和价值，因为它们不适应特定的

文化或文学接受土壤。

实际上，佛克马早就指出，当我们谈到世界文学时，我们通常采取两种不同的态度：文化相对主义和文化普遍主义。前者强调的是不同的民族文学所具有的平等价值，后者则更为强调其普遍的共同的审美和价值判断标准，这一点尤其体现于通过翻译来编辑文学作品选的工作。尽管文选编者们的初衷也许并不如此，要求没有那么高，但是他们的成果客观上起到了对以往文学的挑选、筛选甚至经典化的作用。他认为世界文学问题对文学经典的构成和重构有着重要的意义。可以说，他的理论前瞻性已经为今天比较文学界对全球化现象的关注所证实。我们受其启迪，认为，世界各民族文化确实可以做到"和而不同"，也即寻求一种共同的美学，但又各自保留了民族特色。这样看来，世界文学又是一种互补的和彼此对话的文学。

王祖友： 目前，国外比较诗学的新问题与新方法主要有哪些？国内呢？

王宁： 比较诗学早在 20 世纪后半叶就成为比较文学研究的一个重要课题，在这方面，美国学者刘若愚（James J. Y. Liu，1926—1986）、法国学者艾田浦（René Etiemble，1909—2002）、荷兰学者佛克马（Douwe W. Fokkema，1931—2011）以及美国学者孟而康（Earl Miner，1927—2004）等人都做过推进。特别是孟而康这位精通东西方文学和理论的比较文学学者在这方面出版的一部集大成之著《比较诗学：跨文化的文学理论》（*Comparative Poetics：An Intercultural Essay on Theories of Literature*，Princeton，New Jersey：Princeton University Press，1990）影响最大。孟而康本人既是美国的弥尔顿研究专家，同时又对日本语言文学有着很深的造诣，因而他的比较诗学研究就明显地突破了西方中心主义的局限，并在某种程度上预示了世界诗学的研究。

孟而康基于跨东西方文化的视角，甚至提出一种新的比较诗学理论模式，但是他的诗学理论并未上升到总体文学和世界文论（诗学）建构的高度。其原因在于，在当时的西方中心主义占主导地位的情况下，非西方的文学和批评理论经验并未被当作建构一种普适性世界文论的基础。确实，孟而康的研究基于跨东西方文学和理论的比较研究，他通过仔细阅读，从东西方文学和理论著作中积累了大量的例证，从而发现了"一种生成性诗学"，虽然他没有使用诸如"世界"（world）或"普世的"（universal）这类词，但他实际上意在突破西方中心主义或者所谓的"东""西"二元对立的思维模式，从而建立某种具有普遍意义的诗学体系。因为在他看来，这样一种普遍的或系统性的诗学首先应当是"自满自足的"，不应该受制于特定的时代和批评风尚的嬗变，这样它才有可能成为具有普适意义和价值的美学原则。显然，孟而康集中讨论了一些在文学史上已有定评的经典文学作品，但很少讨论当代文学作品和文学现象。因此，今天的比较诗学研究者已经突破了这一点，试图在世界文学的大语境下建构一种世界诗学，虽然孟而康的著作对我们的理论建构不无启发，但其中的问题依然不少。另一方面，孟而康著作的局限还在于，他出版了《比较诗学》一书后不久就患病，由于他的英年早逝而未能实现他已经开始萌发的世界诗学构想，这无疑是无尽的遗憾。再者，他的另一个局限则在于，作为一位有着强烈精英意识的日本学研究者，他头脑里考虑最多的是日本的古典文学和文论，虽然他在书中也稍带提及了中国的文学理论著作，但全然不提现代文论。因此他的研究更具有史的价值而并不能引发当下的理论讨论。因此后来在文化研究异军突起并迅速步入学术前沿时，比较诗学便逐步被"边缘化"了。当然，孟而康的这些局限也给我们中国的比较诗学研究者的跨中西文化的比较研究留下了广阔的发展空间。

中国学者乐黛云、曹顺庆、杨乃乔、陈跃红、周启超等也发表过一些著述，在国内学界也有着一定的影响。

王祖友： 中国比较文学学会第十二届年会暨国际学术研讨会于2017年8月17—21日在河南大学举行，会议主题为"比较文学视野下的世界文学"，它的会议分议题之一是"比较文学变异学"，我对此颇感兴趣，但所知甚少，可否求教于您？

王宁： 在比较文学变异学方面，曹顺庆教授是专家，他在这方面著述甚丰，他两年前出版的英文专著就是这方面的集大成之著。我也在英语世界的刊物《比较文学与文化》（*Comparative Literature and Culture*）上发表了书评对之加以推介。我的主要观点是，以往的比较文学研究大多追求"相同"，认为不同文化和文明中的文学是不可比的，而变异学恰恰就挑战了这一观点，认为只有对来自异质文化和文明的文学进行比较才最有意义和挑战性。我想强调差异至少可以反映拟议中的比较文学"中国学派"的一个特色。

王祖友： 对于从事比较文学与世界文学研究的学者，您有何建议？

王宁： 作为一位长期以来从事比较文学与世界文学研究的学者，我的学术发展道路也许可以起到一些借鉴作用。也即我本人早先是专门学英语的，因而从一开始所从事的是英美文学研究，之后逐步过渡到西方文学和文论研究。由于我本人自幼热爱中国文学，读了许多中国文学作品，因而很容易从中国学者的视角进入中西比较文学和世界文学的研究领域。我的经验和建议是：无论我们一开始是学什么专业的，都要打好两个基本功，其一是要精通一两门外语，尤其是世界通用语言——英语，这样就可以广泛地涉猎这一学科领域的国际前沿理论话题，并发出自己的声音；其二要有扎实的中国文学功底，这样你在国际学界的发言就有底气，同时也能代表中国学界发出自己的声音。这当然是我本人的经验，不一定适合每一个人，但至少对青年学子有一定的参考借鉴意义。

王祖友：最后请您对"世界文学"下个定义并阐述您的世界诗学构想。谢谢！

王宁："世界文学"作为国际人文学界的一个前沿理论课题不仅吸引了比较文学和文学理论学者的关注，同时也引起了专事民族/国别文学和文化研究的学者的关注。关于"世界文学"的定义我在前面已经做过比较充分的阐述，这里不再重复，只做一些补充说明。在中国的语境下，长期以来，"世界文学"这个概念并不包括中国文学本身，而是以外国文学的身份出现的，这就人为地将自己划在了边缘的地位。世界文学在与比较文学合并为一个二级学科之后，这种情况虽有好转，但仍在很大程度上仅仅满足于向中国学界介绍外国文学及其研究成果，国内的比较文学与世界文学并没有达到与国际同行进行平等交流和对话的水平，因此它在国际学界不受重视就不足为奇了。我认为，新的世界文学的中国版本，应该突破西方中心主义的思维模式，将中国文学当作世界文学的一个重要部分，并加大其在世界文学版图上所占的比重，从而加速中国文学走向世界的步伐。

关于世界诗学的构想，我已经发表了论文，这里仅做简略的介绍。我在西方学者的先期研究基础上，从比较的和中国的视角提出了一种世界诗学的理论建构。我认为，世界诗学的建构有着世界文学和比较诗学的基础，此外，近几年来认知诗学的异军突起和日趋成熟，也为我们建构一种普适性的文学阐释理论或世界诗学提供了必要的基础。在此基础上，我认为，建构世界诗学的理论根据主要有这三点：（1）世界诗学是基于世界文学和比较诗学研究成果的一种理论升华，而当今占据主流的西方文论并未涵盖不同国别和民族的文学、理论经验；（2）迄今所有具有相对普适性的文学阐释理论都产生于西方语境，由于其语言和文化背景的局限，这些理论的提出者不可能将其涵盖东西方文学和理论的范畴、经验，尽管一些理论家凭着深厚的学养和理论把握能力通过强制性阐释使自己的理论教义也能用于非西方文学阐释，但毕竟漏洞很多；（3）中国学者始终关注西方文学理论的前沿课题，同时又有东方的本土文学和理论批评经验，因此中国学者完全有能力提出这一理论建构。因此我在对建构世界诗学的路径加以阐释后指出，世界诗学构想的提出，有助于世界文学理论概念的进一步完善，它作为一个由中国学者提出并且值得国际学界关注和讨论的理论话题，将改变和修正现有的世界文学和文论格局。

参考文献：

[1] Miner E. Comparative Poetics: An Intercultural Essay on Theories of Literature[M]. Princeton, New Jersey: Princeton University Press, 1990.

[2] Moretti F. Conjectures on World Literature[J]. New Left Review, 2000,（1）: 55.

文本、文学与文化：中国比较文学发展的动力
—— 乐黛云教授访谈录

邹建军 [1]

摘要： 乐黛云先生是北京大学中文系教授、博士生导师，长期担任中国比较文学学会会长，是中国当代杰出的比较文学学者之一。2007 年 9 月她与其先生汤一介教授受华中师范大学的邀请，来到美丽的桂子山上讲学，笔者就有关中国比较文学的发展道路、中国比较文学学者对世界比较文学所做出的贡献及其在世界比较文学史上的地位、影响研究与平行研究的关系、跨学科研究的特性、比较文学的研究范围、比较文学的三大功能等问题，向乐黛云教授做了一次访谈，乐黛云教授就这些问题一一做了回答。

首先，乐黛云教授指出，我们所说的比较文学具有特定的内容，不是任何用比较方法从事的文学研究都是比较文学，它必须满足两个条件：一个是跨文化或跨学科，另一个是文学研究。

其次，她认为中国的比较文学既不是古已有之，也不是舶来品，而有着自己独特的发展道路，正因如此，它才成为世界比较文学发展第三阶段的集中体现。

再次，她认为比较文学的功能与目标在于实现有关不同文化体系中即异质文化之间文学的"互识""互补"和"互证"。如果说"互识"只是对不同文化间文学的认识、解读和欣赏，那么"互证"则是以不同文学为例证，寻求对某些共同问题的认识或不同的应和，以达成共识。"互补"，首先指相互吸收，取长补短；同时也以原来存在于一种文化中的思维方式去解

---

[1] 邹建军，华中师范大学文学院教授，《外国文学研究》副主编，主要研究中英文学关系、美国华裔文学、中西诗歌艺术。

读（或误读）另一种文化的文本，从而获得对该文本全新的诠释和理解。

第四，她指出中国学者在比较文学的平行研究方面有着自己独到的收获；跨学科的文学研究特别是自然科学与文学研究之间的整合，必将为世界文学理论的发展翻开全新的一页。

第五，她认为中国比较文学学者开拓出了一些新的领域：一是学科理论的新探索；二是文学人类学新学科的建立；三是翻译作为一门独立学科的出现；四是海外华人文学与流散文学（Diaspora Literature）的相遇；五是关于文学关系的清理。

第六，她认为多元文化中对不同文学的欣赏和辨析，可以提供我们多种多样的欣赏的快乐和在对照中对不同文学进行深入的理解；比较文学研究多种文学史，就能发现文学的生长点及其发展的谱系。

最后，她提出了从比较文学的角度阅读作品的四种方式：一是传统的方式，即通过作家的环境、作家的意愿来解释；二是通过作品本身来解释；三是通过作品的整体结构来解释；四是通过读者。

关键词：中国比较文学；第三阶段；跨学科研究；平行研究；三大功能；阅读方式

乐黛云教授简介：现任北京大学现代文学和比较文学教授，博士生导师，上海外国语大学顾问教授，东北师范大学、天津师范大学、厦门大学、南京大学、南京师范大学、北京语言大学兼任教授。1990 年获加拿大麦克马斯特大学荣誉文学博士学位。曾任中国比较文学学会会长、中国外国文学学会理事、北京大学比较文学与比较文化研究所所长（1984—1998）、深圳大学中文系主任（1984—1989）、国际比较文学学会副主席（1990—1997）。

邹建军（以下简称邹）：见到您很高兴，欢迎您来到华中师范大学讲学，您的到来是我们的荣幸！乐黛云先生，您作为中国比较文学学会的会长，长期以来以自己的学术研究与学术思想为中国比较文学的建立、发展，做出了许多开拓性的贡献。我想问的问题是，为什么说中国比较文学是世界比较文学第三阶段的集中体现？那么中国比较文学是在什么样的情况下发展起来的？

乐黛云（以下简称乐）：在阳光灿烂的日子里，我和我的先生能够来到桂花飘香的桂子山上，自然特别高兴。我也很乐意回答你的问题。我认为，如果说世界比较文学第一阶段主要在法国，第二阶段主要在美国，那么，在全球化的今天，无可置疑，它已进入了发展的第三阶段，这一阶段比较文学的根本特征是以维护和发扬多元化为指归的、跨文化（非同一体系文化，即异质文化）的文学研究。它必须满足两个条件：一是跨文化，二是文学研究。说中国比较文学是继法国、美国比较文学之后在中国本土出现的、全球第三阶段的比较文学的集中表现，是因为它的历史和现状充分满足了这两个条件。

20世纪的一百年是中国学术文化史从传统向现代转型，并在中外学术的冲突、融通中曲折地走向成熟和繁荣的一百年。比较文学先是作为学术研究的一种观念和方法，后是作为一门相对独立的学科，在中国学术史上留下了自己深刻而独特的足迹。比较文学在20世纪中国的发生、发展和繁荣，首先基于中国文学研究观念变革和方法更新的内在需要，这决定了20世纪中国比较文学的基本特点。学术史的研究表明，中国比较文学不是古已有之，也不是舶来之物，它是立足于本土文学发展的内在需要，在全球交往的语境下产生的、崭新的、中国特色的人文现象。

如果说比较文学当初在法国及欧洲其他国家是作为文学史研究的一个分支而产生的，它一开始就出现于课堂里，是一种纯学术的"学院现象"，那么，20世纪伊始，比较文学在中国却并不是作为一种单纯的学术现象，也不是在学院中产生的，它与中国社会，与中国文学由传统向现代的转型密切相关。它首先是一种观念、一种眼光、一种视野，它的产生标志着中国文学封闭状态的终结，意味着中国文学开始自觉地融入世界文学之中，与外国文学开始平等对话。看不到这一点，就看不到比较文学在中国兴起的重大意义与价值。

邹：我很认同您这样的观点，即中国比较文学与欧洲及世界其他国家比较文学的产生和发展是不一样的，是在自己的土壤里萌芽与成长起来的，因此中国的比较文学有自己的特点及其独特的命运。我接着还想请教一个问题，您说中国的比较文学标志着世界比较文学发展的第三个阶段，在这个新的阶段比较文学具有什么样的特征呢？为什么是中国的比较文学而不是日本的或者印度的比较文学成了世界比较文学第三阶段的集中体现呢？

乐：事实上，在全球资讯时代，人类所面临的问题仍然是历史上多次遭遇的共同问题，如生、死、爱、欲问题，即个人身心内外的和谐生存问题；权力关系与身份认同问题，即人与人之间的和谐共处问题；人和外在环境的关系问题，即人与自然之间的和谐共存问题。追求这些方面的"和谐"是古今中外各类文化的共同目标，也是不同文化体系中的文学所共同追求的目的。深入了解不同文化中的文学对这些共同困惑的探索，坚持进行文学的交流互动，就有可能把人们从目前单向度的、贫乏而偏颇的全球主义意识形态中解救出来，形成以多元文化为基础的另一种全球化。当代比较文学第三阶段的特征，首先表现在有关不同文化体系中，即异质文化之间，文学的"互识""互补"和"互证"。

中国比较文学之所以能成为全球第三阶段比较文学的集中表现者，是因为：首先中国作为发展中国家，不可能成为文化霸权的实行者，因而可以坚定地全力促进多元化的发展。其次，中国具有悠久的文化历史、深厚的文化积淀，为异质文化之间的文学研究提供了取之不尽、用之不竭的源泉。第三，长期以来，历史上中国和印度、日本、波斯等国已有过深远的文化交往；近百年来，中国人更是勤奋学习外国文化和外国语言，不断积累（包括派送大批留学生和访问学者），使得中国人对外国的了解（包括语言文化修养）要远胜于外国人士（特别是欧美人士）对中国的了解，这就使得中国比较文学有可能在异质文化之间的文学研究这一新的高度，置身于建构新的比较文学体系的前沿。第四，中国比较文学以"和而不同"的价值观作为现代比较文学的精髓，对各国比较文学的派别和成果兼收并蓄。20 世纪 30 年代初，法国比较文学学者梵·第根的《比较文学论》和洛里哀的《比较文学史》都是在出版后不久就被翻译成中文的。到 20 世纪末，中国翻译、编译出版的外国比较文学著作、论文集（包括俄国、日本、印度、韩国、巴西的）已达数十种，对外国比较文学的评价分析文章数百篇，绝大多数的中国比较文学教材都有评介外国比较文学的专门章节。或许在世界上任何一个国家的学者，都没有像中国的学者这样对介绍与借鉴外国的比较文学如此重视、如此热心。最后，还应提到中国传统文化一向文、史、哲不分家，琴棋书画、舞蹈、戏剧相通，为跨学科文学研究提供了全方位的各种可能。

邹：您刚才谈到中国比较文学的兴起与发展有自己的独立性，并且由此形成了自己的学科历史与学科特点，体现了一个当代中国比较文学学者的独立品质与尊重历史事实的态度。但是中国比较文学在发展过程中也大量地借鉴了西方比较文学的理论与方法。西方比较文学中具有国际影响的，就是法国学派的影响研究、美国学派的平行研究与跨学科研究。您是如何看待中国学者所从事的影响研究的？

乐：我认为，代表世界比较文学发展第一阶段的法国比较文学，开创了以文献实证为特色的传播和影响研究，在这方面，中国有自己独特的研究历史，这不仅是简单的方法选择问题，而且也是研究的必需。举例来说，中国一千多年间持续不断的印度佛经及佛经文学的翻译，为中国比较文学学术研究留下了丰富的学术资源。在宗教信仰的束缚下，在宗教与文学的杂糅中，古人很难解释这段漫长而复杂的历史。20 世纪 20 年代后，胡适、梁启超、许地山、陈寅恪、季羡林等将比较文学的实证研究方法引入中印文学关系史，在开辟了中外文学关系史研究的同时，显示了中国比较文学实证研究的得天独厚，也为中国的中外文学关系研究贡献了第一批学术成果。整个 20 世纪中国文学对外国文学的接受史，其范围之广，影响之深，对全世界来说，也是绝无仅有的。此外，中国文学在朝鲜、日本、越南诸国的长期的传播和影响，也为中外文学关系、东亚文学关系的实证研究展现了广阔的空间。因而，在 20 世纪中国比较文学中，实证的文学传播史、文学关系史的研究，不但没有被放弃，反而是收获最为丰硕的领域。中国学者将中国学术的言必有据、追根溯源的考据传统，与比较文学的跨文化视野与方法结合起来，大大焕发了这一研究领域的生命力，在这个领域中出现的学术成果以其学风的扎实、立论的严谨和科学，而具有其难以磨灭的学术价值和长久的学术生命。

邹：中国学者对于比较文学中的影响研究比较认同，我想世界各国的比较文学学者也都比较认同这一领域的研究。但有的中国学者对于"平行研究"与跨学科研究"有比较大的争议，比如有的学者认为平行研究缺少科学性，而跨学科研究则不是真正的比较文学。不知您是如何看待这个问题的？

乐：20 世纪 50 年代后，代表世界比较文学发展第二阶段的美国比较文学，突破了法国学派将比较文学定位为文学关系史的学科藩篱，提倡无事实联系的平行研究和文学与其他学科之间的跨学科研究。其实，中国比较文学学者在这方面也有自己独到的收获。1904 年王国维的《红楼梦评论》、1920 年周作人的《文学上的俄国与中国》、20 世纪 20 年代茅盾的《中国神话研究 ABC》和《北欧神话 ABC》、钟敬文的《中国印欧民间故事之相似》以及 1935 年尧子的《读〈西厢记〉与 Romeo and Juliet（罗密欧与朱丽叶）》等，已为中国比较文学开创了平行研究的先河。后来，钱钟书的《中国诗与中国画》《读〈拉奥孔〉》《通感》《诗可以怨》以及杨周翰的《预言式的梦在〈埃涅阿斯纪〉与〈红楼梦〉中的作用》和《中西悼亡诗》等，都是跨文化研究与跨学科研究的典范之作。（20 世纪）70 年代，以钱钟书《管锥编》为代表的多项平行式的研究实践，更是别开生面的平行研究之楷模。当然，在中国比较文学的发展历程中，有波折也有"涧流"，例如在平行研究中，人们有意识地在中外文学现象的平行比较中，寻求对中国文学及外国文学的新的理解和新的认识，并在平行比较中对中国文学做进一步科学的定性和定位。但对于平行研究中的可比性问题，陈寅恪等前辈学者早就提出了质疑。20世纪80年代后，随着平行研究进一步的中国化，平行研究才有了更好的发展。

有人提出"它是文学与其他学科之间的关系研究，还是在文学研究的方法和视角上对其他学科的借鉴？"其实，这两者的结合与相互为用是显而易见的。也有人认为只有当"跨学科"同时也是"跨文化"时，才能视为比较文学等等。杨周翰教授在《超学科比较文学研究》序言中指出："我们需要具备一种'跨学科'的研究视野：不仅要跨越国别和语言的界限，而且还要超越学科的界限，在一个更为广阔的文化背景下来考察文学。"跨学科文学研究是未来文学理论的另一个支柱。19世纪，"进化论"曾经全面刷新了文学理论、文学批评以及文学创作的各个领域；20世纪，系统论、信息论、控制论、热学第二定律以及熵的观念对文学的影响也绝不亚于"进化论"之于19世纪文学。如果说19世纪是机械学的世纪，20世纪是物理学的世纪，那么，21世纪将向人类展开一个过去人类连想也不敢想的生物学世纪。由世界六国科学家联手合作的"人类基因组计划"已经完成定序，人类遗传密码将被破译，人类即可开始探究、分析生命的蓝图。这将深刻地改变现有的哲学、伦理学、法律等观念，并将对社会、经济产生极其重大的影响。对于基因的排列和变异的研究，对于克隆技术关于生物甚至人的"复制"技术的实现，体外受精、"精子银行"对于传统家庭关系的冲击，以及人类在宇宙空间存在的形态所引起的种种道德伦理问题等等，这一切都对人文科学提出了新的挑战，而这些问题无一不首先显示在文学中。千奇百怪的科幻小说、科幻电影预先描写了科学脱离人文目标，异化为人所不能控制的力量时，人所面临的悲惨前景……这些都还有待于未来专文论述。跨学科的文学研究，特别是自然科学与文学研究之间的整合，必将为文学理论的发展翻开全新的一页。在新世纪，文学理论和人文学科的其他领域一样，都将会经历难以想象的颠覆和重建。现在不少年轻人都在谈论文学理论的无用和即将消亡。我们之所以仍抱有一线希望，是因为我们心目中的文学理论，将是建立在全新的跨文化与跨学科的基础上的，它将有益于人类的相互沟通与相互理解。

邹：我认为您的学术视野非常开阔，你对比较文学跨学科的研究很有前瞻性。比较文学是在西方先发展起来的学科，那么中国学者是不是只能按照西方学者所开拓出的路子来做呢？既然您认为中国比较文学是世界比较文学发展的新阶段，那相比较而言，中国比较文学学者在西方学者的基础上已经有哪些新的开拓呢？

乐：近年来，中国比较文学开拓出了一些新的领域，表现在以下几个方面：

第一，学科理论的新探索。中国比较文学学者结合中国比较文学实践，积极探索全球化时代跨越东西方文化研究的比较文学新观念和新理论，对比较文学的观念有所推进。例如，倡导"和而不同"的多元文化共存与互补观念；强调差异、互识互补、和谐相处，并通过文学促进世界文化的多元共存；建立异质文化之间文学交流的基本理论；探索东西文学对话的话语机制与方法等等。

第二，文学人类学新学科的建立。文学人类学是文学与人类学交叉研究的成果，是"中西神话比较研究"的延伸，也是近20年来中国比较文学跨学科研究催生出的最具个性的新领域。自1991年至今，"中国文化的人类学破译"系列共800余万字相继出版，在世界文化语境的参照下，对《诗经》《楚辞》《老子》《庄子》《史记》《说文解字》《中庸》《山海经》等这些难解的上古经典，做出了极有创见的文学和人类学的现代诠释。

第三，翻译作为一门独立学科的出现。中国是一个翻译大国，不仅有着两千多年的翻译历史，而且从事翻译工作的人数和翻译作品的数量在世界遥遥领先。20世纪的最初10年，我国文学翻译作品占我国全部文学出版物的4/5；今天，我国各类翻译作品也占到了我国全部出版物的将近1/2。文学翻译不只是文字符号的转换，而且是文化观念的传递和重塑，翻译文学不可能脱离译者自己的文学再创造而存在，翻译家的责任不仅是有创造性地再现原意，而且还包括在"无法交流处""创造交流的可能"，也就是在两种语言相切的地方，不仅借用外来语言而且发展本土语言。因此，译成中文的翻译作品应是中国文学的一个不可或缺的重要组成部分，翻译文学史应是中国文学史的一个重要分支，这已成为中国比较文学界的共识。

第四，海外华人文学与流散文学的相遇。近年来的华人文学研究，不仅包括了海外华文作品，而且包括了海外华人及其后裔用不同语言写的文学作品，这种研究的重点在于观察和分析不同文化相遇、碰撞和融合的文学想象，并进一步以这些作品为核心，展开异国文化的对话和不同文化的相互诠释。近几年来，这种研究迅速汇入世界性的以漂泊流浪的作家作品为主体的"流散文学"探讨，这方面的学者不仅致力于引进西方的流散写作理论，而且通过总结中国流散写作的理论和实践，直接与国际学术界进行有效的对话。中国在全世界的移民为数众多，历史悠久，该研究必将为未来世界文学史的重写做出不可替代的贡献。

第五，关于文学关系的清理。钱钟书先生早就指出：从历史上看，各国发展比较文学，先完成的工作之一都是清理本国文学和外国文学的相互关系，研究本国作家与外国作家的相互影响。近年来关于中外文学关系研究的最大进展，是将20世纪中国文学和世界文学作为一个整体来进行探讨，全面研究20世纪中国作家所体现的中国传统文化继承与西方文化影响的互动，15卷"跨文化个案丛书"《中国现代作家在古今中西文化坐标上》的出版，就是一个明显的例证。"中国文学在国外"的研究，也有了长足的进展，12卷本的《外国作家与中国文化》无疑是20世纪一部重大的学术成果。季羡林教授认为，由于中国、印度、波斯（伊朗）、日本、朝鲜和一些阿拉伯国家历史悠久的积累，形成了与西方不同的庞大而深邃的、独立的文学理论体系，可惜从事文学理论研究的人往往"知西而不知东"，这是很大的遗憾。近年来，关于东方比较文学的研究有了新的可喜的发展。

邹：关于什么是比较文学、比较文学研究的范围，学界也存在比较大的争议，有的学者认为比较文学就是以比较的方法研究文学，有的学者认为研究具有跨越性的文学现象就是比较文学。您在一系列文章中都谈到了比较文学是研究多种文化基础上的多种文学理论、多种文学史的"文学间"现象。请问您对此有什么新的看法？

乐：比较文学是文学研究发展到一定历史阶段的产物，它有自己特定的范围和内容，并不是所有用比较方法来研究文学的现象都可称为比较文学，例如，李白与杜甫的比较、五言律诗与七言律诗的比较，这只是研究文学的一种基本方法，而不是一个学科的范围。比较文学必须满足两个条件：一个是跨文化或跨学科，另一个是文学研究。举例来说，研究《春江花月夜》是中国文学；研究《春江花月夜》在日本的传播和影响，或同样题材在欧美文学中的表现，是比较文学；研究《春江花月夜》如何表现在音乐、绘画、舞蹈中，则是跨学科文学研究。同样，如果谈了很多不同文化、不同学科的理论，唯独没有文学研究，那也不是比较文学。当然，一定要把一国文学内用比较方法来进行研究的部分都称为"比较文学"也无不可，但这毕竟不是国际上一般所说的，得到大家公认的比较文学。

我想，讨论"多种文学、多种文学理论、多种文学史"的"文学间"现象，是有意义的。如果说"多种"是指"多种文化"，那么，这个问题可以说仍然是当前比较文学这一学科的根本要义。比较文学之所以不同于国别文学，就在于它研究的是不限于一种文化之内的多种文化的文学；同时，它又不同于一般多种文化的研究，因为它研究的范围仅集中于文学，从这一点出发，就可大致界定比较文学的研究范围。

多元文化中对于不同文学的欣赏和辨析，可以为我们提供多种多样的欣赏的快乐，在对照中对不同文学进行深入理解。如果将不同文化中写同样题材的文学作品放在一起来欣赏，就会得到不止是看一种作品的乐趣。千百年来，人类创造的精神文明实在是太丰富了，比较文学帮助大家找到一条在对比中欣赏各种文学的路径，进而能够很好地去欣赏人类所创造的多种精神财富。举例来说，月亮可以说是各种民族文学中共同的母题，但中国人看月亮，常常把月亮当作永恒的象征，咏叹人世的短暂！如李白的"今人不见古时月，今月曾经照古人。古人今人若流水，共看明月皆如此"让人产生很多感慨。日本人写月亮，写的是"山头月落我随前，夜夜愿陪尔共眠"，是"心境无翳光灿灿，明月疑我是蟾光"（明惠上人），他们追求的是和月亮融为一体。法国诗人波特莱尔笔下的月亮，却是一个悲哀而忧愁的女人，正在"让她的眼泪一串串地、悄悄地流向大地"（这眼泪正是月色的隐喻）。这时，一位虔诚的失眠的诗人，面对着月亮，"把这苍白的泪水捧在手掌上，好像乳白色的珍珠碎片，争光闪亮"，他把它放在心里，"那是太阳永远照不到的地方"（《恶之花·月之愁》）。如果我们只欣赏中国关于月亮的诗当然很好，但我们也可以用别的欣赏方式，日本的方式、欧洲的方式……那不是更丰富吗？

邹：通过您的生动而有趣的讲解，我们认识到从作家作品的不同读解，的确可以得出不同的意义；而每一个民族都有自己不同的文学发展道路，形成了各自的历史与命运。如果我们同时研究多种文学史，那么会给我们带来什么呢？

乐：从文学史发展的角度来看，比较文学研究多种文学史，就能发现文学的生长点及其发展的谱系。例如浪漫主义在德国、法国、英国都有不同的发展，这种发展沿着不同的路径传向世界各国，浪漫主义在日本、中国、印度都有很不相同的表现和发展，像地下的岩石，形成各自不同的谱系。如果不了解这种"谱系"在不同文学中的不同发展，就不可能深入论述该种文学的历史；同时，不研究这种"谱系"，浪漫主义本身也不可能得到真正圆满的解读。事实上，在多种文学史的研究中，关于他种文学的解读是创造新文学的一个必要条件。一种文学进来了，人们要接受它，首先要对它进行解释；人们在解释它的时候有许多方面会不知不觉地按照我们传统文化的习惯去解释，这就难免有误解、有误读。这种"误读"并没有什么坏处，倒是给我们提供了新的角度，从不同的方面来理解这部作品。如果一部作品永远只有一种解读方式，那它就很难发展了。由此可见，不同文化之间文学作品的"误读"能够造成一个新的生长点，使得文学向前发展。多种文学史要研究的，也就是这样的生长点怎样触发新的思路，进而促进文学的交融和文学史的共同发展。

比较文学的历史本身就是不断发生并克服各种危机到达新阶段的过程，它的现状在多种联系中充满着复杂的矛盾，它的未来通向千百种可能的途径，然而，它仍然是一个有着自己独特性质和范围的学科，无论是过去、现在和未来，它都曾经在，而且将会在不断充分化的诠释中更新和存在。对"比较文学"这个名词可能会有各种各样的理解，甚至会有人根本否定它的存在，但是人们分明会感觉到它：当人们探讨某种文学理论是否在多种民族文化中可以通用时；当人们读到同一个主题在不同文学传统中反复被咏叹和品味时；当人们看到一种文学思潮或者文学作品从一个民族流传到另一个民族，从一个地区蔓延到另一个地区时；当人们发现各种文体如诗、戏剧、小说在各民族文学中都有类似的发展规律而又各自有自己的特色时；当文学与其他艺术、文学与宗教、文学与其他社会科学、文学与自然科学之间的关系日趋密切、急待分剖时，人们就会清楚地意识到无论过去、现在和未来，这里确实存在着，并将会继续存在一门十分必需、非常有趣，而且对人类智力极富挑战性的学问，那就是比较文学。

邹： 在您的生动讲解中，我们真是很容易认识到比较文学研究超越于一般文学研究之上的那一部分，并且觉得比较文学真是一个很有趣味与意思的研究领域，那些对比较文学比较隔膜甚至反感的学者听了您的讲解，也许会很快改变自己的看法。乐先生，我认为您对比较文学的研究不仅有着自己的基本立场，同时也有自己的根本目标。我想问的是，您曾经指出比较文学在当今时代的三大功能，即"互识""互证""互补"，从理论上指出了比较文学存在的意义。不知您现在如何看待比较文学学科的三大功能？

乐： 曾经有这样一个故事：从前在水底下住着一只青蛙和一条鱼，它们常一起玩，是好朋友。有一天，青蛙跳出水面，看到了许多新鲜事物，它看得非常高兴，就回去向好朋友鱼报告说，外面的世界精彩极了，它看到了人，他们身穿衣服，头戴帽子，手握拐杖，足穿靴子。这时，在鱼的头脑中便把人想象成一条鱼：身穿衣服，头戴帽子，鱼鳍夹着手杖，尾翅上吊着两只鞋。青蛙说，有鸟，可展翅在空中飞翔，这时，鱼的头脑中便出现了一条长着两个翅膀的鱼。青蛙又说有车带着四个轮子，滚动前进，于是在鱼的头脑中便出现了一条带着四个轮子的鱼。这个故事说明认识和联想，无论有意无意，都受着一种思维方式和认识框架的支配，所有的认识和判断都会以一种"模式"为起点。鱼没有见过人，它只能按照它的模式去想象人是什么样子，但这并不是说不同文化模式的人就不可能互相了解，只能说这种了解的过程包含着误读，误读的积累不仅将逐渐趋向于正确，而且不断创造出新的读解和新的价值。

事实上，两种文化相遇，也就是进入了同一个"文化场"（cultural field），两者便都与原来不同而产生了新的性质，两者之间必然会发生一定的关系，这种关系有时是明显的对比，有时是一种潜在的参照。正如中国古代哲人所指出的，我们说"龟无毛"正是和"有毛"的动物相比，突出了乌龟的特点；我们说"兔无角"则是和"有角"的东西相比，突出了兔没有角的特点。如果没有和这种有毛的、有角的、隐在的参照物相比，龟无毛和兔、无角的特点就不会显现出来。比较文学的根本意义就在于它为文学研究开辟了一个崭新的层面，当文学被封闭在某一个国别民族文化体系之中时，它就不大可能突破原有的欣赏方式和思维模式来接受新鲜事物。只有认识了他人，才能更好地认识自己，这就是比较文学的重要功能之一 —— "互识"，也就是由互动而产生的新的认识。

如果说"互识"只是对不同文化间文学的认识、解读和欣赏，那么"互证"则是以不同文学为例证，寻求对某些共同问题的认识或不同的应和，以达成进一步的共识。不同文化体系的文学中的共同话题是十分丰富的，尽管俱千差万别，但从客观来看，总会有构成"人类"这一概念的许多共同之处。如关于"死亡意识""生态环境""人类末日""乌托邦现象""遁世思想"等等，不同文化体系的人们，都会根据他们不同的生活和思维方式对这些问题做出自己的回答。这些回答响着悠久的历史传统的回声，又同时受到当代人和当代语境的取舍与诠释，只有通过多种不同文化体系之间的多次往返对话，这些问题才能得到我们这一时代的最圆满的解答，并向这些问题开放更广阔的视野和前提，这就是比较文学的另一个功能 —— "互证"。所谓"互证"，就是要在互相参证中找到共同问题，证实其共同性，同时反证其不同性，以达到进一步的沟通和理解。

邹：我认为在您所提出来的比较文学的三大功能中，"互识"与"互证"只是其基础与手段，"互补"才是目的与意义。但如果没有人类各文化的"互识""互证"，那"互补"也就没有可能性。您是如何看待这个问题的呢？

乐：比较文学工作者要在这个过程中，按照自己的需要，从他者吸收营养，谋求新的发展，这就是比较文学的"互补"功能。"互补"首先指相互吸收，取长补短，但绝不是把对方变成和自己一样，也不是把自己变得和对方一样。例如在日本文化与中国文化的接触中，日本诗歌大量吸取了中国诗歌的词汇、文学意象、对生活的看法，以至某些表达方式，但在这一过程中，日本诗歌不是变得和中国诗歌一样，恰恰相反，日本诗歌的精巧、纤细、不尚对偶和声律而重节奏、追求余韵、尊尚闲寂和幽玄等特色在与中国诗歌的对比中得到进一步彰显和发展。

"互补"还表现为以原来存在于一种文化中的思维方式去解读（或误读）另一种文化的文本因而获得对该文本全新的诠释和理解。正如树木的嫁接，结果是成长出既非前者亦非后者的新的品种，但这并不是"融合"，正如"苹果梨"主要是梨，而"香蕉苹果"主要还是"苹果"一样，两种文化中不同文学的"相遇"不能不用一种文化框架去解释另一种文化中产生的作品，这不仅不会将一种文化的作品变得和另一种文化的作品一样，而且为原有文化增添了新的诠释、新的风貌，使原有文化产生一种新发展。例如朱光潜、宗白华等人以西方文论对中国文化的整理，刘若愚、陈世骧等人试图用中国文论对某些西方文学现象进行解释，这就是近来人们常常谈到的比较文学的"双向阐释"。

另外，"互补"还包括一种文化的文本在进入另一种文化之后得到了新的生长和发展。

例如浪漫主义在德国和英国原有不同的源流，传入中国、日本和印度后又都各不相同，正如地质学研究的岩系从一个地区伸展到其他很多地区，如果不了解其后来的发展，就谈不上了解整个岩系，不了解浪漫主义在亚洲的不同发展，也谈不上了解浪漫主义。

邹：有的学者认为中国的比较文学研究存在一个毛病，即许多人只是研究比较文学的学科理论，而不从具体的作家作品研究出发，也不从艺术与审美的角度来研究文学，认为这样的比较文学不可能起到沟通世界各国文学、文化与思想的作用。您是不是认为比较文学要着重研究与分析作品？如果是的话，那我们如何才能通过阅读作品来实现比较文学的文化沟通与文论对话的目标呢？

乐：我认为比较文学还是要研究文学，而作家作品是构成文学的最基本内容。如何通过阅读作品实现文学沟通与文化对话？面对这个问题，我倒是真想讲一讲自己的体验。

我们首先要知道一部作品的意义是如何构成的。作品的意义究竟是怎样构成的呢？我们读一部作品，就是和这部作品构成了一个共同语境，我们可以来看看这个过程。读一部作品，往往有不同的方式。

第一种是传统的方式，即通过作家的环境、作家的意愿来解释。我们先要了解作者写这部作品时的心态与社会环境，这就是说，首先要了解作者的社会环境和他（她）的心态，这就是孟子说的"知人论事"，知道这个人，论及他（她）周围的事件，要不然你就不会知道他（她）写的是什么意思，就无法和他（她）沟通，也就是没有共同话语，无法对话。

第二种是通过作品本身来解释。作者死后，他（她）原来想写什么，别人并不知道；就算作者没死，也很难完全令人相信他（她）自己的解释，因为这个"原意"他（她）自己也很难说清楚，如果他（她）能说得很清楚，那就可能是"主题先行"或"图解式创作"了，况且许多作家的创作过程都证明原来所设想的，在创作过程中常有很大改变，故事结局往往与最初的想法不同，创作还要受作者艺术技巧的限制。他本来想写一个非常美好的人物，但是他（她）自己的技术有限、思想水平有限、道德修养有限，他（她）写出的那个形象不一定就如他（她）心里想写的那个形象那样美好。那么，大多数读者的共同看法是否就是作品的意义呢？也不一定，因人而异，读者的社会地位不同、兴趣不同、心情不同，对作品的看法也就不同。因此，西方的新批评派认为作品的意义只能摒除作者和读者的参与，从作品本身来分析，即由作品的语言、肌质（texture）、修辞等来决定。

第三种是通过作品的整体结构来解释。新批评派只讲作品本身，把作品跟作者和读者隔断了，跟社会也隔断了，作品成了一个孤立的东西，这样也很受局限了，后来就有了结构主义批评，结构主义批评是把一个作品放在很多作品当中，从它们的关系中来寻找意义，结构主义认为作品都是在某种共同的结构关系之下来写的。我们在比较文学里讲"主题学"，认为有许多主题是类似的，像希腊神话，很多都是写英雄人物不满足于现状的，要离开家去寻找金羊毛、去寻找美人海伦、寻找"圣杯"等等，大概都是有一个任务促使其离开家，到外地去流浪、漂泊，经历了很多危险，然后成熟起来，最后成功返回家乡。我们从西方很多作品中都可以归纳出这样一个结构：离家—经历苦难—对人生有了新的领悟—回家。中国的作品也一样。孙悟空在花果山上是猴王，本来生活是很舒适的，很自由自在的，不过，这种生活过久了，他就有一种意愿 —— 要冲出花果山，出去看看外面的世界，就像希腊英雄要去找金羊毛一样，要走出自己的出身地，于是孙悟空到了天上，大闹天宫，被金星老儿关在鼎里面炼了九九八十一天，给炼出了一副火眼金睛，经历了八十一难，最终修成正果；贾宝玉本来是一块顽石，女娲炼五彩石补天时剩下的，不愿意永远生活在那个永恒的大荒山上，青埂峰下，他跟着渺渺真人、茫茫大士来到了大观园的花花世界，经历了一番悲欢离合、人生痛苦，最后又回到他的大荒山去了。从结构来看，也都是离家—经历苦难—对人生有了新的理解—回家，结构是一样的。同样结构的作品还很多。比较文学将这类作品的共同主题称为"启悟主题"，把一个作品放在很多共同结构中来分析和理解，就是结构主义的方法。由此可见，理解和解释一个作品可以有三种不同的方式，当然还有第四种，那就是通过读者。读者反应理论这个角度，完全通过读者来解释作品，由于读者不同、时代社会不同，对一个作品的解释就不同。过去，我们通常是通过这四种方式来认识作品，与作者对话，与作品对话，形成共同话语的，无论用什么方式，通过作品来构成作者和读者的对话，都是一种理解和诠释的过程。

邹：乐先生，时间已经不早了，桂子山上的月亮就要升起来了。我要代表《外国文学研究》的主编聂珍钊教授向您表示感谢，谢谢您对华中师范大学比较文学与世界文学学科的关心与支持，感谢您对《外国文学研究》杂志的鼓励与扶持。最后，祝您身体健康、生活幸福。

乐：也感谢你提出那么多的问题来与我讨论。与你讨论这些问题，我感到特别愉快。我与贵校（华中师范大学）有一种特殊的感情，胡亚敏教授当年是深圳比较文学研讨班上的学员，现在已经成长为一个有成就的比较文学学者。你们的《外国文学研究》成为中国第一份 A&HCI（艺术与人文科学引文索引）期刊，是一份具有国际影响的学术刊物，很了不起。我祝愿它早日成为世界一流的学术期刊，为中国的外国文学与比较文学研究做出更大的贡献。

叙事学与文学批评

——申丹教授访谈录

乔国强

摘要：申丹教授是教育部人文社科类首批长江学者、北京大学（外国语学院英语系）特聘教授、北京大学人文学部副主任兼欧美文学研究中心主任、中国外国文学学会副会长。虽然她的研究跨文学、语言学（文体学）和翻译学诸领域，但近年来她主攻叙事理论与小说阐释，不仅是国内叙事学领域的学科带头人，而且也是欧美知名的非西方的叙事理论家，是国际上第一本《叙事理论百科全书》唯一的非西方的顾问编委和撰稿人，也是应邀为国际上第一本《叙事理论指南》撰稿的唯一非西方学者。最近，申丹教授应邀就叙事学与文学批评的关系发表了自己的看法。她首先回顾了西方和国内叙事学的发展过程，评论了叙事学研究在西方和国内的不同走向及其原因，指出经典叙事学在西方并没有过时，后经典叙事学在国内则有待进一步发展。她认为叙事学为文学批评提供了新的角度和新的工具。经典叙事学促进了形式审美批评的发展，后经典叙事学批评既关注作品的形式技巧，又关注读者、语境和意识形态意义，这打破了西方长期以来形式主义和反形式主义的对立。后经典叙事学批评从各种新的角度切入作品，大大丰富了文学阐释。她认为就文学作品的表达层而言，叙事学批评在关注面上有其局限性。文学的艺术形式有两个不同层面，一为组合事件的结构技巧，另一为遣词造句。叙事学聚焦于前者，而文体学则聚焦于后者，两者呈一种互为补充的关系，但这一互补关系往往被掩盖。她还就国内的叙事学理论和文学叙事批评下一步应如何发展谈了自己的看法。

关键词：叙事学；文学批评；新角度；局限性；方向

申丹教授简介：女，1958 年 4 月生，湖南长沙人，汉族，英国爱丁堡大学博士，北京大学学士，北京大学人文学部副主任，欧美文学研究中心主任，教授，博士生导师，教育部长江学者特聘教授，九三学社第十二届中央委员会委员，第十一届全国人大代表，第十二届全国政协委员。美国 *Narrative*（《叙事》）期刊顾问和 *Style*（《文体》）期刊顾问，英国 *Language and Literature*（《语言与文学》）期刊编委，欧洲 *Journal of Literary Semantics*（《文学语义学杂志》）期刊编委，英国 *The Translator: Studies in Intercultural Communication*（《译者：跨文化交际研究》）期刊顾问，欧美 *Routledge Encyclopedia of Narrative Theory*（《劳特利奇叙事理论百科全书》）顾问编委。中国外国文学学会副会长、中国中外文艺理论学会叙事学分会会长。

乔国强（以下简称乔）：国内外对于叙事结构和技巧的研究均有着悠久的历史，亚里士多德的《诗学》堪称西方叙事学的鼻祖。但在结构主义叙事学诞生之前，对叙事结构技巧的研究一直从属于文学批评、美学或修辞学，没有自己独立的地位。结构主义叙事学的诞生改变了这一局面。半个世纪以来，叙事学在西方取得了长足进展；改革开放以来，叙事学也逐渐发展成国内的一门显学。首先我想请您就叙事学在国内外的发展谈谈看法。

申丹（以下简称申）：我们知道，结构主义叙事学于 20 世纪 60 年代在法国诞生之后，很快就扩展到了其他国家，成为一股独领风骚的国际性叙事研究潮流。（20世纪）60 年代至 80 年代，随着经典叙事学的迅速发展，深化了对叙事作品的结构形态、运作规律、表达方式或审美特征的认识，提高了欣赏和评论叙事艺术的水平。令人遗憾的是，西方学界对于各派理论的互补性和多元共存的必要性往往认识不清。从20 世纪 70 年代起开始盛行的解构主义批评理论聚焦于意义的非确定性，对于结构主义批评理论采取了完全排斥的态度。（20 世纪）80 年代以来，不少西方学者将注意力完全转向了文化意识形态分析，转向了作品之外的社会历史环境，将作品视为一种政治现象，将文学批评视为政治斗争的工具。他们反对叙事的形式研究或审美研究，认为这样的研究是为维护和加强统治意识服务的。在这种"激进"的氛围下，经典叙事学受到了强烈冲击，研究势头回落，人们开始纷纷宣告经典叙事学的死亡。世纪之交，西方学界出现了对于叙事学发展史的各种回顾。这些回顾尽管版本纷呈不一，但主要可分为三种类型。第一类认为叙事学已经死亡，"叙事学"一词已经过时，为"叙事理论"所替代。第二类认为经典叙事学演化成了后结构主义叙事学。第三类则认为经典叙事学进化成了以关注读者和语境为标志的后经典叙事学。尽管后两类观点均认为叙事学没有死亡，而是以新的形式得以生存，但都宣告经典叙事学已经过时，已被"后结构"或"后经典"的形式所替代。其实，经典叙事学的著作在西方依然在出版发行。加拿大多伦多大学出版社 1997 年再版了米克·巴尔《叙事学》一书的英译本。伦敦和纽约的劳特利奇出版社也于 2002 年秋再版了里蒙-凯南的《叙事虚构作品：当代诗学》；在此之前，该出版社已多次重印这本经典叙事学的著作。2003 年 11 月在德国汉堡大学举行的国际叙事学研讨会的一个中心议题是：如何将传统的叙事学概念运用于非文学性文本。其理论模式依然是经典叙事学，只是拓展了实际运用的范畴。后经典叙事学家往往一方面认为经典叙事学已经过时，另一方面却在分析中采用经典叙事学的概念和模式。在教学中，也总是让学生学习经典叙事学的著作，以使其掌握基本的结构分析方法。英美劳特利奇出版社刚刚出版了国际上第一本《劳特利奇叙事理论百科全书》其中不少辞条为经典叙事学的基本概念和分类。这种舆论评价与实际情况的脱节源于没有把握经典叙事学的实质，没有廓清"经典叙事（诗）学""后经典叙事学""后结构主义叙事理论"之间的关系。实际上，经典叙事（诗）学既没有死亡，也没有演化成"后结构"或"后经典"的形式。经典叙事（诗）学与后结构主义叙事理论构成一种"叙事学"与"反叙事学"的对立，与后经典叙事学在叙事学内部形成一种互为促进、互为补充的共存关系（详见拙文《经典叙事学究竟是否已经过时？》，《外国文学评论》2003 年第 2 期，第 93—103 页）。20 世纪 90 年代以来，后经典叙事学在西方尤其是美国的发展势头旺盛，可以说美国取代法国成了国际叙事学研究的中心，进入新世纪以来更是如此。2000 年美国《文体》杂志夏季刊登载了布赖恩·理查森的如下判断："叙事理论正在达到一个更为高级和更为全面的层次。由于占主导地位的批评范式已经开始消退，而一个新的（至少是不同的）批评范式正在奋力兴起，叙事理论很可能会在文学研究中处于越来越中心的地位。"理查森所说的"叙事理论"主要指涉后经典叙事学，其研究范围包括各种媒介、各种体裁和生活中的叙事。

我们知道，近 20 年来，在西方出现了一种将各种活动、各种领域均视为叙事的"泛叙事观"。这有利于拓展叙事研究的领域，丰富叙事研究的成果。然而，这种泛叙事研究往往流于浅显，真正取得了富有深度的研究成果的当首推小说叙事研究。

改革开放以来，西方叙事学被引入国内，得到迅速发展，叙事学方面的译著和论著不断面世，越来越多的大学开设了叙事学方面的课程。（20 世纪）90 年代后期还出现了以杨义先生的《中国叙事学》为代表的本土叙事学研究的热潮，旨在建构既借鉴西方模式，又有中国特色的叙事理论。学者们将西方叙事学与我国的叙事研究传统相结合，取得了不少成果。

乔：尽管叙事学研究在国内外都取得了长足进展，但在发展趋势上有所不同，你能否就这一方面谈谈看法？

申：由于政治文化氛围的不同和文学评论发展道路的相异，国内的叙事学研究相对于西方学界的呈现出反走向。西方20世纪上中叶形式主义批评占据了主导地位，但80年代以来占据主导地位的是后结构主义、文化研究、政治批评等等。国内的情况则正好相反。改革开放以前，我国文学界经历了长期的政治批评，改革开放以后，作品的形式审美研究也就格外受到重视。经典叙事学研究经久不衰，西方经典叙事学处于低谷的（20世纪）90年代，国内的经典叙事学翻译和研究却形成了高潮。但以关注读者和语境为主要特征的西方后经典叙事学却迟迟未得到足够的重视。20世纪90年代以来的有关译著和论著往往局限于80年代中期以前的西方经典叙事学，在很大程度上忽略了西方叙事学的新发展。在全国首届叙事学研讨会上，与会代表围绕经典叙事学与后经典叙事学的关系展开了热烈的讨论，就如何促进后经典叙事学在国内的发展交流了看法。

乔：结构主义叙事学将注意力转向文本的内部，着力探讨叙事作品的结构规律和各种要素之间的关联，这也导致了作品阐释的一种转向。后经典叙事学比经典叙事学要更为关注作品阐释，当然，是社会历史语境中的阐释。请您就叙事学在文学批评中的作用谈谈看法。

申：叙事学可分为叙事诗学（包括叙事语法）和叙事批评这两个范畴。叙事诗学对作品的情节结构、时间安排、视角种类、叙述层次和种类等各种形式技巧进行了系统分类，探讨了其不同的结构规律和文本功能。这为文学批评提供了新的角度和新的工具，促进了形式审美批评的发展。形式审美批评相对于传统批评来说是一场深刻的变革，这在小说评论中尤为明显。尽管不少作者注重小说创作艺术，但20世纪以前，西方学界集中关注作品的社会道德意义，采用的往往是印象式、传记式、历史式的批评方法，把小说简单地看成观察生活的镜子或窗户，忽略作品的形式技巧。20世纪初兴起的俄国形式主义强调艺术的自律性，认为批评的着眼点应在作品本身，但未待其影响扩展到西方，便已偃旗息鼓，当然（20世纪）50年代以后随着法、英译本的问世，在西方产生了较大影响。英美实用批评、新批评也将注意力转向了文学作品的艺术性，但主要关注的是诗歌，在小说批评领域起的作用有限。（20 世纪）60 年代至 80 年代，随着经典叙事学的迅速发展，叙事作品结构规律和叙述技巧研究占据了日益重要的地位，不少批评家从形式层面切入作品，从这一角度探讨作品的主题意义和审美效果。这一方面提高了欣赏评论小说艺术的水平，另一方面也提供了做出新的阐释的机会。正因为传统批评集中关注作品的社会道德意义，忽略作品的艺术手法，从形式技巧切入作品也就往往能得出富有新意的阐释结果。当然，作为以文本为中心的形式主义批评派别，经典叙事学批评有其局限性，尤其是它隔断了作品与社会、历史、文化环境的关联。这种狭隘的批评立场无疑是不可取的。

后经典叙事学是在批判形式主义和强调社会语境的学术氛围中诞生的。后经典叙事学批评既关注作品的形式技巧，又关注读者、语境和意识形态意义，这打破了西方长期以来形式主义和反形式主义的对立。后经典叙事学批评从各种新的角度切入作品，大大丰富了文学阐释。且以女性主义叙事学批评为例。女性主义叙事学批评涉足较多的一个范畴是叙述视角与性别政治的关联。男作家与女作家出于何种社会历史原因而选择了特定的视角模式构成一个关注焦点。叙述视角（聚焦者）与观察对象之间的关系也往往被视为一种意识形态关系。这种女性主义叙事学批评既有别于结构主义批评，又有别于女性主义批评。结构主义批评注重不同叙述视角的结构特点和美学效果，譬如从一个特定的视角观察故事是否产生了悬念、逼真性和戏剧性。女性主义批评则往往聚焦于故事之中人物之间的关系，尤其是女性人物如何成为周围男性的观察客体，对于"视角"这一"话语"层次上的叙述技巧关注不多。女性主义叙事学关注叙述视角所体现的性别政治，同时注意考察聚焦者的眼光与故事中人物的眼光之间互为加强或互为对照的关系。就这方面的研究而言，沃霍尔的一篇论文较有代表性，该文题为《眼光、身体与〈劝导〉中的女主人公》。

简·奥斯丁的《劝导》是以一位女性为主要人物的所谓"女主人公"文本。女性主义批评家认为这一时期的"女主人公"文本总是以女主人公的婚姻或死亡作为结局，落入了父权社会文学成规的圈套，《劝导》也不例外。沃霍尔对这一看法提出了挑战，首先区分了《劝导》中"故事"与"话语"这两个层次，指出尽管在"故事"层次，女主人公只是最终成为一个男人的妻子，但"话语"层次具有颠覆传统权力关系的作用。与先前的作者形成对照，奥斯丁在《劝导》中选择了女主人公安妮作为小说的"聚焦人物"叙述者和读者都通过安妮这一"视角"来观察故事世界。沃霍尔对安妮之"视角"的作用进行了详细、深入的分析，指出作品逐渐展示了安妮之观察的能量：作为其他人物的观察者和其他眼光的过滤器，安妮具有穿透力的眼光洞察出外在表象的内在含义，体现出在公共领域中对知识的占有和控制。同时，文本也展示了安妮对自己的身体及其私下意义越来越多的欣赏。这样一来，文本解构了以下三种父权制的双重对立：外在表象与内在价值，看与被看，公共现实与私下现实。沃霍尔仔细考察了作为"话语"技巧的安妮的"视角"与小说中其他人物眼光之间的区别，指出在《劝导》中，只有安妮这样的女性人物能够通过对身体外表的观察来阐释内在意义，解读男性人物的动机、反应和欲望。沃霍尔指出，作为叙述"视角"安妮的眼光与故事外读者的凝视（gaze）往往合而为一，读者也通过安妮的眼光来观察故事，这是对英国 18 世纪感伤小说男权叙事传统的一种颠覆。总而言之，沃霍尔通过将注意力从女性主义批评集中关注的"故事"层转向结构主义批评较为关注的"话语"层，同时通过将注意力从后者关注的美学效果转向前者关注的性别政治，较好地揭示了《劝导》中的话语结构如何颠覆了故事层面的权利关系，读起来令人耳目一新（参见拙文《"话语"结构与性别政治》，《国外文学》2004年第 2 期，第 3—12 页）。

无论是经典叙事学批评还是后经典叙事学批评，其显著特点都是能够对作品做出新的阐释。麦克米伦出版社 1990 年出版了梅森（Messent）所著《美国小说新解：叙事理论及其应用》一书，该书 1998 年又被美国 Alabama（阿拉巴马）大学出版社再版。这本书之所以能够在书名里堂而皇之地写上"新解"（new readings），就是因为叙事学提供了切入作品的新角度。该书第一章的题目是"《了不起的盖兹比》中的人物话语表达、视角与叙述"。通过详细考察这些叙述手法，梅森对这一经典作品做出了新的阐释。

乔：在西方经典叙事学中，"叙事诗学"占据了主导地位，而在后经典叙事学中，"叙事批评"则占据了相当重要的地位，您能否就这一点谈谈看法？

申：叙事诗学和叙事批评在与社会语境的关系上迥然相异，类似于语法与言语阐释之间的不同，前者无须考虑语境，后者则需要考虑语境。就叙事诗学而言，倒叙与预叙的区分，第一、第二与第三人称叙述之间的区分，直接引语、间接引语、自由间接引语之间的区分等都是对叙事作品共有结构的区分，进行这些区分时无须考虑社会历史语境。结构主义叙事学主要想探讨叙事作品的普遍规律，因此"叙事诗学"或"叙事语法"占据了主导地位。然而，20 世纪 80 年代以来，西方学界越来越强调作品的创作语境和阐释语境，若要顺应这一潮流，唯一的出路就是将注意力从探讨叙事的共有结构转向诠释具体作品。在我看来，这是（20世纪）80年代以来，越来越多的西方叙事学家将注意力转向作品解读的一个根本原因。诚然，有不少学者通过作品分析对叙事诗学进行了修正和补充，也有不少学者拓展了叙事理论的研究面，从一些新的范畴和新的角度切入，探索总结具有规律性的东西，譬如认知叙事学对读者的叙事阐释规律的探讨。但总体来说，"叙事批评"占据了主导地位。

就国内的情况而言，这种比例上的变化并不明显。当然，开始主要是理论译介和探讨，但很快就有不少人采用叙事诗学的概念和方法来诠释中国或外国的作品，这与对社会历史语境的强调无关。当时一般都是将叙事诗学运用于对作品艺术性的阐释，（20世纪）90年代以来才逐渐对作品的意识形态和历史语境（重新）产生兴趣。学者们不断从结构技巧切入作品，以求对某一作品或某一种类的作品做出新的阐释。如果说，西方后经典叙事学较好地体现了叙事学作为一种解读方法的作用的话，国内的叙事学研究 —— 无论是学者的论著，还是研究生的学位论文 —— 向来注重作品分析，出现了数以千计的这方面的研究成果，较好地展示了叙事学在批评实践中的作用。我自己近来也将注意力从叙事理论转向了叙事批评，旨在说明运用叙事学的方法可以如何帮助发现被作品的表面文本所掩盖的"潜文本"或深层意义，尤其是深层反讽。

乔：文学作品的阐释呼唤多角度的解读，每一种批评方法都有其特定的角度，都有其长处和局限性。在您看来，叙事学批评有哪些局限性？该如何克服？

申：首先，叙事学批评在关注面上有其局限性。叙事学批评主要在文本的表达层上运作，探讨作品的形式技巧所产生的各种主题意义。其实，文字叙事作品（譬如小说）的艺术形式有两个不同层面，一为组合事件的结构技巧，另一为遣词造句。叙事学聚焦于前者，而文体学则聚焦于后者。两者呈一种互为补充的关系，但这一互补关系往往被掩盖。叙事学对小说"话语"的定义和文体学对小说"文体"的定义从表面上看都是对小说整个形式层面的定义。我在国内外都发表论著分析了叙事学的"话语"和文体学的"文体"的表面相似和实质不同，揭示了造成这种差异的原因，并从理论和实践这两个角度提出了解决问题的办法。总之，若要对小说的形式层面做出较为全面的阐释，需要既关注结构技巧，又关注遣词造句。从批评方法上说，可以将叙事学的方法与文体学的方法相结合，也可以将叙事学的方法与"细读"作品语言的方法相结合。此外，叙事学批评需要通过与其他方法和思潮相结合，来拓展研究视野，丰富阐释结果。已有不少叙事学家将叙事学与女性主义、修辞学、新历史主义、阐释学、读者反应批评、认知科学、后殖民主义等多种理论和批评方法相结合，形成了各种跨学科的叙事学派别，在理论探讨和批评实践中不断取得新的研究成果。我国读者比较熟悉的美国叙事学家普林斯为即将面世的《叙事理论指南》（牛津：布莱克韦尔科学出版公司）写的一章题目就是"论后殖民主义叙事学"。我主编的"新叙事理论译丛"（北京大学出版社）也是这方面成果的一个缩影。

乔： 在您看来，国内的叙事学研究下一步应如何发展？

申： 我想就理论和批评分别谈谈看法。就叙事学理论而言，可以注意以下几点：（1）应摒弃对科学性、客观性的盲目追求和信赖。很多人都已经认识到，任何理论模式都难以避免其主观性，都代表了看问题的一个特定角度。（2）更加注重我国的叙事创作和研究传统，总结我国叙事创作的特点，挖掘我国的叙事理论资源，并与国外的加以比较，以丰富现有的叙事理论。（3）要充分认识到早期的叙事语法和叙事诗学的局限性。20世纪六七十年代的经典叙事学家以神话、民间故事等为基础建立起来的叙事语法难以描述一些不同种类的或更为复杂的故事结构，要求建构出新的模式。中外作品中的故事结构都在不断发展，当然，有的有规律可循，有的则不然。在研究叙事语法时，对新的小说体裁和其他种类、其他媒介的叙事可予以充分关注。就表达层面而言，不同种类的叙事也有不同的叙述技巧，可不断挖掘，以丰富叙事诗学。此外，要充分关注文学作品中偏离规约（达到一定的出现频率之后，又会形成新的规约）的结构技巧。西方后经典叙事学家通过关注偏离规约的结构现象，对经典叙事诗学做了很好的补充。（4）通过跨学科研究来丰富现有理论，以拓展研究范畴，争取新的发展空间。（5）可以结合社会语境的变迁探讨叙事结构的历史演变，国内这方面的研究还不常见。（6）叙事学现有的理论概念和分析模式中存在各种混乱和问题，有的一直未得到解决，可加以审视和修正。（7）要分清叙事学作为一种理论或解读方法与叙事作品作为一种阐释对象之间的关系；也要分清叙事诗学作为一种文本"语法"与叙事批评作为一种"文化产物之解读"之间的关系。20年来，西方学者对文学作品的看法发生了根本改变，不再将之视为独立自足的艺术品，而是将之视为社会历史语境中的文化产物，因此叙事学批评一般都结合文化语境展开。然而，叙事诗学涉及的是叙事作品共有结构的区分，只能脱离千变万化的具体语境来建构。其实，我们从大量的研究成果中可以看到，脱离语境建构的叙事诗学在结合语境进行的批评实践中可以成为很好的技术工具，而批评实践又导致了一些新的（尤其是偏离规约的）结构技巧的发现，丰富了叙事诗学。但西方学界往往对这一点认识不清。米克·巴尔在其《叙事学》一书第二版的序言中说："我写完这本书之后，转而做了其他的研究。可是，对这本书的需求显然说明它是广受欢迎的工具，因此我不能简单地弃之了事。"20 年来，巴尔在很大程度上转向了（包括非文字媒介的）语境中的叙事学批评，而在从事这种语境批评时，经典叙事诗学发挥了很好的工具作用。然而，我们从巴尔的"不能简单地弃之了事"这样的词语就可以看出，她对叙事诗学在她自己研究中的这种工具作用认识不清。不少西方学者将叙事诗学（像语法一样对普遍规律的研究）与文化分析（语境中的具体作品解读）相混淆，导致了很多没有意义的争论，对此我们应该引以为戒。

就文学叙事批评而言，可注意以下几点：（1）关注如何对经典作品做出富有新意的阐释。从情节结构和叙述技巧切入作品，加以仔细考察，常常能发现为表面文本所掩盖的潜藏文本帮助揭示作品的深层内涵。（2）就作品的表达层而言，在批评实践中，可注重将叙事学的方法与文体学的方法相结合，以避免片面性。（3）注重跨学科的叙事学阐释，以克服叙事学在视野上的局限性。（4）注重对作品结构技巧的多角度、多层面解读。可采用多种跨学科的方法来解读同一作品，揭示作品的不同层面如何相互作用，产生主题意义。（5）更为关注同一叙事之不同媒介文本的比较研究，譬如对同一叙事的小说、戏剧、电影（视）、舞蹈文本加以比较，以丰富对主题意义和艺术表达的阐释。此外，就非文学领域而言，也可加强叙事方面的解读。从叙事的角度来看一个文化产物、一个日常现象、一个社会活动等等，也许可以获得对文化、历史、人生等方面的新的理解。

无论是理论探讨还是批评实践，我国的叙事学研究都在拓展广度和深度，预计将在文学研究中占据越来越重要的地位。我衷心祝愿在新的世纪里，我国的叙事学教学与研究事业更加兴旺发达。

关于文学地理学的研究方法与发展前景

—— 邹建军教授访谈录

刘 遥

摘要: 邹建军教授是当代杰出的文学批评家、比较文学学者与抒情诗人，他曾经出版文学论著多种、编选作品与诗集若干，在学术界产生了重要影响。邹建军教授出生于四川中南部威远山地，却以优异成绩考入威远中学与四川大学，毕业后到中南民族大学中文系与华中师范大学文学院任教，长期从事文学创作、文学批评与文学研究，并立志于培养众多的世界一流的文学创作与研究人才。近年来，在文学批评与研究上，他提倡与重视文学地理学的研究，并将其作为中国比较文学研究的一个新的方向；在文学创作中，他提倡建立当代中国的自然山水诗派，在文坛引起较大的响应。为了让广大读者对文学地理学研究的有关观念、来源、要求与目标等有比较全面与准确的了解，2008 年 2 月上旬的一天，在大雪纷飞中，笔者在华中师范大学文学院找到了他，并在他在桂子山上的办公室，就有关文学地理学研究的问题，进行了一次访谈。邹建军教授不仅有繁重的教学任务，而且要指导十多个硕士研究生与访问学者，更重要的是他负责中国第一份 A&HCI（艺术与人文科学引文索引）期刊《外国文学研究》及其附属刊物《世界文学评论》的日常事务；他也总是钟情于自然山水，时不时地云游四方，所以，要抽出时间来接受记者的采访，的确不是一件容易的事。

关键词: 文学地理学；批评方法；学科意识；意义与价值；中国比较文学；发展前景

邹建军教授简介: 邹建军，1963 年 7 月 11 日出生于四川省威远县越溪镇。1984

年 7 月毕业于四川大学中文系汉语言文学专业，到中南民族大学（原中南民族学院）中文系任教。1993 年武汉大学中文系中国现当代文学专业研究生毕业。1994 年破格晋升为副教授，1998 年破格晋升为教授，曾任中南民族大学外国文学与中国现当代文学教研室主任、学科带头人、中南民族大学女书文化研究中心主任。2003 年到华中师范大学文学院比较文学与世界文学专业任教授。2008 年 6 月华中师范大学文学院比较文学与世界文学专业英美文学方向博士研究生毕业，获文学博士学位。现任华中师范大学文学院教授、博士生导师、比较文学与世界文学专业硕士生指导组组长、湖北省重点学科比较文学与世界文学学科比较文学方向学术带头人、国家精品课程"比较文学"（2007）和"外国文学史"（2009）及国家级精品资源共享课"比较文学"（2012）主讲教师。学术职务有：《世界文学评论》（辑刊）主编、《诗歌月刊》（下半月刊）副主编、《中国诗歌》副主编、华中师范大学研究生教育创新计划"中外文学讲坛"指导教师。社会兼职有：中国作家协会会员、湖北省作家协会全委会委员、中国作家协会会员、中国诗歌学会理事、中国比较文学教研会理事、湖北省外国文学学会副秘书长。主要研究方向为美国华裔小说、比较文学学科理论与文学地理学。

刘遥（以下简称刘）：邹老师，您所提倡的文学地理学，就是从地理空间的角度来研究文学，探讨文学与地理的联系，也要讨论文学对地理研究的影响。这样的研究，自然具有很大的意义，对许多人来说，也是一种新的提法。我要问的是，文学地理学是不是如文学伦理学那样是一种新的文学批评方法呢？

邹建军（以下简称邹）：我所提倡的文学地理学，从表面上看来，好像是提倡用地理与空间科学的方法来研究文学，其实不完全是这样。我们可以用地理空间科学的方法来研究文学，也可以为文学研究开拓出一条新路，从这个意义上理解，文学地理学的确是一种批评与研究方法。

但是，从本质意义上来说，我认为文学地理学不是一种批评方法，也不是一种研究方法，而只是一种研究问题的角度。从这样一个角度来研究文学，可以建立一门新兴学科，因为它可以作为中国比较文学建设的一个重要方向。但是，并不是说文学地理学研究就没有比较适用于自己的方法；相反，文学地理学研究有自己独特的研究方法，文学地理学研究，也不能离开这样一些基本的方法。文学地理学与文学伦理学一样，从本质意义上来说，都不是首先作为一种批评方法而提出来的，而是一种思考问题的角度。

当然，我们要强调的是，并不是只有文学地理学才运用这样一些方法，而不被其他学科所运用。文学地理学没有只属于自己的研究方法，其实，世界上没有哪一门学科有只属于自己的研究方法。任何批评与研究方法，可以为所有学科所运用，只是有的方法比较适用，而有的方法不是太适用，如此而已。如果有人认为哪些研究与批评方法只为自己这个学科所运用，其他学科不运用或不能运用，这样的认识肯定是存在问题的，要么是认识不清的，要么是自我封闭的。无论哪一门学科要得到发展，自我封闭是不可能有多大发展空间的，只有在开放与多元的学术环境里，学科才可能得到更大的发展空间。文学地理学有自己的研究方法，但并不只为自己所独有；文学地理学的存在与发展，并不只是在于其有自己的研究方法，而主要在于有其特定的研究对象，那就是文学中的地理空间问题。如果文学中不存在地理空间问题，作家不反映人类生存的地理空间，地理空间的变化对文学不构成影响，那文学地理学的提倡就没有基础，这样的研究也就没有多大的意义。

刘：文学地理学并不是一种新的提法，但你所说的文学地理学与传统意义上的文学地理学有着很大的距离。比如说，从前说研究作家的地理分布好像就是文学地理学，如果是那样的话，那就太简单了。关于这一点，您已经在关于文学地理学的提出与研究的主要内容的访谈中做了论述。那么，我要问的是，您所说的文学地理学由于研究内容的重新选择，在研究方法上有什么讲究呢？也就是说，您认为文学地理学研究能够拥有哪些研究方法呢？或者您认为文学地理学应当注重哪些已经有的研究与批评方法呢？

邹：决定一门新兴学科的并不是它独有的研究方法，但是如果有自己的具有强大扩展力的批评方法，对学科的建设来说自然也是一种贡献。我现在不敢说文学地理学已经有了一种或多种只属于自己的、很有价值的研究方法，但是我认为，在文学地理学研究中，有如下几种方法值得引起我们的重视：

一是文本解析。文学地理学注重对作家作品的研究，尤其是对作品的研究；要研究清楚作品，就要注重去阅读、欣赏、分析文本，因此，关注作品是文学地理学的一个基础。要通过自己的阅读体验，从作品中发现与地理空间相关的细节、相关的元素，在此基础上才能讨论文学地理学的相关问题。文学之所以为文学，文学之所以与其他意识形态不一样，就是因为文学作品本身的丰富性与差异性；一个民族没有好的文学作品，那它自己将自己的文学与文化叫得再响也是没有人承认的；一个作家没有好的作品，他（她）自己将自己看得再高也是没有意义的。文学地理学研究要以文学为中心，也就是要以作家作品为中心，因此，对于作家作品本身的分析与欣赏，是最为基础与重要的。文学研究的核心是文学问题，离开了文学作品本身很难谈清楚文学问题，就是从事文学批评与文学理论研究，也是不能完全离开文学作品的。从更宽泛的意义上来说，文学批评与文学理论文本也是一种文本，也是文学研究的一种对象；但是，文学之所以为文学，最为主要的不是哪种批评的文本与理论的文本，而是文学创作的文本，即作家创作出来的作品。因此，文学地理学要关注的一个基本对象就是作家与作品；作家对于自然的观察与表达，作家对于地理空间的认识，往往能够改变他（她）的整个观念与视界，并且往往体现在自己所创作的作品里。从作品出发从事文学地理空间问题的研究，是最为现实的一种选择，也是最有意义的一种选择。对作品的理解与分析，就是靠对作品本身的反复阅读，审美的过程是必不可少的，发现的过程是必不可少的，关注其中的细节是最有价值的。英美新批评学者强调文本细读，文学地理学者也强调文本细读，并不是我们故意要向新批评者学习与借用，而是文学地理学研究本身的需要，是文学地理学者发现问题的起点的需要。

　　二是实地考察。文学地理学强调对文学发生地与文学发展地的实地考察，看一看我们所关注的作品是如何产生的，作家是在什么样的情况下进行这样的作品的创作的。地理学研究特别注意观察，观察自然山川的构成与走向，观察自然天象的构成与演化，并且以各种数据进行分析，最后才能得出结论。文学地理学也要借用这样的方法来研究文学史与文学集群的情况，如文学运动与文学思潮、文学流派之类的构成及其规律，当然，最重要的还是研究作家与作品。比如，如果你要研究郭小川写的《团泊洼的秋天》，去看一看团泊洼是什么样子，那对于我们理解作品会很有帮助。比如，谭恩美长篇小说《接骨师之女》中所写的周口店附近的"仙心村"，如果我们能够到"仙心村"看一看，那对我们理解这部长篇小说，肯定也会有很大的帮助。如果你要去分析某个作家及其作品，他（她）故乡的自然山水环境对其个性气质、艺术风格和艺术形式产生的影响，不去实地考察和研究，是很难理解到位的。所以，我比较欣赏我的老师——武汉大学中文系陆耀东教授为了写《徐志摩评传》，亲自到浙江海宁的峡石考察，因此他的书中有真实的照片，对于诗人小时候所生活的环境，也有自己经过亲眼所见、亲耳所闻的第一感觉。这样得来的材料是最真实的、最可贵的、最有价值与意义的，不仅是因为那是第一手材料，而是因为这是实地考察得来的，对于研究者的启示、研究者的发现来说，肯定帮助是最大的。这正是文学地理学所提倡的,也是文学地理学要研究的一个非常重要的方面。文学地理学研究,从性质上来说,虽然是一种美学的研究,但也是一种科学的或者说具有科学性质的研究。

三是图表统计。既然文学地理学研究要借用地理研究的一些方法,要让自己的研究带有一种科学研究的因素,所以图表统计也是不可少的,或者说是要引起文学地理学研究者的重视的。因为,我们要对文本里的元素进行分析,使得你的研究能够有根有据,同时能够上升到科学分析的层面;更重要的是,我们要对经过实地考察得来的一些东西进行数据统计,并得出相关的信息,这种方法还是必不可少的。我自己的体会,就是能够把自己的认识和见解通过图表的方式表达出来,表明你的认识是比较科学的、到位的,而且这样的图表本身表达的能力也是比较强的。具体到文学地理学的研究过程与研究结果,图表统计分析的方法,都是必不可少的。如果你要研究一个地方的气候对于作家的个性与气质的影响,如果你要研究一个地方的山林与海洋环境对作家的心理与美学趣味所产生的影响,那对于气候资料的图表统计与水文资料的图表统计,就是很有说服力的材料。其实,作为我来说,早就有了这样的实践。我记得,我在撰写《李魁贤诗歌艺术通论》(作家出版社,2002 年)中的两章的时候,往往在每一节中都有表格与图像,当然不完全是为了说明作家的地理来源的问题,主要是为了让我们的理论认识上升到一个科学的高度。所以,我们今后在从事文学地理学研究的时候,获取第一手的数据资料则是必不可少的,对有关数据进行统计,也是一种重要的研究与分析的手段。

四是动态分析。从前一些学者所做的对于作家与作品地理分布的研究,基本上是静态的,动态的分析虽然也有,但往往缺少科学性。我们所提倡的文学地理学,特别强调对与地理相关的文学现象的动态分析,因为在文学地理学研究中有一个很重要的层面,就是对某一种文体、某一个时代的文学历史发展情况的分析,比如唐、宋、元三个朝代作家的地理分布的变化,以及文学中心的转移这个话题,就适合于对之做出动态分析,而分析的结果,也许就是各种各样的表格与图像。这种方法,十分适合用于研究文学史上某一体式与某一文化中心的地理空间的变化,以及作家作品中地理空间的建构问题。大家可以去看看文化地理学和历史地理学方面的书籍,因为文化地理学与历史地理学研究,也比较注重这样的动态分析,并且其运用已经非常成熟了,有许多成功的个案。就如我们的科学家分析与地理相关的气象变化的时候,要有一个动态分布与演变图,那样看起来就一目了然了,文学地理学研究到相关领域的时候，也是如此。

五是比较对照。文学地理学研究也需要一种比较与对照的方法，对不同地方的文学与不同时代的文学的研究，对不同环境的文学与不同方向的文学的研究，就是不可不用的一种方法。法国著名学者史达尔夫人，在研究欧洲文学的时候，将整个欧洲的文学分作南方文学与北方文学，北方的自然山水与南方的自然山水并不相同，南方的气候与北方的气候也有很大的区别，这样的研究自然就是一种比较的视角与比较的方法。我们说过，我们将文学地理学当作比较文学的一个研究方向与新的突破口。从比较文学来说，并不是运用比较方法来进行的文学研究都是比较文学，但比较文学在许多时候也不能离开比较方法的运用，不论这种运用是直接的运用还是间接的运用，总之是要将两元以上的对象放在一起来进行考察，自然就带有一种比较的视野与眼光，这自然也是一种对照。在文学地理学研究中，要比较不同的地域、不同的地理空间在作品中的表现，要比较不同作家笔下的自然山水的不同意义与不同表现形式。比如说南方文学与北方文学是不一样的，东方世界与西方世界也是不相同的，这就需要做出这样的比较与对照。有比较才有鉴别，因此，运用比较的方法来研究文学地理的问题，的确是必不可少的。

六是追求一种理论上的建构。文学地理学自然是一种理论，它是作为中国比较文学建设的一个新的分支而提出来的，是作为从地理空间的角度来研究文学现象的一种视角而提出来的，因此我们说它首先就是一种理论。并且，我认为这是建立在文本分析和对意识流变基础上的一种理论，在中国比较文学的理论上是一种非常重要的理论创造与理论关照。因此，在文学地理学研究中，理论思辨和理论想象的能力是非常重要的。一个人写一篇文章或者是思考某个问题，一定要上升到理论的高度，才能够真正解决问题。对一种现象的描述很重要，但那不能解决问题；对一段历史的清理也很重要，那也不能解决带有普遍性的问题，只有在一定的深度与高度来进行考察与观察，才能揭示问题的实质与相关的规律。在一定的深度与高度来认识问题，本身就是一种理论性的认识。所以，我们可以从这个角度来思考文学地理的问题、研究文学与地理的相互联系；我们也可以运用文学地理学的某些方法来批评作家与作品，从实践上为文学地理学的建立提供实证性的资料。但是，我们更要有勇气建构文学地理学的有关理论。要有自己的基本的理论立场，要有自己的一整套的理论观念，要有自己的研究方法与研究的手段。文学地理学要有自己的术语系统，要有自己的基本观念与基本立场，要有自己考察文学的独特角度与思维理路。

不过，文学地理学的研究在西方虽然也有人在进行，但多半都是一种实际的考察，而没有理论观念与方法论层面的东西。在目前来说，文学地理学也许只是一种理论的构想，但随着这种文学批评与文学研究的发展，它会越来越丰富、越来越具有实用性。

刘： 文学地理学研究，的确如您上面所述，具有多种多样的研究方式，并且您的思考已经相当全面、相当深刻。文学地理学研究的开展，对于中外文学史的研究、中外作家作品的研究以及中外文学理论的研究，都很重要。邹老师，我想问的是，您认为建立文学地理学的重要意义，具体体现在哪些方面呢？

邹： 建立文学地理学，对于文学研究与文学批评，对于中国比较文学的学科建设，对于作家的文学创作与读者的文学接受，都具有十分重要的意义，主要体现在以下四个方面：

一是可以对经典作家作品进行全新的解读。到今天为止，所谓文学研究，无论中外，主要是对作家作品的研究；而对作家作品的研究，如果真要有新意的话，关键就是要"重读"，就是要对经典作家作品进行重新阅读，目的是读出新意来，进行重新研究。所谓一千个读者就有一千个哈姆雷特，一千个读者就有一千个林妹妹，从共时性的角度而言，是说不同的读者会有不同的理解；从历时性的角度而言，不同时代的读者会对同一个作品进行重读，其结果也是并不相同的。这样的表述，无论共时性的还是历时性的，都是如此。而从地理的角度重读作家与作品，往往会有新的启示。因此，文学地理学能够对作家作品进行新的解读，会让我们对经典作品有新的理解与新的认识。我们如果从地理空间的角度研究古希腊悲剧《普罗米修斯》，剧中有一个人的形象就是伊娥，她来到普罗米修斯前面，问她未来的命运，普罗米修斯给她预言未来她的逃亡路线，那是一条非常艰难的路程。从这里，我们可以看到剧作家那非凡的想象力，也可以看到当时的希腊人的地理空间，也许就只是南欧那么一个范围，因此剧作家的想象也没有超越那个时代的地理知识圈。从地理空间的角度来阅读作品，前人虽然做过一些研究，但是非常有限，而且很多文章写得过于浅显，没有太大的价值，真正能给我们以启示的文章很少。学术研究贵在创新，选择这样一个新的角度来进行全新的阅读与研究，是学术研究的创新本质所提出的要求。正如我们所知道的那样，文学等意识形态正是奠基于自然空间，如果没有自然空间的存在，那人类的文学艺术都是没有基础的。从这个意义上，我们可以说任何文学作品中都存在地理空间的问题，那么，从这个角度来解读作品，不仅是可行的，并且也是有意义的。重读经典文学作品，最重要的就是角度的选取，从地理空间的角度重读文学作品，自然是一个重要的角度。

二是对文学史的重写，对整个人类的文学世界的重新建构有较大的意义。从前从地理空间的角度研究文学不够，因此，文学史的写作不论中外，都只是某一种文学史，而不是真正的中国文学史或者外国文学史。正如在比较文学兴起以前的文学史，与比较文学兴起以后的文学史，有很大的区别一样。文学地理学研究的成果，可以丰富我们的中国文学史与外国文学史，如果做得到位的话，可以改写整个世界的文学史。地理空间对文学的影响很大，首先是通过作家创作作品，然后是通过读者的文学观念。文学史是作家所创造的，也是通过读者的阅读所建构起来的，没有读者的参与，文学史是不可能真正建立起来的。批评家从地理空间的角度研究文学，读者从地理空间的角度解读文学，对文学史自然是一种新的丰富与发展，对世界上存在的文学世界而言，也会是一种全新的建构。至少，我们可以写一本"世界文学地理史"或"世界地理文学史"之类的著作，这样的面对整个世界的文学史，至今没有看到。世界上应当有多种多样的文学史，从各种不同的角度所撰写的文学史，如果只有一种或者少数几种不知从何种角度撰写的文学史，那显然是存在问题的，多种多样的文学史结合起来，才可能构成一部真正的、全面的、科学的世界文学史。

三是可以对文学理论与文学批评做出新的补充和修正。法国文艺理论家泰纳的文学理论是人所共知的，那是如何得出来的呢？主要从时代、环境、种族来理解文学，从而构成一种与其他文学理论有别的文学理论观念；而文学地理学的提出与实践，相信也会对当下文学理论和文学批评的发展，提供某些新的补充。从前，我们的文学理论是从社会学的角度建立起来的，考虑的往往是作家与作品；后来，我们的文学理论同时也考虑到了读者与批评，从而建立起了一整套的新的现代的文学理论。如果我们比较一下中国（20世纪）七八十年代出版的文学理论教材与90年代中后期出版的文学理论教材，就可以得出非常明确的结论：从不同的角度来考虑文学理论问题，可以得出不同的文学理论；从不同的文学理论出发，又可以对同样的作品做出不同的理解。这是一种互为因果的关系，也是一种互为促进的关系。从世界各国的文学理论来看，不同的民族具有不同的文学理论观念，主要就是各自采取的考察文学的角度不同。文学地理学，要求从地理空间构成的角度来研究文学现象，其实是从最基本的现象入手来解读文学，寻求文学的根源，同时也是审视作家所审视过的对象，从作家、作品与读者三个角度考察文学的地理要素，这样的研究一定会对文学理论的发展提供新的材料，从而最终提供一整套文学理论的观念。

四是对中国比较文学学科的建设做出贡献。文学地理学研究可以看作是中国比较文学研究的一个突破口，并且我们相信中国比较文学可以从具体的文学研究，特别是一种跨学科的文学研究中得到收益，而得到丰富与发展。30多年来，中国比较文学研究虽然取得了相当可观的成绩，但从总体上来看，许多比较文学方面的论文还是比较空洞的，许多比较文学方面的著作还是比较薄弱的。我认为，我们的确有必要从具体的问题入手进行研究，而以文学为中心的跨学科的研究，也许能够真正地推动中国比较文学学科扎扎实实地取得进展。当然，我们这里所说的跨学科研究不能够离开文学，正如有的学者所指出的那样，文学伦理学批评不能离开审美批评，离开了审美、艺术和文学本身，而只讲伦理是没有多大意义的；那么，对于文学地理学而言，离开文学文本而谈地理问题，也是如此。文学地理学研究的是文学问题，落脚点就应该在文学，是与文学相关的问题，而不是地理问题。从文学作品与文学材料中来研究地理问题，可不可以呢？我认为是可以的，但是那应当是地理学家研究的问题，而不是文学研究者应当研究的问题。可以把文学地理学当成比较文学研究的一个方向，也可以只将它当成文学的跨学科研究，无论如何，它都是有前途的。比较文学里面，的确有一个文学与其他学科的关系问题，只是因为世界上的学科太多，那要研究文学与其他学科的关系，是何其不易；一个是文学，一个是地理学，而地理学又是一种包罗万象的东西，所以，只研究其中的一个方面就已经不易，何况还要研究两者之间的关系。但是，比较文学研究本身就具有很大的挑战性，如果我们不能接受这样的挑战，那中国的比较文学建设则很难得到到位的建设与发展。只有在文学地理学等新兴学科充分地建设起来以后，中国的比较文学学科建设才能真正得到发展，中国特色的比较文学学科理论才能真正建立起来。

文学地理学研究究竟存在多大的意义，我想还要经过一段时间的发展，才有可能明白。一件事情在开始的时候，也许很少有人能够理解它的意义何在，并且凡是一件新的事物开始的时候，人们往往都不太愿意接受它，文学地理学的提出，也可能是这样的。

刘： 根据您上面的论述，从事文学地理学研究的确是很有意义的，文学地理学的提出，无论是对于文学研究者还是地理研究者，都会有很大的启示意义。那么，我们如何从事文学地理学研究呢？究竟从哪里开始呢？邹老师，您能不能具体谈一谈这个方面的想法？

邹： 文学地理学研究既然这么重要，那我们究竟从何处开始呢？这的确是一个问题。就像我们知道了哪里有珠宝，却无从获得，那当然是一个人人关心的问题。我认为不要把学术研究看得那么高深，好像让一般的人都摸不着头脑，真正的学术是活的，就在我们每一个人的身边。因此，我认为从事文学地理学的研究，就是要从身边做起。具体说来，要讲究以下五点：

一是尽量多了解文化地理学和历史地理学方面的知识。文化地理学与历史地理学是文学地理学的相关学科，也是文学地理学的基础，因为任何文学都是离不开文化的，任何文学也都会处于一种历史的形态。因此，文学地理问题的研究不可能完全离开文化地理学与历史地理学。正如我们所知道的那样，文化地理学与历史地理学的研究，无论中外，都取得了一定的成果，许多东西可以为文学地理学研究所借用。不过，我认为文化地理学的研究过于宽泛，历史地理学的研究比较集中，也许是因为文化本身就太宽泛，而历史主要讲究线索与发展路线。文学地理学比文化地理学与历史地理学更有研究的价值，主要是因为文学本身的丰富性与创造性。

二是要阅读和了解前人在地理空间方面研究文学的成果。我已经说过，文学地理学并不是从我开始才提出来的，我并不需要这样的专利权。但是，我所说的文学地理学与从前的学者所从事的相关研究比较，具有自己的独立性与开创性。我所讲的文学地理学是作为一门学科形态，而且是作为中国比较文学的一个新的方向与分支学科而提出来的。无论中外，我们的前人在从地理空间的角度研究文学方面，也有一些成果，我在中国学术期刊网上搜了一下，大概也有几十篇，不过多系粗略之作，少有精专的学术成果。不过，我们也有必要关注前人的成果，尽量了解前人研究的程度与方法，为我所用。国外的研究成果多一些，但往往局限于空间，与地理的关系并不是太大。

三是要结合自己研究的课题进行思考。大家可以结合自己选定的作家作品，从地理空间的角度思考一下，这样就能够起到事半功倍之效。任何作家的作品，都是在一定的地理空间中展开的，因此，对任何作品进行地理空间的研究都是可行的，但是我们做研究不能只是到作品中去找某一些地理空间的要素，或者仅仅流于对地理元素简单的统计和介绍，而是要结合具体的研究课题，来进行深入的思考和全面的考察。比如，你是研究华兹华斯的，那么你就从地理空间的角度考察一下华兹华斯的诗歌，考察他是如何建构自己诗歌的空间感的，考察他是如何描写自然山水的，考察其诗歌与19世纪英国的自然环境的联系，等等，这就是文学地理学的研究。比如，你是研究汤亭亭的小说的，那么你就可以从地理空间的角度考察一下：她的小说中的自然山水的描写是如何的；作家以及作品中的人物对于自然山水是一种什么样的态度；作家对于自然生态的保护是一种什么样的态度，体现了一种什么样的生态思想；她小说中的人物与故事是在什么样的地理空间中展开的，等等，这就是文学地理学的研究。从身边做起，从自己的课题做起，文学地理学就是这样简单，不是像有的人所理解的那么不可捉摸。

四是要有自己的独到思考。任何研究都只能是一种独到的思考，才有意义。如果对一个问题没有自己的思考，那么就算不上科学研究，就没有必要写论文发表。文学地理学作为一门新的比较文学学科，更是如此。即使有了自己独到的思考，但如果没有想清楚、想深透的话，也不要写成论文来发表。我在三年以前，一直在思考柯勒律治诗歌中的地理空间的问题，虽然发表过三次讲座，但一直没有发表论文；关于古希腊悲剧中的地理空间问题，我也有自己的一点体会，课堂上是讲到过的，但也没有写成论文发表出来。研究一个问题不是容易的，要研究清楚一个学术问题，更不易。并且我们要以开阔的眼光，处理好与其他学科的关系。只有充分吸收其他学科的东西，才能丰富与发展自己；文学地理学是一个开放性的课题研究，其他的一些传统学科和新兴学科的观念、方法，是可以丰富我们的研究的。我们要让文学地理学从观念到方法、从内容到形式不断得到丰富，而不要让这个学科封闭起来。有的人也许喜欢关起门来思考自己的问题，这当然也是对的；但是，如果没有与其他学科特别是其他学科的最新成果的联系，那我们也许经过多少深思得出来的一个成果，其他学科的学者早就提出来，并且已经解决了。加强文学地理学与其他相关学科的联系，在独立思考的基础上发展文学地理学，这一点十分重要。

五是要有学科意识。文学地理学是作为比较文学的一个分支学科提出来的，在方法和方法论上要力求有自己的创造和创新，而且只有在每个人的个案研究做得很扎实的基础上，才能逐渐地总结出自己的理论来。文学地理学研究者有没有自己的学科意识，是不是将文学地理学当成一门学科，对于文学地理学的建设非常重要。中国比较文学研究者往往有很强的学科意识，相继提出了"阐发研究""新人文精神""跨文明研究""文学变异学"等，如果我们的文学地理学研究者也有这样的学科意识，那文学地理学的早日建立就有希望。

刘：谢谢您在百忙中接受我的采访，祝愿文学地理学研究早日取得成果；祝愿我们中国的比较文学与世界文学学科取得长足进展，祝愿您身体健康、万事如意！

文学伦理学批评的创立者

—— 聂珍钊教授访谈录

王祖友

摘要： 聂珍钊教授是中国哲学视角的"文学伦理学批评"的国内权威，并且已经就这一话题写出了开创性的著作。在访谈中，他从文学伦理学批评的定义、对象、特点和内容，到这一理论创立的源泉、在学术界出现的历史背景、和对我们理解文学的教诲功能的潜在影响等方面进行了介绍。而且，他还客观分析了文学的审美功能与教诲功能之间的区别、联系，强调了文学的教诲功能，从而进一步揭示了文学伦理学批评研究中的关键问题。此外，聂珍钊教授还就外国文学教学、科研等诸多话题给予简明扼要而发人深省的回答。

关键词： 文学伦理学批评；审美功能；教诲功能

聂珍钊教授简介： 1976 年毕业于华中师范大学英语系，1982 年毕业于华中师范大学中文系。1988 年破格晋升副教授，1992 年破格晋升教授。1994 年赴剑桥大学英语系从事学术研究一年。1996 年受英国学术院王宽诚基金资助作为访问教授赴英国剑桥大学达尔文学院与华威大学英语系从事研究一年。2006 年至 2007 年应邀赴美国芝加哥大学、普度大学、俄亥俄州立大学从事讲学和研究。先后独自承担三项国家社会科学基金项目，两次获教育部人文社会科学研究优秀成果奖二等奖（第一届，第五届）。现任华中师范大学文学院教授、博士生导师，国家级精品课程"外国文学史"主持人，英美文学与比较文学研究所所长，《外国文学研究》杂志主编，同时担任中央马克思主义理论研究和建设工程教育部《外国文学史》首席专家，国家哲学社会科学规划（基金）外国文学学科评委，中国外国文学学会副会长，湖北省外国文学学会会长，国际学术组织"中美诗歌诗学协会"（Chinese/American Association for Poetry and Poetics，Upen-based）副会长。主要研究领域为文学批评、英美小说、英语诗歌、比较文学等。在英国文学方面，其研究哈代的主要学术成果《悲戚而刚毅的艺术家：托玛斯·哈代小说研究》获首届全国高等学校人文社会科学研究优秀成果二等奖。在英语诗歌研究方面，其《英语诗歌形式导论》是我国有关英语诗歌韵律研究最为系统、全面的学术成果，于 2009 年获教育部全国高校人文社科优秀成果奖二等奖。在文学批评方面，聂珍钊教授创造性地发展了文学伦理学批评方法，被国外称为文学伦理学批评的中国创立者。他主编的学术期刊《外国文学研究》杂志于 2005 年被 A&HCI（艺术与人文科学引文索引）收录，实现了中国人文科学学术期刊在国际核心数据库中零的突破。

王祖友（以下简称王）：聂教授您好！感谢您在百忙之中抽空接受《山东外语教学》的访谈。在 2013 年 1 月全国哲学社会科学规划办公室发布的国家社科基金项目成果鉴定等级公告中，您的项目成果《文学伦理学批评导论》喜获结项优秀等级，这是您继 2005 年完成国家社科基金项目成果《英语诗歌形式导论》并获得结项优秀之后第二次获此殊荣。请您谈谈获奖感言，好吗？

聂珍钊（以下简称聂）：《英语诗歌形式导论》是我国有关英语诗歌韵律研究最为系统、全面的学术成果，于 2009 年获教育部全国高校人文社科优秀成果奖二等奖，但是那毕竟还是没有从根本上突破原有的理论框架的批评专著。文学伦理学批评是在借鉴西方伦理批评和中国道德批评的基础上创建的文学批评新方法，该方法的使用和推广利于形成中国特色的文学理论体系，适合中国的国情，这一理论的提出和发展，对建构本土文学理论话语体系、发出中国学界自己的声音，具有重要的意义。文学批评是众声喧哗，文学伦理学批评无疑将作为一种重要的文学批评方法，加入世界文学的对话。《文学伦理学批评导论》创造性地发展了文学伦理学批评方法，我也因而被国外批评家称为文学伦理学批评的中国创立者。这为中国赢得了学术声誉，为我们的理论创新尽了绵薄之力。可以说，文学伦理学批评既是民族的，也是世界的。

王：您是"文学伦理学批评"这一具有中国特色的文学批评理论的国内首创者。您于 2004 年在南昌外国文学会议上所做的"文学伦理学批评：文学批评方法新探索"的主题发言中，首次提出并系统阐述了这一批评理论。如果需要一个定义，您会怎么定义"文学伦理学批评"?

聂：文学伦理学批评是一种从伦理视角认识文学的伦理本质和教诲功能，并在此基础上阅读、分析和阐释文学的批评方法。我于 2004 年在《外国文学研究》杂志第 5 期发表《文学伦理学批评：文学批评方法新探索》一文之后，继续与同行们一起，为构建和完善文学伦理学批评理论体系付出了诸多努力。简单地说，文学伦理学批评的理论体系含有十大观点，包括文学起源论、文学物质论、文学文本论、文学教诲论、伦理环境论、伦理身份论、伦理选择论、伦理禁忌论、文学因子论、文学意志论等。在文学伦理学批评看来，正是道德和伦理因素才真正将人类同兽类区别开来，形成了人的本质。最基本的伦理意识，使作家产生了教育他人，试图使他人也具有同自己一样的伦理意识的冲动和欲望，这种功能便是教诲。教诲是文学的本质属性，没有教诲功能的文学是不存在的。文学伦理学批评辩证地看待文学的审美特性，认为"审美并不是文学的功能，而是为文学的教诲功能服务的，是文学教诲功能实现的方法和途径"（聂珍钊 14）。这是文学伦理学批评最基本的立足点。

王：文学的审美功能和教诲功能是怎样的关系？

聂：文学伦理学批评作为方法论，强调文学及其批评在肯定艺术性的前提下的社会责任，强调文学的教诲功能，并以此作为批评的基础。无论是文学创作还是文学批评都应该有社会责任感，这种责任感在创作和批评中具体体现为对一个民族、国家的普遍认同和接受的伦理道德价值的尊重。一些人担心强调文学的伦理道德价值有可能损害文学的艺术价值，实际上这是对非文学作品成为文学批评对象的一种假设。文学伦理学批评不但不会损害文学的艺术价值，相反会从道德的层面对读者进行引导而培养高雅的审美情趣，并通过文学批评加强审美的道德修养。尽管文学批评的标准随着时代的变迁而不断改变，但是伦理和道德作为评价文学作品的标准是不可或缺的，而文学伦理学批评也确实能在全球化进程中担负起沟通跨文化桥梁的作用。

文学功能指文学在社会生活中所起的各种作用。文学作为一种审美意识形态，是为满足社会的一定需要而存在的，在这种社会需要中，即包含着文学的种种功能。

人类对文学功能的认识，是不断深化、发展的，有一个由单一逐渐走向复杂的过程。

中国古代《尚书·舜典》里有"诗言志"的说法，认为诗是用以表达人的志趣、意愿的。孔子进一步提出了"诗可以兴，可以观，可以群，可以怨"的观点（见兴、观、群、怨），概括了他对文学功能的认识。《毛诗序》说："治世之音安以乐，其政和；乱世之音怨以怒，其政乖；亡国之音哀以思，其民困。故正得失，动天地，感鬼神，莫近于诗。先王是以经夫妇，成孝敬，厚人伦，美教化，移风俗。"强调了诗歌教化人伦、移风易俗的作用。其后，曹丕在《典论·论文》中说："盖文章，经国之大业，不朽之盛事。"白居易在《读张籍古乐府》中说：诗"上可裨教化，舒之济万民；下可理情性，卷之善一身"。梁启超在《论小说与群治之关系》一文中说："欲新一国之民，不可不先新一国之小说。"都认为文学的社会作用是十分重大的。

在西方，人们对文学的功能也很早就有了认识。柏拉图在《文艺对话录》中谈到优秀文学作品能引起人们的"快感"。亚里士多德在《诗学》中提出了悲剧的"陶冶"说，在《政治学》中提出音乐有"教育"、"净化"（即陶冶）、"精神享受"的功用。贺拉斯在《诗艺》中说，诗人写诗"应该给人以快感，同时对生活有帮助"，提出了"寓教于乐"的著名观点；并谈到了诗的激发作用："举世闻名的荷马和堤尔泰俄斯的诗歌激发了人们的雄心奔赴战场"。后来，有的学者强调文艺的感染力，如郎加纳斯；有的认为诗可以使人提高和向上，如培根；有的认为文艺可以移风易俗，如狄德罗；而席勒认为只要通过审美教育，社会就可以得到改造；别林斯基、车尔尼雪夫斯基等人则认为文学是"生活的教科书"，强调文学对人民群众的启蒙教育作用。

马克思主义的出现，使人们对文学的社会功能，进一步获得了科学的认识。马克思主义把文学看成是对社会生活的审美反映，是审美的社会意识形态。在阶级社会里，文学受到一定社会的经济基础的制约，同时它反过来又影响经济基础。但这种作用不是直接的，而是间接的，是通过人们的感情、思想的变化，进而对现实发生影响的。同时，由于文学用形象反映生活这一特点，又使得文学的作用不同于其他意识形态的作用。

作为一种审美的意识形态，文学的最基本功能就是审美作用。文学的教育作用、认识作用都是以审美作用为前提的，它们不可能采取独立的方式存在，而只能寓于文学的审美功能之中。这种审美功能主要表现为文学作品的艺术感染力。作品通过对对象的艺术的描写，创造出完美的艺术形象，表现出作者丰富的感情、深邃的思想，从而给人一种赏心悦目的审美快感。中国古代的作家对此是有所认识的。白居易在《与元九书》中说："感人心者，莫先乎情，莫始乎言，莫切乎声，莫深乎义。"道出了诗的作用首先在于感动人心以及达到这一目的的途径。绿天馆主人在《古今小说序》中指出小说的作用"捷且深"，正是小说的艺术感染力引起的审美活动的结果。

这也就是荀子在《乐论》中所说的"夫声乐之入人也深，其化人也速"的道理。梁启超在谈及小说何以能发生种种作用时，说小说有熏、浸、刺、提四种力量，也是指小说的艺术感染力。马克思谈到，"艺术对象创造出懂得艺术和能够欣赏美的大众"（《马克思恩格斯全集》第 12 卷第 742 页）；还说，"如果你想得到艺术的享受，那你就必须是一个有艺术修养的人"（《马克思恩格斯全集》第 42 卷第 155 页），明确指出文学艺术能够培养人们的审美能力，给予他们以艺术享受。文学的这种功能，是其他意识形态所不具备的。

文学作为对现实生活的审美的反映，是以真实性为基础的。这又决定了它往往具有一定的认识作用。如《红楼梦》，就可以作为了解封建社会的一部"百科全书"。恩格斯曾通过《伊利昂纪》了解到古希腊社会各种制度的有关材料，列宁也曾把托尔斯泰称为"俄国革命的镜子"，都说明文学具有重要的认识作用。这种认识作用不仅可以帮助读者了解过去社会的风尚人情，而且往往可以帮助读者深入地认识事物的内在本质。所以列宁说："如果我们看到的是一位真正伟大的艺术家，那末他就一定会在自己的作品中至少反映出革命的某些本质的方面。"（《列宁论文学与艺术》，1983 年版第 201 页）

文学的教育作用是一种审美的教育作用，这种作用是在审美认识的基础上形成的。文学描写并不是纯客观的，它灌注着作家主观的理想和愿望，形成主客观相结合的审美趣味和理想。审美的趣味显示着作者对生活现象的好恶，对他（她）所描写的事物的褒贬态度，从而形成一种审美评价。这种审美评价往往为读者在艺术享受中不知不觉地所接受，从而影响到他们的思想和精神面貌，陶冶着他们的心灵，这就是"寓教于乐"。"寓教于乐"是一种潜移默化的审美感情活动，也可以说是艺术的感情教育。

文学还有其他多方面的功能。如文学具有一定的社会组织功能和社会调节功能，它可以促使一些人去改变或形成一种风尚，可以推动人们参与社会的改造活动，等等。又如，文学具有促进不同社会、不同民族相互了解的作用，人们阅读不同国家、不同民族的文学作品，可以了解不同社会、不同民族的人情风貌，探知不同民族文化精神生活的演变，沟通人们的思想和感情，等等。再如，文学还具有激奋人的情绪，进行宣传、鼓动的作用，使人们获得欢快娱乐的作用等。文学的种种作用都只表现在人的精神范围内，有时明显，有时隐蔽，有时审美性很强，有时只有娱乐性。因此，不能简单地、笼统地对待。

王：您是说文学伦理学批评是有其理论基础的？

聂：对，文学伦理学批评的理论基础是伦理学。伦理学是西方关于道德问题的一种重要的理论，同时它又是一种思维和认识方法，并在哲学、社会学、历史学、心理学、经济学以及自然科学如医学等学科领域中得到运用。文学之所以能够成为伦理学批评的对象，主要在于文学利用自身的特殊功能把人类社会虚拟化，把现实社会变成了艺术的社会，具有了伦理学研究所需要的几乎全部内容。作为反映社会生活的文学，它通过艺术环境为伦理学批评提供更为广阔的社会领域和生活空间，通过艺术形象提供更为典型的道德事实，并通过文学中的艺术世界提供研究不同种族、民族、阶级、个人和时代的行为类型的范例。因此，文学为伦理学的批评提供的生活内容更为丰富、广泛，也更为典型、集中。希腊文学如荷马、赫西俄德和以埃斯库罗斯为代表的希腊悲剧作家，英国文学如乔叟、莎士比亚、拜伦、狄更斯等作家的创作，都为文学的伦理学批评储藏了丰富的道德材料。在这些伟大文学作品的艺术世界中，我们可以像在现实的人类世界中一样考察各种法律体系，考察人们的政治、社会和经济条件，分析在不同社会政治和经济结构中的道德观念、行为，从而做出历史唯物主义和辩证唯物主义的评价。所以，伦理学家、道德家或哲学家、政治家在阐述自己的思想与主张时，往往把文学作品拿来加强自己的论证。所以，伦理学除了研究现实中的社会及其各种道德活动、现象外，它也可以研究艺术中虚构的社会及其道德活动、现象。也就是说，伦理学可以运用于文学及艺术的研究。

而且，就文学的性质和自身的特点看，它也同伦理学有着内在的逻辑联系，无论是作者创作作品，或是读者阅读作品，都会自然而然地涉及众多的伦理学问题，并需要运用伦理和道德方面的知识去判断及评价。因此，我们所说的文学的伦理学批评，也可以称为文学伦理学批评或文学伦理学，实际上它不是一门新的学科，而只是一种研究方法，即从伦理道德的角度研究文学作品以及文学与作家、文学与读者、文学与社会关系等诸多方面的问题。西方文学发展的历史表明，文学不仅是文学批评家、历史学家、社会学家等研究的对象，而且也一直是道德学家重视和研究的对象。文学描写社会和人生，始终同伦理道德问题紧密结合在一起，这不仅为文学的伦理学批评提供了可能，也为它奠定了基础。

王：可否请您谈谈文学伦理学批评的对象和内容？

聂：就文学伦理学批评而言，它的批评对象是文学。在这里，我们所说的文学伦理学批评已不同于社会的伦理学批评或其他的伦理学批评，因为社会的伦理学批评是以现实社会、社会生活和社会中的人为对象的，而文学伦理学批评却是以通过想象而虚构的艺术世界为对象的。因此从对象上说，二者之间的研究是有本质不同的，前者研究社会和社会中所有的道德现象，后者研究文学及文学描写的道德现象，以及作者与文学、与社会等的道德关系问题。有人认为，"真正的艺术和批评服务于一种道德目的"（Gardner 23，第 100—129 页），因此我们也不能否认，我们倡导文学伦理学批评也带有一定的目的性，这就是通过这种批评从伦理道德价值方面肯定优秀文学作品，促进人类文明的进步。

总而言之，我们所说的文学伦理学批评应该包括以下内容：

（1）作家与创作的关系而论，它应该研究作家的伦理道德观念以及这些观念的特点、产生的原因、时代背景、形成的过程；作家的道德观念与作品所表现的道德倾向的关系；作家伦理道德观念对其创作的影响，如作家在作品中关于道德的描述，作家对其描写的各种社会事件及其塑造的人物的道德评价等。

（2）就作家的创作而论，它应该研究作品与现实社会中存在的各种道德现象的关系，即文学如何在虚拟的世界里再现现实社会中的伦理道德现象；作品表现出来的道德倾向；文学作品的社会和道德价值等。

（3）就读者与作品的关系而论，它应该研究读者对作家的道德观念及作品道德倾向的感受，读者对作家的道德观念及作品道德倾向的评价，作品的道德倾向对读者以及对社会的影响等。

（4）文学伦理学批评还应该包括：如何从伦理学的角度对作家和作品的道德倾向做出评价；作家道德观念与作品所表现的道德倾向与传统的关系；作家的道德观念与作品的道德倾向对同时代及后来作家及文学的影响；文学作品与社会道德风尚及社会道德教育。

（5）文学伦理学批评的目的不仅在于说明文学的伦理和道德方面的特点或是作家创作文学的伦理学问题，而更在于从伦理和道德的角度研究文学作品以及文学与社会、文学与作家、文学与读者等关系的种种问题。除此而外，作家从事写作的道德责任与义务、批评家批评文学的道德责任与义务，甚至包括学者研究文学的学术规范等，都应该属于文学伦理学批评的范畴。

王：请问这一理论的学术背景、源泉和特色是什么？

聂：当今时代正是或者说仍是一个理论的时代。对文学研究来说，未必就是特定的解构思路如福柯的权力理论或者鲍德里亚的仿象理论破坏了文学坚固的本质，而是任何坚固的本质都不见容于这个时代。20 世纪以来，文学批评理论的更迭让人眼花缭乱，诸如形式主义、新批评、结构主义、符号学、心理分析、原型批评、西方马克思主义、新历史主义和女性主义，等等，都被引进到国内用来阐释中外文学作品，形成了异常繁荣但也五花八门的文学批评景观。于是，国内学者产生了普遍的理论焦虑：为什么我们总是在用外国的理论，却从来没有自己的理论建构？什么时候能建立一个属于中国学者自己的理论体系？带着这些疑问，中国学者们开始了艰难的探索，我倡导的文学伦理学批评，便是其中的成果之一。

从理论发生学角度看，文学伦理学批评的主要理论资源是中国古代的道德批评、西方传统的伦理批评和伦理学学科的发展。中国古代历来重视"诗教"传统，这种传统在近现代也得到了发展和延续。孔子特别重视诗歌的社会功能。西方近代以前也一直很重视从道德角度去看待文学。贺拉斯在《诗艺》中提出"寓教于乐"的主张，"寓教于乐，既劝谕读者，又使他喜爱"，提倡借文学给人的"快感"来"对生活有帮助"（贺拉斯 155），将"快感"作为途径，而文学的道德意义则是归旨。古今中外很多理论家和批评家都推崇道德批评，但一味说教显然有违文学作品的丰富性和复杂性。文学中的道德批判，也因具有主观性和相对性，常常因时而异，因人而异，并不能成为文学批评的科学尺度。如何从道德评价层面上升到伦理学评价层面，怎样尽可能地超越莫衷一是的偏狭，是文学伦理学批评应该努力解决的问题。

文学伦理学批评有自己的特色，文学伦理学批评不是西方伦理批评的照搬移植，而是借鉴创新。同西方的伦理批评相比，文学伦理学批评不同于文学伦理学研究的学科属性，而将自己定义为一种批评方法，属于方法论的范畴，这无疑增强了文学伦理学批评解决具体的文学问题的能力。文学伦理学批评主要用于阐释和分析文学文本，是从文本语境出发来研究文学问题的批评方法。它的主要人物是通过对文学文本中存在的由伦理线（ethical line）和伦理结（ethical knots）组成的伦理结构（ethical order）进行分析、总结和归纳，"发现伦理线上伦理结的形成过程，或者对已经形成的伦理结进行解构"（聂珍钊 14），从而达到接近和理解文学文本的目的。与当下一些空泛理论相比，文学伦理学批评因其自身的方法论定位而更具有解决实际文学问题的能力，避免了抽象的道德评价。

伦理学批评文学的方法同哲学的、社会学的、心理学的以及其他的批评方法相比，有其突出的特点。这种特点主要表现在伦理学批评的方法可以使文学作为人学来评价，可以使文学在批评中更能体现出文学的特点，从而得出新的结论、新的认识。

因此，伦理学批评的方法在任何时代的不同类型的文学中都可以得到运用。文学伦理学批评还有很大的包容性，它能够同其他一些重要批评方法结合起来，例如社会学的批评方法、心理学的批评方法、政治学的批评方法、心理和精神分析的方法、女性主义的批评方法，等等。我们可以说，伦理学的批评方法往往只有同其他方法结合在一起，才能最大发挥用伦理学方法批评文学的优势。弗洛伊德的精神分析学说在文学批评上的运用就是一个例证。弗洛伊德通过对《俄狄浦斯王》的分析就把精神的和心理的分析同道德的评价结合在一起，这一点在他对"本我""自我""超我"三种心理力量进行阐释时已经清楚地论述过了。伦理学同精神分析学的结合表明，批评文学的伦理学方法并不拒绝其他的批评方法，而这一点在其他的批评方法中往往是做不到的。因此，伦理学的方法从这个意义上说也就有了其他批评方法所没有的优点。自从有了文学以来，伦理学方法尽管都在广泛地被有意或无意地用来批评文学，但遗憾的是无论国外还是国内，都还没有人明确地把它作为批评文学的方法提出来。我们提出这一批评方法，其目的是给已有的批评增加新的特色，为批评的方法提供更多的选择，而没有任何反对或排斥其他方法的意思。相反，文学伦理学的批评方法还必须吸收和借鉴其他文学的批评方法。当我们尝试运用伦理学批评西方文学的时候，我们只是希望通过伦理学建立一个学术批评的平台，为文学批评提供一种新的探索，提倡一种新的批评方法和途径。

文学伦理学批评发展本质上是伦理选择的发展过程。文学伦理学源于道德批评和伦理批评，但超越了简单的道德批评，这是文学伦理学批评另一个鲜明特色，解决了文学批评与历史脱节的问题。文学中有许多表现伦理的因素，文学与伦理学的结合，则能将这些因素以更加丰富的姿态呈现出来，最大限度地避免个人好恶等因素造成的道德批评的主观性和相对性。文学伦理学同众多的批评方法相比，"重在对文学本身进行客观的伦理阐释，而不是进行抽象的道德评价……因此，文学伦理学批评要求批评家能够进入文学的历史现场，有时要求批评家自己充当文学作品中某个人物的代理人，做人物的辩护律师，从而做到理解人物"（聂巧 15）。以莎士比亚的著名悲剧《哈姆雷特》为例，运用文学伦理学批评方法对其可做新的解读。在传统批评中，哈姆雷特在复仇过程中的犹豫、延宕，由哈姆雷特性格软弱的缺陷所致；而在文学伦理学批评视角下，哈姆雷特的犹豫、延宕是因为他正处于伦理两难的境地，难以做出抉择：哈姆雷特在其母嫁给克劳狄斯之后，他的伦理身份就发生了变化，他成了克劳狄斯的儿子和王子，而哈姆雷特若要复仇，则必定会触犯"弑父"和"弑君"的伦理禁忌；但是另一方面，哈姆雷特又答应生父为其复仇，这两难的境地导致了哈姆雷特的犹豫、延宕。这一例对经典的重新阐释和新颖解读肯定了文学伦理学批评的价值及意义，也得到了国际莎学权威学者的认同与赞赏。

王：目前，文学伦理学批评已在国内被广泛运用，在国际上也产生了一定的影响，并得到有关学者的良好评价。您认为这些影响的产生与学术环境有何关系？

聂：在当今理论界普遍低迷的情况下，"伦理转向"局面有助于开阔新的学术视野，形成新的批评热点。文学伦理学批评适应性很广，具有开放性和包容性特点，可广泛应用于古今中外文学批评中。"文学伦理学批评的方法并不拒绝其他的批评方法。作为一种方法，文学伦理学批评也必然要结合运用其他方法，例如社会学的、心理学的、政治学的、心理和精神分析的、女性主义的批评方法，等等"（聂珍钊、杜娟等41）。从文学伦理学批评基本术语列表中，我们也可以看到该批评方法广泛吸收各种理论资源的能力，比如"本能"和"非理性"等术语源于精神分析学，"意志力"和"自由意志"等术语来源于存在主义哲学。

王：我国过去对外国文学的关注往往围绕着英美两国的，而对其他非主流国家如澳大利亚、新西兰、加拿大、印度、南非等国家的文学文化关注较少。随着全球化进程的不断深入，英语文学研究的多元化发展已经成为不可阻挡的趋势。可否请您分析非英美国家英语文学在中国的研究现状以及如何推动澳大利亚、新西兰、加拿大等非主流国家英语文学在国内的普及？

聂：随着全球化进程的不断深入、各学科领域之间交叉发展，英语文学研究的多元化发展已经成为不可阻挡的趋势。2012年9月27日至29日，由中国外国文学学会英语文学研究分会与上海大学英美文学研究中心联合举办的"全国英语文学研究高层论坛"在上海大学乐乎新楼顺利召开。开幕式上，蒋承勇教授指出，英语文学研究在一定程度上影响着社会道德，我们应当重视英语文学研究的价值。王守仁教授指出，唯有正视澳大利亚、新西兰、加拿大、印度、南非等国的英语文学研究，才能从整体上把握英语文学。

大会关注了英语文学研究在地域层面的多元化发展。会议开拓了英语文学研究的新领域，提升了人们对澳大利亚、新西兰、加拿大等国的英语文学研究的关注度，打破了过去英语文学研究主要集中在英美两国的单一局面，有利于促进澳大利亚、新西兰、加拿大等国的英语文学研究。大会注意到英语文学研究在学科领域的多元化发展。本次大会从新的视角审视英语文学经典作品及其译介，与社会各学科领域密切结合，推动英语文学研究的跨学科发展模式，有助于促进英语文学研究的多元化发展。大会还关注了英语文学研究在理论上的多元化发展。与会代表运用新的理论、新的研究方法观照英语文学研究，结合后殖民主义、后殖民生态批评、新东方文学、生态文明等理论与研究方法，促进英语文学研究与不同领域的交叉发展。

这样的会议有利于提升国内对澳大利亚、新西兰、加拿大、南非、印度等国英语文学研究的关注，促进英语文学研究在广度、深度上的发展，为世界英语文学研究提供新的视角与良好借鉴。此外，本次英语文学研究高层论坛有利于推动我国的英语文学研究，促进学界对英语文学研究新领域进行深入探索，有利于营造英语文学研究充满生机与活力的局面，为相关学者搭建起沟通交流的平台，为全球范围内的英语文学研究留下了深刻启示。

王： 1995 年 12 月您的学术专著《悲戚而刚毅的艺术家：托玛斯·哈代小说研究》获全国高等学校人文社会科学研究优秀成果奖二等奖。关于该项成果，世界著名哈代专家、哈代学会副主席、英国谢菲尔德大学英国文学教授 F. B. Pinion（品钦）博士在国际性学术刊物《哈代研究杂志》上撰文予以评价，称该研究成果为远东地区研究哈代的精品。想必哈代是一位您情有独钟的作家，能谈谈您的哈代情结吗？

聂： 我记得自己在念大学时，较早接触的文学作品之一也是哈代的《德伯家的苔丝》。哈代的影响是超越时空的。哈代的小说以及他塑造的人物对当下的学者仍具有无穷的魅力。哈代是一个优秀的小说家，更是一位杰出的诗人。他一生写了 14 部长篇小说，近 50 部中、短篇小说，近千首诗和 1 部史诗剧。受哈代诗风影响至深的英国战后著名诗人、小说家拉金（Philip Larkin）称哈代是"20 世纪最伟大的诗人"。1921 年，哈代 81 岁生日时，英国 100 多位著名文人集体向他祝寿，在给他的生日祝词中写道："我们感谢您，先生，感谢您写出所有作品，尤其要感谢您创作了《列王》"。哈代在英国的重要地位由此可见一斑。中国学者对哈代的研究也很重视，取得了丰硕的成果。这一点令我们的美国同行也感到惊讶。美国的学者哈罗德·奥雷尔（Harold Orel）来华访问，回国后于 1987 年出版了他的新书《哈代生活和创作中鲜为人知之事》。他在书中说，他访问中国期间的一大发现是："在英国小说家中，哈代拥有的中国读者最多"。但是，他未能发现的是，除英美等英语国家外，中国也是哈代研究者和哈代研究著述最多的国家。仅以 21 世纪的前 10 年为例，我国哈代研究的论文总量高达 764 篇，每年平均有 70 余篇论文发表，2007 年、2008 年、2009 年每年研究哈代的论文总量更是分别达到三位数的 101 篇、104 篇、122 篇。

中国的哈代研究在经历了处于萌芽的前30年（20世纪20、30、40年代）、1949年后缓慢发展的30年（20世纪50、60、70年代）和快速发展的后30年（20世纪80、90年代和21世纪的前10年）。当前我国的哈代研究处于蓬勃发展的鼎盛时期，出现了多部研究哈代的重要专著。哈代研究的论文质量也有显著提高。论文的研究范围从个别小说扩展至哈代小说总体研究、创作思想、哲学思想、宗教思想、婚恋观、女性观、伦理道德观、生态观、艺术特点、叙事技巧、结构分析、神话原型、乡土特色等诸多方面。新世纪哈代研究的另一特色是对哈代与中国作家的作品做比较性研究，如比较《红楼梦》与《德伯家的苔丝》中的女性人物，沈从文的湘西小说与哈代的威塞克斯小说，沈从文与哈代的悲观意识等，展示了哈代小说研究的中国特色，对全球哈代研究做出了别具一格的贡献。作为一个对世界文坛影响至深的人物，新时代又为我们研究哈代开辟了新领域。哈代影响了几代中国学者，至今他的作品仍具有经久不衰的魅力。我国第一部评介哈代的专著是1937年李田意写的《哈代评介》。它使我国读者首次较全面地认识了哈代生平、生活的时代和社会背景。此书的价值不可轻视，但由于时代的局限、参考文献的不足以及缺乏批评理论的支撑等，此著作可改进的空间不小。鉴于李著还有很大的提高空间，我撰写了哈代小说研究学术专著。1995年12月我的专著《悲戚而刚毅的艺术家：托玛斯·哈代小说研究》获全国高等学校人文社会科学研究优秀成果奖二等奖。关于该项成果，世界著名哈代专家、哈代学会副主席、英国谢菲尔德大学英国文学教授F. B. Pinion（品钦）博士在国际性学术刊物《哈代研究杂志》上撰文予以评价，称该研究成果为远东地区研究哈代的精品。

王：您原来是从事莎士比亚、哈代等作家及经典文本研究的，您发表的一系列有关文学伦理学批评的论文大多为高引用率论文，其中于2004年发表的《文学伦理学批评：文学批评方法新探索》引用达327次，2010年发表的《文学伦理学批评：基本理论与术语》引用也已达到188次，并获教育部人文社科优秀成果奖。您的《文学伦理学批评导论》还被列入我国"十二五"时期国家重点图书出版规划。您的学术研究可谓与时俱进，可否请您分享一些心得体会？

聂：认真阅读原著是个基础，在此基础上看点文学理论和文学批评方法的书籍会有所裨益。要有问题意识，要善于从学术史和学术活动中发现问题，并积极寻找解决问题的途径。文学理论是指研究有关文学的本质、特征、发展规律和社会作用的原理、原则的一门学科，是文艺学的一个门类。文学理论研究作为上层建筑、意识形态的文学所具有的质的规定性，其中包括它与其他上层建筑、意识形态以及一切艺术所共有的普遍性，也包括它区别于其他艺术的特殊性；研究作为社会现象的文学所具有的社会功能和所起的社会作用。文学理论包括它与其他社会现象共有的功能、作用以及它区别于其他社会现象所独具的功能和作用；研究文学作品的内容、形式及其相互关系；研究文学本身的不同形态（抒情的、叙事的、戏剧的）的特点，以及它们之间的相互影响、渗透和由此而形成的各种文学种类、体裁；研究文学的创作过程及其规律，其中包括方法、风格和流派等等。文学理论不是关于文学的固定不变的法则，而是文学实践经验的概括。它在文学创作、文学批评等实践基础上产生和发展，反过来，又推动文学创作、文学批评的前进。文学理论也吸取文学史的研究成果，从而又对文学史研究产生影响。

文学理论本身，有一个历史发展的过程。怀疑与反思的精神本是现代思维的特性，我们对之并不陌生，但是卡勒提醒说，理论是永无止境的，我们永远不能确定自己需要读哪些理论著作，我们总是想读得更多，理论是一套包罗万象的文集大全，总是在不停地争论着，因为年轻而又不安分的学者总是在批评他们的长辈们的指导思想，促进新的思想家对理论做出新的贡献，并且重新评价老的、被忽略了的作家的成果。因此，理论就成了一种令人惊恐不安的源头，一种不断推陈出新的资源。在这种理论的掌控之下，文学研究当然会发生变化，对文学的阅读很可能主要由理论兴趣推动，比方研究者总是从后殖民主义或者女性主义的视角来读一部小说，这种解读虽然会使作品的内涵显得单一，但它有可能被看作是一个必要的牺牲。这并不意味着今天的文学解读不再像过去那样复杂微妙，事实上，很多时候它都是极端复杂的，但这种复杂与其说是为了让我们更明白文学作品的丰富内涵，不如说是为了更好地体会相关理论问题的难度。文学批评方法是文学研究和教学工程中一个十分重要的内容。20世纪欧美文学思潮发展过程中影响巨大的批评方法不少，如社会学批评、意识形态批评、精神分析批评、神话原型批评、形式主义-新批评、结构主义-符号学批评、解构主义批评、女权主义批评、接受-读者反应批评、后殖民主义批评等以及中国古典批评方法。我们要用不同方法对文学作品进行研究，文学研究要有创新。文学伦理批评具有挑战性、启蒙性和开拓性，对文学的本质、文学的作用等问题提出了独到的见解，向传统的文学观提出了尖锐的挑战；文学伦理学批评方法，尤其是斯芬克斯因子、伦理禁忌、伦理身份和伦理选择等术语，运用于阐发文学作品时，有着广泛的适用性和很强的可操作性，能促使我们从新的视角对经典作品进行重新解读，得出新颖的结论。学术研究的目的是将深奥的问题简单化。全面掌握和有效运用文学伦理批评研究方法具有重要的指导意义，它能解决文学作品研究中的部分问题，但不能"包治百病"。文学研究中存在问题和困惑是难免的，我们要在正确的理论指导下，运用正确的批评方法解读、分析阅读对象。

王：在我们年轻学者眼中，您是位硕果累累的德高望重的长者，您严谨的治学态度、丰富的专业知识、开创性的思维模式、平易近人的讲座风格、厚积薄发的学术功力显示出一位学术名家的风范。最后，作为此次访谈的结束语，您可否对年轻学者们在做人做事做学问上给予一句教导？

聂：那我借用乔布斯那句——"Stay Hungry，Stay Foolish"（求知若渴，虚怀若愚）与你们共勉。

翻译与女性文学

——朱虹教授访谈录

穆 雷[1]

摘要： 在 2001 年年底香港浸会大学举行的"性别与当代文学研讨会"上，笔者对朱虹教授进行了访谈，内容主要是朱虹教授的女性文学研究对其翻译的影响。

关键词： 翻译；女性文学；女性意识

朱虹教授简介： 原中国社会科学院外国文学研究所研究员，现任美国波士顿大学访问教授。她是我国第一代女性文学批评家，也是把我国当代文学介绍给英语世界的女翻译家。

穆： 朱老师，我在本科和研究生期间学英美文学时就拜读过您的论著，知道您主要研究英美文学，翻译大概是您的"副业"。我今天就想请您谈谈您的文学研究跟翻译活动的关系，比如您的理论研究（主要指您对女性文学的关注）对自己的翻译有什么影响？

朱： 我先说说自己是怎样走上翻译道路的吧。我从小在英文学校读书，特别喜欢英文，对语言感兴趣，1949 年上大学还学英文，先在辅仁念了一年，然后转学考入北大。我毕业时填的志愿是到外文出版社，我的理想就是做翻译，把中文译成英文。

穆： 也就是说您原来的理想是把翻译作为一种职业？

朱： 对呀！我十分向往这份职业。但毕业后我被分到了文学研究所［设在北大，

---

[1] 广东外语外贸大学英文学院，广东广州，邮政编码 510420；香港浸会大学翻译学研究中心，香港九龙塘。

后来发展成现在的社科院（中国社会科学院）外国文学研究所]。我觉得自己还是挺幸运的，这样一混就是 40 多年，直到退休。我就这样补了自己中国文学方面的欠缺，我的中文老是写得挺笨，受欧化句的影响。但我的翻译理想在心中始终没有泯灭，只是在文学所工作时太忙，要看很多书，后来做点评论工作，没机会去做翻译，直到快退休才正式开始（做翻译）。我（20 世纪）80 年代初得到哈佛燕京学社的资助，到美国去完成由董衡巽主编的《美国文学简史》里分给我的几段。我到美国后感觉到当时的妇女文学研究很热门，不但是作为一个运动，各大学还纷纷建立妇女研究学科。我当时看了感到很新鲜、很激动，因为从很早我就产生过怀疑：凭着一些条条框框给人划分阶级、给人下定义，对吗？抓住了性别的概念，就觉得比较可靠，因为两性在社会中的经历太不一样了，社会对女性太不公平了。什么"男女都一样"，我觉得就是不一样才那么说。什么"妇女能顶半边天"呀，天都是你们的，你们给了我们半边天？为什么不说"男人也能顶半边天"？到底是谁给谁啦？有好多东西我早就不以为然了，只是不知道如何解释。读了美国妇女文学评论的作品，我很受鼓舞，赶紧选编了一个集子。

穆：您是最早向中国读者介绍美国妇女文学及其理论研究概念的？然后以此为契机……

朱：对呀，我本来是身负别的任务，结果受到女性文学的鼓舞和启发，好像发现了《圣经》似的。我的思想也活跃起来，很多问题得到解答，于是请大家帮我把这些资料译成中文。我觉得自己中文笔力不够，无法把其中的"味儿"翻出来。女性主义当时已经渗透到社会生活的各个方面，一切问题都可以从女性的角度重新审视。我选的都是一流的作家，作品本身就值得看，也希望别人跟我一样得到鼓舞。但我没有使用颠覆性的语言，还是从学术出发，写了前言。这是我编的第一个选集，听说卖得不错。另外，（20 世纪）80 年代起，我对中国当代女性文学作家的作品很感兴趣，如写过关于谌容《懒得离婚》的评论及一些小文章。但我没什么理论，凭直觉，以读作品为主，挖掘一点东西。从（20 世纪）80 年代起，国内开始对"文革"进行反思，我发现许多反思和批判经常把错误归结到女人身上，我就召开了"当代文学中的妇女形象"研讨会，苏晓康、戴晴、李小江等人都发表了好多高论，我在此会基础上写了《当代文学中的恶妇形象》。我看到，只要国家、民族有什么危难，很容易把责任推到女人身上，包括通俗的相声、小品啦，也有意无意这样表现。该文 1992 年发表在美国一家杂志上。

妇女问题的关注对我的翻译也有影响。我的第一本译著是一时冲动而译的。1986 年我又到哈佛三个月，做了三个演讲，一是中国的"西部小说"，二是中国的"妇女文学"，三是中国的美国文学研究。所谓西部小说，我选了张贤亮、贾平凹、唐栋、王家达、王蒙等人的小说。为了帮助听众理解，我就把一些作品译成英文复印了在演讲会上散发，听众鼓励我，说译得很好，内容也很有意思，应该出版。后来出版时取名为《中国的西部小说》，1988 年在美国兰登书屋的一个分支出版了，而且再版了，还印了小纸皮版，并且改名为《苦水泉》在英国出版，后来又出版了印尼版。

穆： 这是您的第一部译著吗？

朱： 是的。1986 年那次我还发现美国有一股传记和自传热，我总有用英文写作的欲望，就有一个冲动，想为刘宾雁写传记，后来改成他写我译，1989 年出版，但没什么大的反响，因为正好赶上推倒柏林墙，美国读者的阅读兴趣都转到东欧去了。这本书是我比较精心翻译的，得到了一些好评，这是我的第二本译作。1989 年我在英国得到一个基金的资助，其中有一个多月去了意大利，这时我产生了一个强烈的愿望，要介绍中国当代的女作家。"熊猫丛书"当时出版了《中国当代七个女作家》英文版，很好，但我觉得还不够，就自己有意识地选了一些没有在国外介绍过的、边缘的、外省的作家，我选了宗璞（代表高雅作家）、鲍川、谷应、戴晴、陆星儿、牛振环、问彬、胡辛等十几位作家，取名《恬静的白色》，1992 年出版。我译这些作品的目的就是想让外国读者按我设想的方式了解中国，了解中国的改革开放，了解中国的女作家及其作品，了解中国的妇女状况。这是我的第三本译著。我积累了一些翻译经验之后，速度不是更快，反而更慢了。如《恬静的白色》，我花了很长时间，来来回回地琢磨。1992 年美国《巴黎评论》杂志向我约稿，我手里刚好有王蒙的《坚硬的稀粥》译文，我觉得王蒙这篇小说语言有许多奥妙，我把它当作一个挑战翻译了，后来一个偶然的机会，我就加了一篇比较长的介绍给他们发表了。

穆： 您在处理这些奥妙时采用了什么办法？

朱： 我得表达文中那种夸张的语调，也常常加注。1994 年我在纽约又出版了《坚硬的稀粥及其他》，但只有一篇是我译的，其他是我选编的，我主要选王蒙最新的作品，有点前卫或实验性的小说，也有滑稽夸张的。这是精装本，是我的第四本译著。王蒙后来告诉我，别人告诉他我译的英文很有味儿。

为了迎接世妇会（联合国世界妇女大会），我还编译了一本《花的节日 —— 女性散文选》，是宗璞、张抗抗等人的作品。散文更需要文笔，对我来说又是一个挑战。(《花的节日——女性散文选》)不是我一个人译的,是我编选的,后来因出版社易人,新世界出版社不出,1995年改在译林出版社出版。当时我人在美国。《中华读书报》记者赵武平在《文汇读书周报》上写了一篇短文"并非鸡蛋里挑骨头",批评我的翻译是"挂羊头卖狗肉",指出七个地方译错,我找了很多人帮我分析,其中有他自己看错的,有印错的,评者说只有一个硬伤,是一位美籍华人译的,把北大燕园钟楼的钟 bell 译成了 clock。赵文还批评我译不出来的地方就不译,其实是我为了使各位作家作品的字数大体平衡,对某些作品做了删节。怕美国人不理解,有些地方做了删节,没什么值得大惊小怪的。

穆: 这是中国翻译批评不健康的一种表现。对一位译者的译作,应全面考查,详细了解翻译过程之后再加以分析。不要动不动就说别人不配作翻译,或者骂人,侮者人格等等。再说,每位译者都不可避免会犯错误,还是应该看主流。

朱: 我也这么想。我无缘无故地挨了这么一棒子,它却使我意识到翻译无止境。我决定重新修改后出版中英对照本,欢迎大家批评。我充实了原译,增加到20多位女作家的作品,由沈昌文先生介绍,幸运地在辽宁教育出版社出版了,名为《嬉雪》。商务印书馆外文室副主任周欣跟我一起合作编辑,很多事都是她做的。她做编辑眼光特别尖,英文我虽一再润色,到她那里还是挑出不少问题,我特别佩服。这是我第六本译作,是合编。再就是我应 NY Knops(科诺普斯)出版社之邀翻译了苏晓康的一本书《离魂历劫自序》,他在书中由夫人的车祸说起,从而反思自己以前的所作所为和经历,"忏悔录"式的,挺感人。我做了很多注释,还核实了引文,主要是抓住作者的情绪变化和语言风格。这也是我比较成功的一本译作,第七本译作。此外,我非常喜欢李晓的作品,在没有任何出版希望的情况下一直坚持译,早已凑够了一本集子。原定在美国夏威夷大学出版社出版,但因经费削减而耽搁了。其中两篇先在香港中文大学翻译中心的刊物上发表了。这就是我从事翻译活动的主要经历。

穆: 接下来我想问您几个问题。您主要是把中文译成英文。杨宪益、戴乃迭他们在选择原作时大概更多的是考虑作品的文学价值,您在选择妇女文学作品时,以什么为入选标准?

朱: 杨宪益先生他们翻译《红楼梦》是另一码事,他们翻译当代的作品大都不是自己的选题,是外文出版社选题的。我很在意这件事。我在(20世纪)80年代对中国当代文学有一种发现的喜悦,觉得不把许多作品译成英文心里不平衡,因为当时英美文学译成中文太多、太滥了,而外国人对中国发生的巨大变化并不了解。这些作品具有一定的认识价值，它不仅反映了中国改革开放的现状，而且还反映了作家怎么看中国的过去和现在，表达了人们的情绪。这是我最早译中国西部小说的动机。1988 年以后我就意识到，不能只翻译男作家的作品，当然那时我介绍女作家还是着重于认识价值，觉得应该让世界了解中国妇女的状况、妇女的困惑、妇女如何看待自己，当时我的着眼点还是女人的问题。

穆：这些想法跟您做女性文学研究有关系吗？

朱：有关系呀。翻译第二本书时我就开始关注女人的问题。外国的大书店里很难看到中国的外文出版社的书。杨宪益他们的那本《七个女作家》是唯一进入主流发行渠道的女性文学译本。我觉得还远远不够，还应该更多地翻译女性文学作品。

穆：您在挑选作家和作品时有什么特殊的考虑？

朱：我想让外国读者听到中国妇女的各种声音，让他们了解中国妇女的生活状况和她们的困惑。这是我一个明显的着眼点。另外，（20 世纪）80 年代以后中国的女作家很多，我还想介绍一些当时还不太有名的作家，当然现在都是知名作家了，如陆星儿、胡辛等。我读女作家作品常常凭直觉感到作品写得很感人，有艺术感染力。我比较看重作者的真情实感，不仅是描述的真，而且是感情的真。还有天津的谷应写女病人。英国 18—19 世纪就有作家写女病人，写患了肺结核的女人，很浪漫。中国缺少这种 high tragedy（动人的悲剧）似的咏叹调。我觉得病妇形象很概括地反映了中国妇女的情况，但不是那种高昂的悲剧，而是琐碎的东西，非常折磨人。中国妇女的力量很多是从日常生活中磨炼出来的，一次一次地去抗争，去忍受，直不起腰来的时候也必须直起腰来去做该做的事，病倒在床上也不像茶花女那么诗化，这些痛苦很消耗人，很摧毁人，但女人常常从中获得力量。当然，这类作品也常有操纵的痕迹。

穆：那就是说，您既要选择女作家，又要看作品是否写女人？

朱：对。我的第二部译作本来就想起名：《中国女人写女人》（*Chinese Women Writing on Women*），还有一个我印象很深的是陆星儿，我选了她的《今天没有太阳》，描写女人排队去流产的过程中各种类型女人的感受，通过这件事反映了各种类型的家庭生活、夫妻关系，以及妇女的痛苦和屈辱。最近居然有人根据我这篇译文写了比我的译文长三倍的论文！我告诉他，这不能当成社会调查去对待，陆星儿在创作时其实有她自己的"操纵"（manipulation）。

穆：作家在创作时有 manipulation（"操纵"），译者在翻译时也有 manipulation（"操纵"）吗？

朱： 我觉得作为译者，我最大的 manipulation（"操纵"）是 tone，即语调，我在这方面比较下工夫，我译完后自己大声念出来听。如我译苏晓康那本《离魂历劫自序》时，细读了 John Bayley（约翰·贝雷）怀念自己的妻子，名作家 Iris Mundoch（艾丽斯·蒙多）的回忆录 *Looking for Iris*（《寻找艾丽斯》）以把握住基调。

穆： 那在您的 manipulation（"操纵"）过程中，作为女性译者，从选材到表达，跟男性译者有什么不同？

朱： 我这本书的基调有点忧伤，不是悲剧，有一点"怨"，但又不绝望。我觉得这样基调的作品自己能够对付，能够在翻译中保持这样的基调。我先体会作品，根据我自己的生活经历和认识，以及我对妇女问题的理解，选择自己认为比较准确的基调。从女人的角度写女人，跟男作家写女人就是不一样。有时男作家会把相同的题材作为社会问题去写，而女作家写女人的感受就更真实。有人说，女人的文笔跟男人的不一样，原文的"怨"是通过情节反映出来的，是我自己体会到的。如果不用心去体会，就很难在英文里表现出来。这不能全靠作注，得通过遣词造句把那种基调带出来，如加副词表示一种心情等。这里有我自己的感情因素。我觉得我完全能够钻到她们的心里，领会她们所要表达的感觉，跟作者产生认同感。

穆： 您一直研究英美文学，对 18—19 世纪的女作家很有研究，你在阅读她们的作品时，潜移默化地受到影响，她们的表达方式，对您后来翻译中国当代女作家的作品有影响吗？

朱： 对我影响最大的是她们的语言。我的女性意识，还不是从观察中国女人开始的，是受 19 世纪英国女作家的影响。19 世纪的重要小说我看过很多，其中我觉得最有味儿的就是简·奥斯汀的，她的表达方式对我影响很大。我做翻译时尽量找"小"字，尽量避免使用有拉丁字根的大字，很简单的字只要用的是地方就出彩。有些男作家如狄更斯，他们那种大手笔一泻千里，我能欣赏，但翻译中学不来。我觉得自己有很大局限，现当代作家的作品看得不多。但我过去的英文底子对我翻译帮助很大。

穆： 女性意识对您的选材和翻译有影响吗？

朱： 有哇，我还比较注意吧。我每次翻译之前反复阅读原作，体会作者的感觉，特别是翻译女作家的作品时有这种感受，翻译张贤亮、王蒙他们的作品就没有。我要熟悉到好像作品就是自己的作品了，这时才开始动手翻译，尽量跟作家取得认同，掌握作品的基调，自己进入作品，进入作家的角色，再用英文写下来。每一篇都翻译得挺吃力，想准确地表达原作的感觉。我已经体会到作者希望有什么效果，我希望自己的译文也有同样的效果。我觉得自己翻译女作家的作品时更加投入。

穆：您是否觉得翻译女作家的作品比翻译男作家的作品更能把握作品的基调？

朱：对呀。翻译男作家的作品时我觉得有点距离，以欣赏为主，但也注意技巧的表现，如王蒙的嬉笑怒骂，要把握住并表现出来，我意识到这是一种挑战，就在技巧方面考虑比较多。对女作家（的情感）我是比较认同的。10年前我对中国妇女的"怨"体会很深，它不是爆发的，或哭哭啼啼的，而是闷在心里的，就像封住的火一样，我就想把那种感觉表达出来。我觉得自己是一个好读者，我相信文本，相信自己对文本的理解和把握。

穆：您在读杨宪益他们的《七个女作家》选集时，感觉他们对女作家的把握跟您有什么不同？

朱：我也记不清了，总的印象好像这些作品放在一起不一定就是一个整体。我也没有体会到整个选集的基调。当然这个问题要由翻译批评和研究者去解释。

穆：我记得孔慧怡就说过，她在翻译王安忆的《小城之恋》时，特别能体会到作者的感情和对作品中人物的心理把握，是流着泪翻译的。

朱：我绝对佩服孔慧怡的翻译。我觉得她真是了不起，她的翻译简直绝了。我这本女作家文集的翻译更多的是受奥斯汀的影响，不是 high tragedy（动人的悲剧），有一点潜台词，一点弦外之音，或让形象本身说话，描绘妇女的形象，我要把这一切都表达出来，重点表达中国女人每日每时经历的磨炼，咬牙自我牺牲，习惯于放弃自己，硬着头皮同时做好几件事。女人一生如果没有毅力，自己都不知道自己的生命价值是怎么流失的。我对这些体会特别深。女人往往并没有意识到自己的坚强。还有很多作品我也喜欢，但我觉得离我太远的话，怕翻不好、表达不到位。我很喜欢张弦，我觉得他对女性的处境和心理比较敏感，我翻译过几篇他的作品，他也希望我给他搞一本集子，但他去世了，我的翻译也没出版，希望有一天能够出版。

穆：我们也希望多多拜读您的译作。朱老师，谢谢您。

朱：没有准备，随便聊聊。

百花齐放总是春

—— 赵彦春教授访谈录

王祖友 [1]　赵彦春 [2]

摘要：本文是围绕"跨学科与科研"这个主题，对天津外国语大学博士生导师赵彦春教授所做的访谈录，话题涉及认知词典学和传统的词典学研究的区别、语言学的哲学批判、翻译学归结论、翻译问题的诗性阐发、译者的理论素养、翻译理论和实践联系，以及教学和研究活动的关系。赵彦春教授指明了以哲学为视角对语言学范式或问题进行综观考察和批判的重要性、当前翻译学研究的不足，以及建立正题法则科学体系的必要性和可行性，进一步明确跨学科途径在当代外语研究特别是翻译学研究中的使命和意义。

关键词：赵彦春；认知词典学；翻译学归结论

赵彦春教授简介：赵彦春，男，汉族，1962 年生，江苏徐州人。1985 年毕业于广州外国语学院英美语言文学专业，获文学学士学位；2000 年毕业于广东外语外贸大学语言学与应用语言学专业，获博士学位；2002 年晋升教授。2001—2002 年于英国诺丁汉大学做访问学者，2009 年 7 月至 8 月在墨尔本大学做访问学者。

现为天津市特聘教授、天津外国语大学外国语言文学文化研究中心主任、澳大利亚 Quality of Life Publishing Co.（生活质量出版公司）副社长、国际东西方研究学会学术委员会委员、《东西方研究学刊》编委会委员、国际东西方研究学会研究员、《世界诗学》主编、《世界语言》主编、《天津外国语大学学报》副主编、台湾政治大学《广

---

[1]　上海大学外国语学院，上海，邮政编码：200444。
[2]　工作单位：华东师范大学。

译》编委、中国语言教育研究会副会长、蓝鸽集团有限公司教育技术专家、中山大学兼职教授、中国农业大学兼职教授、天津科技大学客座教授、印度 MERI College of Engineering & Technology（MERICET，美瑞工程技术学院）学术委员会委员，曾任《现代外语》副主编、四川外语学院外国语言研究所所长，重庆市学术技术带头人。专攻认知词典学、理论语言学，兼攻语言哲学、翻译学等专业，并致力于《诗经》等经史子集的研究和英译。迄今（2014 年）在重要学术期刊上发表学术论文 60 余篇，出版专著 5 部，编审教材 3 部。已完成国家社会科学基金项目 1 项，省部级项目 5 项，校级重点学科项目 3 项，主持在研项目 3 项：国家社科基金项目 1 项，中共中央文献编译局基金项目 1 项，重庆市社科重点项目 1 项。《认知词典学探索》荣获第四届重庆市政府优秀哲学社会科学成果二等奖，还有多项成果荣获四川外语学院优秀成果一等奖、二等奖等。

王祖友（以下简称王）：赵教授，您好！您是专攻认知词典学的学者，请问认知词典学和传统的词典学研究有哪些方面的区别？

赵彦春（以下简称赵）：王教授，您好！这个问题很核心。认知词典学自然属于"认知范式"，其与传统词典学的区别属于方法论范畴。认知词典学告别传统词典学静态描写的经验范式，将词典学的研究重点从单纯研究"词"的形态和语义的静态描写转移到揭示"词""世界"和"心灵"之间的动态关系，并借鉴认知科学、语言学、语言习得等相关理论对词典学进行跨学科研究。可以说它体现了词典与语言学习相结合，以词典促进语言学习的新理念。现代词典学研究的明显趋势就是与认知科学相结合，使词典对语料的处理有利于学习者对词汇的认知和习得。认知词典学与传统词典学的根本区别究其本质是对词的本质性的认识和相应的处理方法。词汇论揭示了词汇与语法的不可分离性，因此，认知学习词典不应简单地提供语法信息，而是把语法信息看作词汇特征的一部分，进行有机的展示。

王：您所完成的语言学专著《认知词典学探索》被誉为词典学领域的开创之作。请问您的著作有哪些创新之处？

赵：的确，在研究和写书之前，我检索了国内外文献，那时国外已有认知词汇学，还没有认知词典学，在此意义上应该属于开创吧。《认知词典学探索》从微观和宏观两方面切入，构拟认知词典学的理论框架：微观上强调学习者词汇能力的推理部分，即学习者应能回溯词汇生成和使用所涉及的认知过程；宏观上探讨语言与认知的关系，以便以普遍的认知规律指导认知学习词典的编纂。以这一理论为依托的新型词典应力图在诸多方面，比如，与认知有直接关联的语义和形态方面逼近本族语者的心理词典。但它并不是被动地模拟，而是从认知策略的角度对词汇进行梳理，使之成为一个规则或启发式系统，从而使学习者在习得词汇能力的过程中取得增效作用，能够更有效地提取词汇，更灵便地使用词汇，而不是像传统词典那样仅仅起到词语单子的作用。

它从语义、形态、词汇-语法界面及语法模块四个方面对词典学问题做认知上的综观研究，并探讨如何应用于认知学习词典的编纂实践。就语义而言，根据认知理论研究词义的流变性，提出可以根据词的语义微调规律处理词义的模糊特征，因为词义体现在"语义列"中，也体现在其原型特征中。由于原型特征能够在使用者的心灵中唤起某种图式，因此可以建立"语义列"或"语义模块"，以提高使用者的语义推断力。就语言隐喻而言，应将具有普遍意义的隐喻化和概念隐喻的"逻辑机制"引入到认知学习词典中来，以提高学习者的词汇推理能力。而且，隐喻化过程所引发的概念隐喻也会产生积极的认知效果。就形态而言，它挖掘词素的理据，以便引导学习者使用推理策略，培养其推理能力。词的形态所涉及的不仅仅是词，有时会涉及词的句法和次语类特征，由此而决定句子结构。我们还研究词汇形态的诸多方面并探讨各种处理方法，如可以根据聚合形态关系，也可以以一个涉及许多词素的概念节来构造词汇语义网络。此外，它关注并探讨词汇-语法界面问题，阐明语法模块性问题——可以根据人类认知的特点，按照词或语法概念把整个语法系统，如英语语法系统，分为相互联系的语法模块。

王：《语言学的哲学批判》是从哲学角度研究语言学吗？

赵：不完全是。这本书主要是以哲学为视角对语言学范式或问题进行综观考察和批判。语言与哲学是密不可分的，分别掀起三场语言学革命的索绪尔、乔姆斯基和其后的认知主义者都以其对现有方法论的反动而自立。他们之所以能够如此，归根结底在于哲学上的牵引。对语言学范式进行哲学批判尤为重要，因为关于语言的研究最为复杂，也最难达致公认的结论。比如，索绪尔、乔姆斯基和认知主义者对语言学的贡献是巨大的，堪称语言学史上的里程碑，但其彼此的理论取向、研究方法和科学结论是截然不同的——当然，各自的理论本身也并非尽善尽美。索绪尔把语言看作社会化的符号系统，他所采用的方法以及对语言学体系的建构使语言学成了一门独立的学科，其结论是：语言是社会的，由社会的规约性所决定，系统先于符号而存在。以乔姆斯基为首的生成语言学派放眼哲学大视野，而又专注于人类语言的机制，把语言学研究推向前所未有的高度和深度，其结论是：语言是先验的、"天赋"的、人类所独有的。以莱考夫为首的认知语言学派是对西方传统哲学和以此为基础的生成语法的挑战，其所依据的体验哲学有着神经科学的支持，的确构成了强大的冲击力，其结论是：语言是体验的，拥有语言的人与动物没有本质的区别。还有，从索绪尔一线发展而来的以韩礼德为首的系统功能语言学派寻求语言的应用规律，在语境的关照下探讨语言的功能和语言内外的层层体现关系，其结论是：语言是意义的体现过程。认知语言学和系统功能语言学的研究分别在意义的生成和体现方面填补了被生成语言学忽略的部分。索绪尔从社会着眼，韩礼德从意义入手，都属于乔姆斯基所谓的外部语言的研究。乔姆斯基深入到所谓先验的语言机制是纯粹的内部语言的探索，莱考夫等将大脑、语言和世界连通起来，既内且外，属于内外互动的研究。既然语言学各家各派的研究对象都是语言，而且是共同的人类语言，那么我们就有理由期望理论的殊途同归 —— 其发现的规律（如果是正确的话）应该是共同的，或互补的，彼此的结论不应该相互冲突。既然形式学派与功能学派没有合流，而形式学派与认知学派又严正对立，那么问题出在哪里呢？这样的问题也许长时间内得不到解答，其根本原因在于以下几点：

首先，以上研究者在哲学层面上没有达成共识，或尊崇先验论，或信奉经验论，各有合理的假设和证据支持。其次，由于语言的复杂性，任何关于语言深层次系统探索的理论模型都不会完美无缺，甚至会有重大缺陷。索绪尔的理论体系，囿于历史局限性，难免有原始性的粗疏，如大量借助于类比，而不是逻辑推演和实证，在语言单位的结构分析上也嫌简陋，比如他关于词的论述。乔姆斯基采用形式化研究方法对语言的解释就明晰多了，但他过于依赖理性、推演，而脱离语言赖以生存的体验，在其"符号 - 系统"的逻辑求证上，有时也难免违反同一律自相矛盾，而且犯有过度概括、分类不科学的毛病。认知语言学向形式语言学提出了挑战，其研究本身也很有解释力，但它和后者不在一个讨论的平面上，也忽略了语言的一些本质特征，似乎还不足以颠覆后者。认知语言学的作用范围主要是解释概念的形成、语义对句法的驱动，它虽然试图解释人类语言乃至人类本身，但这恐怕只是以神经科学为基础的局域理论，也许并不足以揭示语言乃至人类的本质。韩礼德在其理论体系中没有充分的哲学思考，有些假设便欠缺了坚实的理论基础，所以表现在语言系统上要么分类不够明晰、要么比较烦琐、少了些科学的刚性特征，因此也就少了些相应的理论概括力和解释力。鉴于切入点、哲学假设和研究方法上的差异以及理论系统本身的种种局限性，暂时的冲突和混乱是可以理解的，但这绝不是理想的局面。

关于语言的研究越深入我们就越趋于这样的叩问：语言为什么会这样？与人类、与宇宙是什么关系？语言的运行机制、制约法则是什么？这些问题，恐怕都离不开本体论的思考。而这样的思考又要求我们站在哲学的峰巅上，面向研究对象，参照相关科学的最新进展，以知识学的原则和方法审视历史和现实中的种种理论、学说，并尽可能与主流的意识形态保持距离，以超拔的姿态对待人类的意识理念和理论形态。就语言学理论体系本身而言，我们以 2 000 多年以来的哲学思想为参照系对语言学经典和热点问题进行反思、斟酌。为此，我们不仅要有宏观的审视，也要有微观的剖析 —— 微观是对宏观的支撑。以宏观言之，我们可以以逻辑的、结构的观点看待语言的系统问题，以全面的、辩证的眼光看待语言的使用问题；以微观言之，我们可以从跨语言的角度证伪微小的句法命题，比如从历时的观点求证一类词素的有无。微观的具体分析是对宏观命题的个案论证，否则我们便难免流于先入为主或臆测式的价值判断。而这种判断正是引起纷争与对立的缘由。我们力图避免的，是将庸俗的解读或贬低误加于先哲时贤。不仅如此，我们在考察和讨论中还应力图追溯各家各派学术思想的缘起性语境，给予历史的同情与理解。我们企图超越的是武断的、形而上的给定性结论及琐碎的、形而下的无定性解析，而我们力图超越的是我们批判者自身。

总之，所谓语言学的哲学批判即采用哲学视角来考察语言学问题，以便在更高的理论层次上对相关问题进行整合与提升，消除矛盾、达致统一。

王：在翻译本体性研究中，语言派的研究"让位于文化派而成为自处边缘的'二级'理论""颇令人惋惜"，因为"翻译的本质属性决定了'忠实'和'对等'的核心地位"，而"政治、权力、意识形态等因素本是翻译的干扰分子，在文化派那里却扮演了翻译的主角，使'不译'（指摆布式的创造）成了'译'（指译学）的主流"。您是否曾表示这样的观点和情绪？为什么？

赵：我想从两个方面来表明我的观点，一是关于语言派的，二是关于文化派的。我从来不认为语言派的研究让位于文化派的研究而自处边缘，且甘愿使自己的理论属于"二级"。前面的引言出自拙著《翻译学归结论》第一章第78页，原话是"如果说翻译本体性研究，如语言派的研究在翻译的多元系统中让位于文化派（的研究）

而成为自处边缘的"二级"理论，那是颇令人惋惜的"。我说的是"如果说"。在我看来，语言派的研究伴随语言学范式的发展而发展，比如奈达基于生成语言学的翻译理论体系，卡特福特、纽马克基于系统功能语言学的翻译理论体系比较靠近翻译的本体。在此意义上，其研究是中心的而非边缘的。不错，翻译的本质属性决定了"忠实"和"对等"的核心地位，但对原作的"忠实"和"对等"并不意味着语言派的研究就属于边缘地位。就其研究本身而言，它是一个研究范式，是对立于其他范式的，无所谓边缘或中心；就翻译本身而言，翻译毕竟涉及两种语言符号之间的转换，对语言符号转换本身的研究自然属于翻译学的核心地位。语言派与文化派属于不同的范式，语言派并没有让位于文化派。关于文化派，我的确表达了这样的观点。其实，"政治、权力、意识形态等因素本是翻译的干扰分子，在文化派那里却扮演了翻译的主角，使'不译'（指操纵式的创造）成了'译'（指译学）的主流"，这句话也出自拙著《翻译学归结论》第一章第78页。文化派所研究的不是语言符号之间的转换规律而是文化对翻译的制约因素，比如政治、权力、意识形态等，而这些因素成了文化派张扬的对象。无疑，这些因素自然是存在的，但这些因素因时而异，因地而异，而且也不是说非有这些因素翻译才成立的，因此这所谓的"主流"并不构成翻译之为翻译的充要条件。拙著对这些因素之于翻译的关系在书中有详细的论证。总之，通过阐明翻译的本质属性并参照翻译的传播现象，我们可以看清文化派的研究就宏观的译介传播而言是很有意义的，但作为译学本体的研究是不充分的，作为翻译实践的普遍原则更是不合适的。

王：您2007年完成的《翻译诗学散论》有哪些翻译诗学上的见解？

赵：《翻译诗学散论》并不是翻译诗学的理论体系而是对翻译问题的诗性阐发。前言这样说："归结论完稿之后，我意犹未尽。于是便在这个集子中甩开演绎、归纳的逻辑束缚，避开公式、图表、术语的冷酷和晦涩，感性地对待我对于诗、译诗及翻译的感觉和感悟，恰如在西风残照中与朋友呷香茗一壶而随意道来，再与他'分享'自觉有点代表性的译诗，以佐证我所恪守的翻译原则及原则统领下的参数系统。"这种叙述方法即散论。当然，所谈问题属于翻译的诗化哲学，它着眼于和合共生："思想的诗人和诗意的思者没有界限……诗是心性的流露，诗是生命的律动。诗是人类的永恒，它追求人和宇宙的和谐，人和自然的浑化"。虽是散论，这些见解却是对翻译问题的深化，比如"直译意译本虚妄"是对直译意译问题的诘难；"归化异化归于化"是对归化异化问题的解构；"译，易也"是对翻译本质的探寻；"形意之间"

是对翻译形式与内容关系的探讨。凡此种种都是对翻译问题感悟式的诗化抒发。

王： 在您的最新语言学专著《认知语言学：批判与应用》中您说语言研究者是"介于神人之间的撒旦，是盗取火种的普罗米修斯"（前言，3）。何出此言？

赵： 我之所以如此说，主要是出于语言的神秘性或曰密码性和语言研究者的品格。语言是神奇的，然而关于它的争论自古未曾止息，我在前言中说："自古希腊以来一直贯穿着自然论与规约论、唯实论与唯名论、唯理论与经验论、内在论与外在论的纷争，研究范式也几经更替。其间还有不少学说和理论，竟像湿地的蚊子一般生生灭灭。"随着语言研究的推进，我们对语言这一古老的问题似乎更难把握了。你看，当今认知语言学与生成语言学都朝极致处发展，其所追问的虽然是同一对象，可"答案"却是截然不同的。刚一开篇，我做出了这样的断言："对于语言，除非你死记硬背一些教条，你很难有一个十分确定的知识，而研究者即便一辈子呕心沥血也很难给出一个自己满意也让别人满意的结论"。然而，语言研究者的品格就在于其独特性或超拔性，他（她）似乎于冥冥之中领受过什么神圣的使命——别人看来毫无用处的东西，他（她）却愿为之倾注一生心血。人类语言无疑是一部密码，巴别塔的故事说明人类借助统一的语言而显示自己的能力，于是上帝扰乱、分化了语言，使人类彼此不能沟通、不能协作。然而，人类执意要破解这一密码——语言研究者不就是这人类的代表吗？"撒旦"的本义就是"反叛"，而人类之所以反叛就在于撒旦的引诱，所以说语言研究者是介于神人之间的撒旦。撒旦的另一个名字是路西法（Lucifer），本义是"带来光明者"或"光明的天使"，与古希腊神话中盗取火种并带给人类的普罗米修斯相似，两者都是上帝的反叛者，都给人以光明、使人类反叛上帝。所以我才用了另一个比喻，即普罗米修斯。语言研究者不正如撒旦和普罗米修斯一样吗？不服输是他（她）的品性，他（她）执意要解开语言的密码，以智慧之光照亮人间。

王： 通过语言学途径研究翻译究竟解决了哪些文艺学、文学、文化研究不能解决的问题？它对我们的翻译研究、翻译实践等有哪些积极意义和启发？

赵： 首先说明就翻译研究而言，我并不是语言派。我虽然研究语言，但这并不意味着研究翻译的语言学者就是与文化派相对立的语言派。就此问题，学界有所误解，当然我也不曾澄清。借此讨论之际我聊作说明吧。我的翻译研究属于翻译的本体论研究即基于翻译本身，即是其所是（whatever is, is）而进行的研究。它是翻译本身的研究，而不是翻译学加语言学或翻译学加文化学或翻译学加社会学，等等。所谓翻译学归结论，就是将翻译学理论归结到最核心的翻译学赖以立身的东西。我在《翻译学归结论》第二章这样论述：

> 鉴于当前翻译学研究的不足和建立正题法则科学体系的必要性和可行性，我们觉得有必要采取归结主义方法。所谓归结，就是将错综复杂的现象归结为核心的、本质的东西。比如将分析与综合、演绎与归纳等方法归结为更高层次的整合观念，将翻译的种种表现形态归结到翻译过程，将翻译的主体因素归结到翻译的客体，将人文学科的某些因素归结到正题法则体系，总之，将翻译中一切的一切都归结到翻译的核心问题上来。也许，这种观点马上会遭到各方面的反对。其实，归结主义方法并不意味着忽略其他问题，其本质是以核心问题为节点的研究，正如我们抓住网的纲、衣的领并不是不要网、不要衣一样。就是说，如果我们从翻译的核心出发，也可以通达翻译的种种表现和相关问题，如翻译的主体因素、翻译的人文学科属性，等等。概言之，归结主义翻译学就是以归结主义方法探求翻译本体论问题并建立起相应的学术体系。

翻译学归结论探讨翻译的本质，阐明翻译之为翻译的规定性，即何为译、何为非译，翻译的类比性、表征性、翻译"不忠而忠""不等而等"的悖论属性以及基于可拓逻辑的化矛盾为不矛盾的解决方法。这些当然都是文艺学、文学、文化研究不能解决的问题。

这里我似乎偏离了您的话题，但您是就我的研究而言而谈的，所以我在此姑且如此解答。就语言派的研究而言，我认为语言派的研究基本上是将翻译学嫁接到语言学研究之上或者将语言学的方法和原理应用于翻译学，这本身不能完全解决翻译学的问题，当然，它可以给翻译学以有益的启示，比如西方翻译家经常混淆词的级阶，Giles（贾尔斯）把"见闻"译成"see and hear"便属于此类错误——"见闻"是由"见"和"闻"这两个词素构成的一个词，而非"见"与"闻"这两个词。这类死译现象的解释就涉及语言学，超出了文艺学、文学、文化研究的研究范围。有鉴于此，我并不排斥语言派的研究，而是吸收之，利用之，比如我把语篇类型做了归结，把语篇问题作为一个翻译原则统领之下的一个参数。

王：翻译学归结论是怎样的理论？和西方翻译理论相比有哪些特色？和国内其他翻译理论的主张有何不同？

赵：这一问题我们前面已经涉及了，这里仅做简要总结吧。翻译学归结论是基于翻译本身的本体论体系，是翻译区别于其他或其他学科的本质界定，它旨在解释翻译是什么，如何理解其外延和内涵、本质和属性，有哪些原则和参数，该如何保证翻译的忠实和效度，在有限条件下如何实现对参数进行否决以便实现原作意图等等。西方翻译理论，就传统翻译理论而言，基本上是语文式的，不是真正意义的学科体系；就语言派而言，其译论是依附于语言学理论的；就文化派而言，其译论是依附于比较文学和后哲学的。所以西方翻译理论，究其本质，要么零散不成体系，要么依附于母体学科而无以自立。有鉴于此，西方翻译理论还不算自主的翻译学体系，更不用说文化派已经抛弃了翻译体系，按照巴斯奈特的说法，翻译已从多学科发展到无学科了。由此可见，翻译学归结论与西方翻译理论是不同的。当然，翻译学归结论借鉴了西方的母体学科，如关联论、顺应论、系统功能语言学等，但其灵魂是独立的。国内的翻译学研究多半是借鉴西方的，是西方学科在中国的代表。当然，中国理论界同行也有自己的独立探索，如吕俊的建构主义翻译学，从学科学角度论述翻译学的独立性。总的说来，中国当下的翻译理论，一部分是西方翻译理论的翻版，另一部分是自己的独立思考，而且呈现出多元化的趋势。翻译学归结论是本体论体系，与其他同行不尽相同，主要是视角上和理论体系构建上差别较大，但批判精神上也有共同之处，比如与吕俊先生相比都对解构主义进行了反思和批判而后拟定新的框架。这些问题只能简略谈谈，如要详细回答则需要系统对比。

王：不少国内翻译理论研究者，只做理论不搞翻译实践，而您不仅研究翻译理论，而且搞翻译实践，您在《三字经》翻译方面的成功经验有目共睹，请谈谈您翻译理论和实践联系方面的经验。

赵：翻译这个问题很特别，理论与实践虽然可以分立，但最好是有机地结合起来，两者可以互动，可以产生增效作用。我的体会是，没有理论做支撑，翻译实践是做不好的。我常对学生说，"理论之树常青"。知识储备很重要，它会有意识或无意识地决定着选词和翻译策略。合格的译者不仅需要理论而且需要架构全面的理论，单维度的理论并不能解决翻译这一"宇宙进化史上也许是最为复杂的世间"。那么，作为译者应具备哪方面的理论素养呢？这些素养在实践中如何发挥作用呢？这个问题太大，此处仅做简要说明吧。

首先，译者必须具备目标语的句法知识。句法知识包括规约用法，还有普遍的语言原则，即人类普遍语法与个体语法的关系。有的译者由于句法知识不完备，不能或者不敢灵活处理句法结构，比如在《三字经》外译方面，许多译者不敢把"幼不学，老何为"处理为小句结构。其次，还应具有文学知识，即文学之为文学的本质所在，比如变异是文学语言所要求的特殊表现方式。一是为了韵律的需要。二是为了加大形意张力采用的偏离、前景化、陌生化的手段。比如有的译者把林徽因的"黄昏吹者风的软"译为"Sundown is caressing the soft"，有的则译作"The dusk wind blows up and down"，遮蔽了原文的魅力。很多西方译者实际上很欠缺文学的基本知识。再次，是语义知识。译者应具有相关的语义选择、聚合替换、语义引申、词义辨析以及词源、隐喻扩展等方面的素养。第四是语篇知识。译者应具备语篇的信息推进、语篇衔接、语式、风格等方面的素养。大部分译者是在这方面有欠缺的。第五是逻辑知识。应该具有预设、蕴含、逆推、概括、抽象、例举等方面的知识。"教之道，贵以专"我译为"To teach well, /You deeply dwell"，其中没有"道"和"贵"的对应文字，这便是应用了逻辑上的蕴含。第六是语言的本体论知识，了解语言的本质及属性。语言是一个符号系统，其核心在于表征，而语言的符号不是死的，它处于有限和无限之间、抽象和具体之间。由于语言的本质与属性，语言具有多解性、歧义性，这便可概括为"诗无达诂"，体现于翻译则是"译无定法"。如此可以理解翻译的根本问题，这也是翻译可以变通的根本依据，比如"中国捷克日本，南京重庆成都"既是名词的并列也可以理解为主谓宾，那么该如何再现其多解性和歧义性呢？"China Czech Japan, Naning Chongqing Chengdu"，这样译似乎最接近原文，但却是完全失败的，而"Chinese Czech Japanese；Nanjing Leeds Tokyo"则保留了原文的结构特征、美学特征和交际意图，因为"Czech"和"Leeds"分别与"check"和"leads"发音一样。第七是哲学素养。作为译者，应该具备形上和形下的关系、表层与深层的关系、高结构与潜结构的关系，具有对本体论、认识论、方法论、价值论、目的论的统摄能力。这种认识是我将《三字经》译成英语三词格韵诗的根本依据。最后一点也是最为重要的一点，要具备对翻译学本体论的感悟。这一点与语言的本体论密切相关，因为翻译涉及两套不同的表征系统，语言的障碍无所不在，这便是德里达"不可译性"、弗罗斯特"诗不可译"等论断的依据。这实际上是没有深谙语言之道的结果。翻译应跨越语言的障碍，以译语语篇为独立的参照系统，在映照原文的情况下"直译尽其所能，意译按其所需"，使译语尽量向原文逼近，但必须保留译语文本的自足性。以上"八备"是合格译者或优秀译者所必备的学养和学识，它可以使译者超越文字的取舍和调变，达到不等而等、不忠而忠的辩证性高度，一个圆满调和的如如境界。

以上理论是译之为易或易之为译的根据，无时不决定着译者的取舍和变通。反过来说，实践可以随时检验理论的正确性和适用性。脱离实践的理论往往是纸上谈兵，甚至是有害的，不健康的。

王：您主攻理论语言学、认知词典学，兼攻语言哲学、翻译学等，请就主攻和兼攻的关系说说您的体会。

赵：所谓主攻和兼攻，现在看来是相对的，是随着时间、兴趣和目标的变化而变化的。我最早的学术兴趣是认知词典学，因为那时试图拟定它的理论框架和进行相应的语料搜集，在此过程中发现母体学科认知语言学有难以克服的弊端，所以在继续挖掘认知语言学的同时也转向对语言学的批判并拟定语言学核心问题的解决方案。这时我认为便是主攻这些方向了，尤其是在句法学方面可以深耕。考察语言学问题的时候离不开哲学，尤其是语言哲学，所以说又兼攻语言哲学，在此方面发表了批判弗雷格、罗素、维特根斯坦等人的文章。我最早痴迷于诗歌翻译，后来因为语言学的研究就放置一边了，但翻译理论在做着。目前由于主持的国家社科基金和中共中央编译局的项目都是国学经典的翻译，所以暂时又得主攻这方面的研究了。我的体会是，不同的知识领域是相互渗透的，互有补益的，可以产生增效作用的。其实，所有学科在原理上都一样，都遵循万物本源，各从其类的基本原理，所以具体专业领域的研究可以迁移到其他专业，同时促进对基本原理的认识。

王：您有很多社会兼职，如中国诗词协会名誉会长、中国语言教育研究会副会长、天津市外文学会副会长、澳大利亚 Quality of Life Publishing Co.（生活质量出版公司）副社长、印度 MERI College of Engineering & Technology（MERICET，美瑞工程技术学院）学术委员会委员、蓝鸽集团有限公司教育技术专家、《东坡风》名誉主编、中山大学兼职教授、中国农业大学兼职教授、天津科技大学客座教授。这些不影响您的教学和研究工作吧？

赵：不错，目前我有不少兼职，但这些活动并不会占用很多时间，很多兼职只是提供建议、组稿、组织学术活动、制定学术规划之类。有些活动会占用一些时间，比如我是中国语言教育研究会和天津市外文学会的发起人之一，组建之时花费了不少时间，但组织成型之后，就是开展学术活动的事情了，这与教学和研究不冲突，从整体上看是相互促进的。

王: 您的研究给人的感觉是百花齐放总是春。祝愿您的事业春华秋实、硕果累累!

赵: 谢谢您的谬赞!感谢国家给科研带来春天般的生机,祝福祖国的教育事业兴旺发达!

参考文献

[1] 赵彦春. 翻译学归结论 [M]. 上海:上海外语教育出版社,2005.

[2] 赵彦春. 认知语言学:批判与应用 [M]. 天津:南开大学出版社,2014.

新科技信息时代对翻译的定位与认知
—— 潘文国教授访谈录

赵国月 [1]　　潘文国 [2]

摘要： 近年来网络、计算机等新科技介入翻译，推动了翻译的发展，近日 Google 推出的"神经机器翻译系统"（GNMT）堪称是翻译的一次革命。新科技给翻译带来巨大红利的同时，也给我们摆出了不少的问题。访谈中，潘文国教授首先阐述了新技术既会又不会取代人工完成翻译的原因；之后论述了新技术时代我们如何认识和定位翻译；最后，在新技术时代，就我们如何重新认识翻译理论和翻译实践之间的关系提出了自己的见解。

关键词： 新科技；计算机辅助翻译；翻译的定位与认知；翻译理论；翻译实践

潘文国教授简介： 华东师范大学终身教授，曾任华东师范大学对外汉语学院常务副院长、应用语言学研究所所长、国家一级学会中国英汉语比较研究会会长等职，是华东师范大学汉语言文字学专业博士生导师、语言学与应用语言学专业博士生导师，上海交通大学外国语学院兼职教授暨外国语言学与应用语言学专业博士生导师等。研究领域广泛，有理论语言学（哲学语言学）、对比语言学（汉英对比理论、汉英对比史）、汉语语言学（字本位理论）、翻译理论与实践（西方当代翻译理论、典籍英译、诗歌翻译、美文翻译）、古代汉语（诗词格律、古文今译、古代汉语教学）、现代汉语（语法理论、对外汉语教学）、汉语音韵学（等韵学、《切韵》音系）、汉语构词学（汉语构词法史、汉语外来语）、文化语言学（中外命名艺术、文化语

---

[1]　工作单位：长江师范学院。
[2]　工作单位：华东师范大学。

言学史）、中国古代文学（美文赏析、诗词创作、大学语文教学）等。

引言： 在革故鼎新、日新月异的今日，翻译这一古老的社会活动呈现出了有史以来从未有过的鲜活一面。从古代着重于语言层面的经验主义翻译观到近代语言学翻译观，再到文化转向之后现当代的文化学翻译观，无不步步刷新着人类的认知。尤其是当前科学技术的革新，无疑又将翻译这一跨文化、跨语际的交际活动向前推动了一大步。诚然，社会科学和人文科学的相继发展潜在地或显在地提供了各种渠道，加强了对翻译的认识。随着中国经济发展和国力的提升，主动向国际推介中国与主动向西方学习两者之间相互转换，前者成为当前的矛盾的主要方面。时至中国大变局的今日，翻译界就出现了亟待思考的几个问题：对于翻译实践者来说，新科技的发展是福还是祸？翻译理论研究者如何面对计算机网络技术对翻译的革新？中国本土译者是否能担起中国文化对外翻译的责任？中国文学对外译介和中国译论是否要守土有责？翻译理论中的"中国学派"倡导是不是民族主义？为此，笔者（赵国月）对潘文国教授进行了访谈。

赵国月（以下简称赵）： 潘老师您好，首先非常感谢您能拨冗接受我们的访谈！随着信息技术的发展，计算机、网络和手机应用程序（APP）等介入翻译并表现出了出色的成效，国外有人认为"翻译已死"（见 *The End of Translation*[1]）。对新科技介入翻译，您认为未来新技术会不会取代人工完成翻译实践？

潘文国（以下简称潘）： 你提的这个问题很有超前性，大概你开始想到的时候，新的消息还没有出来，就是 Google 翻译新推出了一个神经机器翻译（GNMT）系统。据说运用这个系统，翻译的错误率可以降低 55% ～ 85%，我在国外的朋友尝试用了一下，效果确实不错。而且据说对汉译英特别有效。因此你提到的有人认为"翻译已死"的问题有了更现实的紧迫性。至于"未来新技术会不会取代人工完成翻译实践"，我认为既会又不会。

赵： 谢谢潘老师的肯定！是的，最开始我们给您草拟采访提纲的时候，确实还没有出现 Google 的"神经机器翻译系统"。您说新技术"既会又不会"取代人工翻译，这怎么理解呢？

潘： "会"是相信科技的发展，"不会"是相信人类对创新和美的不断追求。第一，为什么说"会"？因为从某种角度看，社会发展的历史，特别是生产力发展

---

[1] Geoff McDonald. The End of Translation ［OL］. http://geoffmcdonald.com/end-of-translation/.

的历史，本来就是机器不断取代人工的历史。从发明、使用石器工具起，人类就不断在用机器取代人工劳动。只是进入现代以后，这个变化越来越快，电脑出现，"大数据"时代，更加速了这个过程。可以说，机器取代人工是个不可逆的过程，总有一部分人工会被取代，有的甚至被完全取代。"神经机器翻译系统"的横空出世，以及在此基础上的机器翻译软件的新发展，必定会打破一些人的饭碗。这应该是好事。第二，机器翻译又不可能完全取代人工，为什么？因为人与机器这对矛盾，人永远处在主导地位。一方面，机器的"能力"肯定超过人的，不要说现代电脑几亿次的运算速度无人能望其项背，就是人类发明的比较原始的工具（比如说一把斧子、一把锯子），（其某方面的"能力"）也比人的强好几倍。但所有这些发明是人的意志的体现，在其背后还是人的能力。另一方面，电脑的强项为计算和存贮。所谓"自主学习"功能，本质上仍是即时的记忆和存贮。它缺少的是创造新联想的能力，而这正是人的强项。记得以前有人说过：第一个把花比作女人的是天才，第二个是庸才，第三个是蠢才。去掉其中的贬义，其实计算机做的永远是第二、第三，直至第 n 个人做的事，而人除此之外，还能做第一个人做的事。

赵：潘老师您刚才说到，"神经机器翻译系统"的横空出世，以及在此基础上的机器翻译软件的新发展，必定会打破一些人的饭碗。那到底是哪些人的饭碗会被打破，哪些人的饭碗不受影响呢？

潘："神经机器翻译系统"的出现可以取代许多人做的翻译，但它本身还是人的发明，还是需要人的使用和管理。发明者也说了，"神经机器翻译系统"只是降低了错误率，并不能消灭错误，机器翻译的后期处理还需要人工，而且是比较高级的人工。此外，"神经机器翻译系统"更适用于汉译英，而用于英译汉错误率仍然较高。为什么？因为英语的形式性比汉语要强，汉语的情景依赖性强，每个字的意义只有放到句子甚至整篇文章里才能确定，这种依赖语境甚至超越语境的联想能力是计算机不具备的。至于把古代文言文译成英语或其他外语，我想机器更做不了。因此，计算机有可能敲掉的只是低层次翻译的饭碗，高层次的翻译是永远需要的。甚至低层次的在相当长的时期里也还需要，因为随着"地球村"的到来与国际交往的发展，今后所需要的翻译量成百、成千、成万倍地在增长，机器翻译应时而生，可以处理掉大量重复性、机械性的事务，但是还留下海量的工作要人去完成。翻译不会 end（死亡），翻译的人更不会 end（消失）。

赵：通过您的分析，我们知道，从现实需求的角度来看，即便机器翻译发展得如何，高层次的翻译必定一直存在，低层次的翻译也会阶段性地存在下去。2015 年春，由《中国翻译》和《东方翻译》杂志发起主办，广东外语外贸大学承办的"何为翻译？ —— 翻译的重新定位与定义"高层论坛在广外（广东外语外贸大学）举行。许钧、王宁、仲伟合、谢天振、廖七一等著名学者各自阐述了自己对翻译和翻译研究的新认识、新看法，与会者就翻译的重新定义进行了深度、全方位的思考和讨论。在您看来，机器翻译大行其道的新时代，我们应该如何去认识翻译？

潘： 以上我们是从实际的角度说明机器翻译不可能完全代替人工，我们还可以从理论上去看这个问题。机器翻译的发展经过了两个阶段，其理论基础是不一样的。第一阶段是在 20 世纪 50 年代前期，其理论依据实质上就是乔姆斯基基于普世语法观的转换生成语法，认为全世界语言存在着相同的深层结构以及不同的表层结构，而各语言的深层结构与表层结构之间有一定的转换规律。只要找到各语言从表层到深层的转换规律，在深层结构的基础上，就可以实现所有语言间的自动翻译。这一认识后来从理论到实践都被证明是行不通的。第二阶段放弃了这种不切实际的理论，走了一条非常现实的道路，采用了统计法和比对法。它充分利用电子计算机的超强存贮和计算能力，利用实际翻译语料，建立海量的翻译文本数据库，而后所谓的做机器翻译，就是设计一定的参数，让计算机在数据库里面寻找最佳的匹配。而翻译软件的发展则沿着两条途径，一是数据库越做越大，二是统计级别的提高。第一条使选择的可能性越来越大，精度也随之而提高；第二条则从词级到短语级，实际上为翻译匹配提供了一定的上下文语境，从而使译文合适度更高。最近的"神经机器翻译系统"号称具有革命性，是把级别从短语级提高到了句级，这就是创造了更大的语境，翻译的精度当然也更高了。这个很容易理解。比如公示语的翻译，为什么这些年我们看到那么多令人忍俊不禁的翻译笑话？因为它的翻译依赖的是基于字词级的翻译软件。这才会出现把"贵阳"译成 expensive sun、把"小心地滑"译成 slide carefully 那样的笑话。如果翻译软件提高到句级，这种错误就不会有了。机器翻译在相对封闭特别是重复性较高的领域的应用前景十分广阔，如旅游问讯、交通信息、公示语等，因此"带一个手机暴走全世界"是可能实现的。对于一些形式性较强的文本领域如自然科学、医学、法学、新闻翻译等也有应用前景。总的来说，一些不需要太多联想的实用性翻译，以及一些只要内容而不需要太讲究文字的文本翻译将来会越来越多地被机器取代，但创造性的文学翻译，甚至包括追求创意的广告翻译等还是离不开人的努力的。为什么这么说？因为不管哪个阶段的机器翻译，其理论的前提即翻译观是一样的，这种翻译观认为：一、语言是交际的工具；二、翻译只是跨语言的交际；三、翻译可以实现"对等"，不管是形式对等、功能对等，还是功效对等。但是，新的语言理论和翻译理论告诉我们：一、语言不仅仅是交际工具，语言还是一种世界观；二、翻译不仅仅是意义的转换，还是文化、文明乃至价值观的对话；三、翻译不可能做到完全对等。这些新认识为机器翻译的应用设定了界线，也为翻译的永久存在提供了理论基础。因此，作为翻译者，既要看到机器翻译带来的挑战，又大可不必惊慌，而应该更努力地充实和提高自己，以适应新时代的需要。

赵：科技的发展让翻译这一特殊的社会现象变得扑朔迷离，对翻译的认知也经历了语言学、文学、文化学等几个阶段，"文化转向"后的翻译研究变得更加多元。您也曾经讨论过造成当前"看翻译不是翻译"的三种原因，探讨如何"看翻译还是翻译"。请您再进一步阐述下这个问题的看法，以便我们读者加深认识。

潘：我那篇文章引用的是禅师的语录，文章内容也有点谈禅的味道。实质上是对这几十年的翻译研究有感而发。我想那场论坛发起的宗旨大约也是如此，在翻译研究已经发展到当前水平的情况下对翻译本身进行反思。我提出"看翻译是翻译—看翻译不是翻译—看翻译还是翻译"的三段论，是希望经过"看翻译不是翻译"的各种洗礼之后，重新回归翻译的本源：谈翻译毕竟首先要做翻译。如果翻译本身没有了，谈这样那样的翻译理论又有何用？我不知道你是否注意到一个现象：真正在做翻译的人是很少关注翻译理论界的争论的，从事翻译理论研究和实际从事翻译的人之间也有"两张皮"的现象。

赵：我们印象中，这个问题在 2003 年的《上海科技翻译》上周领顺教授发起过一场翻译理论与实践关系的大讨论，杨自俭老师写过一篇文章回应，其中一段这么说："周领顺发起的关于翻译理论与实践关系的讨论……不仅对翻译界意义重大，如果深入下去会对整个中国学术界的，尤其是对人文社科领域的学术观念和研究范式的变革产生重大而深远的影响"（见《上海科技翻译》2003 年第 4 期杨自俭教授文）。当时的大讨论还没有如今科技对翻译的影响之深，在科技盛行的现阶段，您又怎样看待翻译理论和实践的关系问题？

潘：这两种人的追求目标是不一样的：搞实践的人追求的是好的翻译、成功的翻译（当然，什么是"好"和"成功"，各人理解并不相同）；搞理论的人追求的是建构一种正确、完美、普适、放之四海而皆准的翻译理论（尽管国内不少人号称搞理论，实际只是在试图证明某种外来理论就是这样的理论）。搞翻译实践的人关注的是自己的实践，搞翻译理论的人关注的是拿理论去评论别人的实践。真正将两者结合起来的人不多，大约既是重要译家又有自己理论体系的在国内就只有许渊冲先生，其他人多数只据一端。尽管有的搞理论的人也搞一点实践，但多数人在搞实践时是顾不上他（她）的理论的。我的三阶段论说得明白一些，就是认为第一阶段主要只有翻译实践（偶尔有灵光乍现的理论火花），第二阶段五花八门的理论铺天盖地，而翻译实践者在学界几乎失声。第三阶段则是我希望的重新回归重视实践、兼顾理论的阶段。刚才你提到的语言学派、文艺学派、文化转向等等，其实都是第二阶段产生的。对于第一阶段来说，它是一种进步，关心到"然"后面的"所以然"；但同时又是一种"蔽"和"惑"，因为凡理论都是特定时代、针对特定对象、为解决特定问题或解释特定现象而提出来的，天生具有片面性和时地局限性，但提出者特别是追随者往往要有意无意地造成具有普适性的假象，对于不明真相的人来说，其造成的迷惑也许比实际指导作用还大。而且除了跟语言相关的理论之外，这些理论大多还只是停留在"形形色色地说明"翻译，却没有具体指导人们怎么做翻译和提高翻译质量。实际上已经"不是翻译"了。第三阶段回归翻译，就是要重新认识到翻译实践是翻译研究的中心。

赵：当前学界对翻译进行重新认识与定位，各自提出了不同的看法，可能比较一致的一种期待就是翻译研究的回归本体。那潘老师您现在是如何看待翻译的？我们又如何面对学界对翻译的界定提出的各种不同的阐释和理解呢？

潘：从根本上来说，翻译是种复杂的语言文化社会现象，既简单又复杂，很难给予一个精确的定义。就简单方面说，凡涉及两种语言（广义的语言，包括方言甚至同一语言的不同变体。至于有人引申到各种符号之间如小说与电影，那更像一种隐喻了）的意义传递都可说成是翻译。就复杂方面言，翻译的两头，一头是阐释，一头是写作（以笔译为例），两边都没有明确的界线。而翻译本身，从所谓的全译到各种"变译"也是一个连续统，其各种形式（甚至包括某些"伪译"）都有存在的理由和价值。承认翻译本身的复杂性，不期望一种简单的理论来做"终结者"，同时尊重、理解各种翻译理论的正当性、适用性，以及不可避免的时地局限性。以翻译实践为指归，把形形色色的理论只看作过眼烟云，用理论而不为理论所用。这就是"看翻译还是翻译"的意思。

多年以前，翻译界曾经热烈争论，翻译究竟是科学还是艺术。机器翻译的发展启示：翻译既是科学又是艺术，翻译的发展可以把科学还给科学，让艺术回归艺术。

翻译的"科学"部分将来很可能大部或全部交给机器翻译，而翻译的"艺术"则将由将来的翻译家来完成。这就好像摄影的发明促进了绘画艺术的新突破；又好比机器取代了编织和缝纫之后，人工刺绣成了精美的艺术品。

赵：谢谢潘老师……

潘：不客气！

关于当前几个重要翻译问题的思考

—— 谢天振教授访谈录

高　方 [1]

摘要： 在谢天振教授和国内一批学者的直接推动下，翻译学作为二级学科的地位终于在 2004 年确定。笔者就当前几个重要的翻译问题求教于谢教授，他的回答清楚表明：翻译问题并非只是一个两种不同语言之间的转换问题，它与译入国的文化语境、意识形态、社会制度、文学观念、译者本人的翻译态度和立场，等等，都有着千丝万缕的联系。这样，翻译和翻译研究已经成为当今国际学界最引人注目的一道风景线。

关键词： 翻译问题；翻译态度和立场

谢天振教授简介： 1944 年 3 月生，浙江萧山人，上海外国语大学教授，博士生导师。中国著名学者，国际知名比较文学专家与翻译理论家。中国比较文学译介学创始人，中国翻译学重要奠基人之一，翻译学学科建设有力的倡导者和批评者之一。

高方（以下简称高）： 谢教授，您好！《中华读书报》自 2005 年 2 月陆续开辟了"开放的翻译家人物谱"及"外国现代文学流派走廊"两个专栏，先后介绍了 10 位文学翻译家和 10 种外国文学流派或文学现象，对我们认识翻译在中外文学交流中的地位和作用起到了启迪作用。我在《文汇读书周报》上拜读了您的文章《假设鲁迅带着译作来申报鲁迅文学奖 —— 对第三届鲁迅文学奖优秀文学翻译奖评奖的一点管见》，文章中涉及对目前文学翻译界的基本评价与如何认识和理解翻译这些根本问题，能否首先请您谈一谈，为什么翻译问题越来越受到学界的关注？

---

[1]　工作单位：南京大学外国语学院。

谢天振（以下简称谢）：翻译问题越来越受到学界的关注和重视是一个世界性现象。它有两个背景：一是"二战"结束以来，世界各国的文化、政治、经济交往越来越频繁、密切，翻译在各国的文化、政治、经济生活中起着越来越重要的作用，翻译的地位也随之而上升。譬如，今年（2005 年）上半年著名的英国布克文学奖就宣布要设立一项特殊的文学翻译奖，作为今年（2005 年）6 月公布的首届国际小说奖的一个组成部分，奖金 1.5 万英镑，与其他小说奖的一样。因为评委们发现，在布克奖国际小说奖的候选人名单里，17 名作家中有 10 名是非英语作家，用他们的母语写作，文学翻译家在其中所起的作用显然已经到了不容忽视的地步。另一个背景是，自 20 世纪 70 年代末 80 年代初以来，国际学术界出现了文化研究的翻译转向和翻译研究的文化转向，一批世界顶尖级的文化大师如德里达、福科、翁贝托·埃科、斯皮瓦克、希利斯·米勒等，都大谈特谈翻译问题，从翻译问题中发掘出许多深层次的文化问题；与此同时，国际译学界的一批翻译理论家如埃文·佐哈尔、安德鲁·勒菲弗尔、苏珊·巴斯奈特、西奥·赫曼斯等，也不断从文化层次阐述翻译问题，使人们认识到翻译问题并非只是一个两种不同语言之间的转换问题，它与译入国的文化语境、意识形态、社会制度、文学观念、译者本人的翻译态度和立场，等等，都有着千丝万缕的联系。这样，翻译和翻译研究已经成为当今国际学界最引人注目的一道风景线。

与国外翻译界相比，我国对翻译的重视要领先于许多西方国家。西方国家从"二战"以后，而我们国家从五四时期开始就一直很重视翻译的作用，新时期以来更是如此。因此，最近几年国内学界对翻译的高度关注和重视并非偶然。

高：翻译确实非常重要。随着全球化进程的不断加快，文化多样性显得越来越突出，而翻译问题与此密切相关，我想请谢教授从这个角度对目前我国的翻译现状做一评价。

谢：我们国家目前奉行的改革开放政策，使得我们国家的翻译处于前所未有的良好环境，并从 20 世纪 70 年代末 80 年代初起形成了我国历史上第四次翻译高潮，无论是翻译的数量、翻译的题材、翻译的队伍，即使放在整个世界译坛的背景上，也都是无可比拟的。新时期以来的翻译活动对我国的中外文学、中外文化交流做出了极为巨大的贡献。我在前不久刚发表的一篇文章中曾举了好几个例子，譬如拉美文学，在（20 世纪）80 年代以前，我们国家对拉美文学的翻译多局限为古巴、智利等国少数几个左派进步作家的作品。但进入新时期以后，我们对拉美文学的翻译和介绍发展得非常充分、非常全面，从古典作家到当代先锋派作家几乎都有译介。尤其是对当代拉美文学作品的翻译，几乎囊括了当代拉美小说家创造的所有新的创作流派，如魔幻现实主义、神奇现实主义、结构现实主义、心理现实主义等，当代拉美的一批先锋派小说家，从阿斯图里亚斯、卡彭铁尔、博尔赫斯、萨瓦托、奥内蒂、鲁尔福到新小说家科塔萨尔、富恩特斯、加西亚·马尔克斯、巴尔加斯·略萨、多诺索，从现代诗人巴列霍、聂鲁达、米斯特拉达到当代诗人帕斯，等等，不仅成为广大中国读者耳熟能详的名字，为他们展示了一片神奇新鲜的文学景观，更为新时期中国作家的创作提供了无比丰富、无比新鲜的艺术借鉴资源，对新时期中国文学的创作产生了非常大的影响。另外像美国文学的翻译，也是同样的情况：20 世纪五六十年代美国小说翻译主要集中在杰克·伦敦、德莱塞等几个所谓的"批判现实主义"作家和少数几个"美共"作家及黑人诗人如法斯特、杜波依斯等人的身上，翻译选题相当狭窄，中国读者对当代以及此前的美国文学的代表作家、流派几乎毫无所知。而进入新时期以后，美国文学翻译的选题范围大为拓宽。从美国文学开创时期的欧文、库柏、霍桑，到世纪之交的马克·吐温、亨利·詹姆斯、华顿；从海明威、福克纳等现代作家，到当代作家诺曼·梅勒、契弗；从犹太作家索尔·贝娄、辛格、马拉默德、罗斯，到艾里森、鲍德温、莫瑞森、盖恩斯等黑人作家；从南方作家韦尔蒂、奥康纳、麦克勒斯等，到女作家奥茨、艾里丝·沃克、卡波蒂等；直到后现代作家纳博科夫、冯尼格、海勒、约翰·巴思、巴塞尔姆等，都有了广泛的译介，充分展示了美国文学发展的全貌。

而且有必要强调的是，我们不光是在翻译的作家、作品和题材方面有了明显的拓展，与此同时还形成了一支阵容强大的翻译家队伍：像为拉美文学翻译做出贡献的翻译家王央乐、刘习良、朱景冬、赵德明、尹承东等，为新时期美国文学译介做出贡献的翻译家张友松、海观、侍桁、冯亦代、巫宁坤、李文俊、施咸荣、宋兆霖，以及鹿金、汤永宽、傅惟慈、林疑今、董乐山、梅绍武、陈良廷、裘柱常，等等，难以一一列举。

高：在去年（2004 年）年底召开的中国翻译工作者协会第五届全国理事会上，不少译界人士提出，无论就历史看，还是就现状看，具有开放和包涵心态的中华民族一直都十分重视翻译活动。许嘉璐副委员长在中国翻译工作者协会第五届全国理事会会议开幕式上的讲话中指出："翻译活动最本质的作用是为人类拆除语言文学障碍，促成不同社会、不同地域、不同文化背景的国家和民族之间的沟通与交流。"

（2005.1：5）译学界对中国翻译的历史做了反思，对目前翻译的状况表示了忧虑，有人指出，中国虽然是一个"翻译大国"，但远称不上是"翻译强国"，对此问题，不知谢教授是怎么看的。

谢：我不知道"翻译大国"和"翻译强国"的说法是谁提出来的，我也不知道此人如此说的本意。在我看来，所谓的"翻译大国"，也许更多指的是翻译的数量，也许还可指具有比较悠久的翻译历史。从这个意义上说，我们国家当然可以算是"翻译大国"。我们有文字记载的翻译历史就有 2 000 余年，翻译作品的数量占我国出版物总数将近一半，而美国、英国的出版物中翻译作品仅占 5% 左右。至于"翻译强国"，在我看来，也许应该有三个方面的含义：一是指翻译和翻译家在这个国家应该享有崇高的地位，备受各界人士的尊敬；二是翻译机构、教学单位、学科建制比较齐全，比较发达；三是在译学理论建设上有所建树，能在国际译学界发出自己的声音，引起国际译学界同行的重视。对照这三个方面，那么我们离"翻译强国"似乎还有较大的距离：我们国家虽然重视翻译，但翻译和翻译家尚未享有应有的崇高地位，翻译家的翻译成果在许多场合甚至还受到歧视，我们国家为翻译设立的奖项，无论是国家级的还是省市级的，都屈指可数。在翻译的学科建设、教学单位、机构的建设方面，更是刚刚起步，目前全国只有一所高校，即上海外国语大学才建有正式的翻译学学位点，其他高校都是在某外国语言文学专业下设立的翻译研究方向，不是严格意义上的翻译学学位点，而在国外有 200 多所著名大学都设有翻译学的学位点，招收翻译学的硕士生和博士生。至于在译学理论建设方面，由于我国翻译界过于务实，在相当长时间里对翻译理论缺乏应有的认识，"理论无用论"颇有市场，影响了译学理论的健康发展。近年来，在一批中青年学者的大力推动下，我国在译学理论建设方面有所进展，但与国外同行相比，仍有相当差距。所以，在这三个方面我们还有大量的工作要做。

高：关于翻译现状问题，目前在媒体上，批评的声音越来越多，有的认为目前中国翻译界出现了"质量危机"和"译德危机"，翻译质量粗糙，译风浮躁。在谢教授看来，目前翻译界到底有哪些问题需要进行自省与反思呢？

谢：目前翻译在我们国家的现状不是很正常：一方面，它在我国的政治、经济、文化和社会生活中发挥着越来越重要的作用，但另一方面，它的地位却似乎越来越低。造成这种情况的原因是：近年来，有些出版社为了追求利润、抢占市场，往往组织数名译者合译一部书，在很短的时间内，就把某部热销书译出投入市场，这样的译作质量自然不会高。再加上前几年名著重译也到了泛滥的地步，有些根本不具备文学翻译水平的"译者"，把同一名著的几个译本拼拼凑凑，竟然也"译"出了一部又一部的外国文学名著，这不仅亵渎了原作，也败坏了翻译的名声。所谓"质量危机""译德危机"之说恐怕就是因此而生。

对这个问题，我以为我们翻译界首先要正视问题的存在，积极开展翻译批评，造成强大的舆论压力，让劣质译品不断曝光，在我国出版界无立足之地。目前我们的翻译批评说好话的、捧场的多，但认真严肃指出存在问题的少，这是不利于我国翻译事业健康发展的。其次，要探索建立比较切实可行的翻译出版体制。譬如在翻译出版界可否推行翻译和出版资格的"准入制"，即对译者和出版社都有资格的认定，这样也许可在一定程度上遏制劣质译品的泛滥。

另外，有必要一提的是，在谈论"质量危机""译德危机"时，也要防止以偏概全的倾向。不要被眼面前的几本、几十本劣质译本迷惑住，应该看到像田德望那样几十年来为文学翻译呕心沥血、认真严肃的翻译家还是大有人在的，他们才是我们当今这个时代的翻译界的真正代表。

高：确实，除了对翻译现状的担忧之外，翻译人才的培养也是目前人们普遍关注的一个问题，近20年来，国内翻译理论界在不懈地推动与促进翻译学科的建设，我想翻译学科的建设的主要目的之一，就是要培养高水平的翻译人才。

在谢教授和国内一批学者的直接推动下，翻译学作为二级学科的地位终于在去年（2004年）确立了。在翻译人才的培养上，有哪些问题亟待解决？

谢：我们国家对翻译人才的培养一直缺乏应有的认识，总是有意无意地把它混同于外语人才的培养，这恐怕也是为什么我们国家长期没有建立翻译系、翻译学院以及翻译学的学位点的原因之一。实际上，翻译人才与外语人才的培养各有侧重，并不完全重合。目前，有个别高校建立起了翻译系，对此我个人并不完全赞成，因为即使是翻译系，在本科生阶段也必须着重抓好读说听写译的外语基本功，这与现有的外语系的教学很难有实质性的区别。但我也不明确表示反对，因为在本科阶段就明确学生的翻译专业方向，说不定可以较早地鼓励学生朝翻译方向努力，自觉地提高自己中外文的修养，为今后进一步在翻译专业领域发展和深造打下较为扎实的基础。此事的利弊得失，恐怕还是应让将来的事实来说话。

而为了促进我们国家的翻译人才培养能健康、有序地发展，当前急需解决的问题也许有三个：一是在教育部下设的外语教学指导委员会内，除英、俄、德、法、日、西、阿等语种的教学指导委员会外，应尽快设立翻译教学指导委员会，以对目前各高校各行其是的翻译教学进行适当的调整和指导，保证翻译教学的质量和要求。二是呼吁教育部主管学科建设的部门领导尽快把翻译学作为二级学科正式列入我国的研究生学科目录，让有条件建立翻译学学位点的高校尽快把翻译学学位点建立起来。在我看来，中高级的翻译人才恐怕还是得依赖高校的学位点导师的培养。三是建立面向整个社会的翻译人才培养机制，譬如广外（广东外语外贸大学）和上外（上海外国语大学）的部分翻译教师前不久正在酝酿推出类似工商管理硕士（MBA）的翻译人才培训项目，他们把它初步命名为翻译专业硕士学位（MTI），我觉得很好，这对于规范目前不尽如人意的翻译出版市场都将会有比较积极的意义。

高：在翻译人才的培养上，涉及翻译理论与实践的问题。在媒体上，我们不时可以听到这样的批评，说翻译人才断层，年轻人的翻译水平跟不上，但同时，对具有翻译经验的高校教师带硕士生或博士生做集体翻译项目又持否定态度，认为质量没有保证。对这个问题，我们有些困惑：如果不给年轻人翻译的机会，他们的翻译水平怎么能提高呢？就此，我们想请教谢教授两个问题：一是翻译人才是否真的已经断层；二是对培养翻译人才，社会各界是否也有责任。

谢：（20世纪）80年代以来，我国的文学创作界涌现出了一批很有才华的中青年作家，赢得了广大读者的肯定。但是文学翻译界没能出现类似的情况，迄今为止还没有形成一个能取代老一代翻译家在读者心目中位置的中青年翻译家群体，也许正是针对这个情况，翻译界有人说我国的文学翻译事业出现了人才断层，还有人在报刊上撰文哀叹"译者难求"。

出现所谓的翻译人才的断层现象，从深层次上说，与我国目前中小学校（也包括某些高等学校）颇为盛行的应试教育有关。学生整天围着考试分数的指挥棒转，知识面非常狭窄，文化素质普遍下降。即使是考上了大学的外语专业的大学生，往往也是满足于考试得高分，热衷于所谓的"外贸英语""商业英语"，却很不重视外语的基本功，更不重视母语语言文字的学习和对自己的文学、文化修养的提高。这样，就很难指望能从中培养出优秀的翻译人才来。

然而，从严格意义上而言，我又并不认为真的存在所谓的翻译人才断层的现象。目前这种所谓的"翻译人才断层"实际上是一个表面现象，其背后的直接原因是当前我国市场经济的大气候和翻译工作者待遇的菲薄使一些优秀翻译人才不安心，甚至不愿意从事翻译工作。翻译人才主要来自外语人才，当今社会上，对优秀青年外语人才更有吸引力的是外资和合资企业中的高报酬职位，而不是翻译，文学翻译需要常年不懈、甘于寂寞的笔耕，需要很高的文学和文化水平，然而回报很低。优秀外语人才因此"外流"。假如我们能给翻译，尤其是文学翻译以与其付出的劳动相应的较高待遇和报酬，给翻译工作者创造比较安稳的工作环境，那么不用几年，你看吧，我们马上会发现，我们国家还是有不少合格的甚至优秀的翻译人才的。

当然，光有高报酬和优厚的待遇也并不能保证我们就会有足够的优秀翻译人才。人才需要培养，建立科学合理的翻译人才的培养机制至关重要。我们以前总以为优秀的外语人才就是优秀的翻译人才，这种认识其实是片面的，优秀的外语人才有可能成为优秀的翻译人才，但两者之间不能简单地画等号。马建忠早在清末就已经提出要建立翻译书院，也即我们今天所说的翻译学院。但是在长达100多年的时间里，我们却一直没有建立起严格意义上的翻译学院。直至最近，才陆续有个别几所高校建立了翻译系、翻译学院。但我相信，随着专业性质的翻译系和翻译学院的建立，尤其是随着翻译学学位点的建立和增长，我们的翻译人才一定会有一个较大幅度的增长。

最后，我还想强调一点，即翻译是与我们国家的整个社会的政治、文化生活都有着极其密切联系的事业，因此翻译问题应该引起全社会的关注。翻译人才的培养也应该是全社会共同关心的问题。我觉得，我们翻译界还应为年轻译者的成长创造一个有利的空间，让他们有练笔和崭露头角的机会。年轻译者能尽快脱颖而出，迅速成长，将是我国翻译事业后继有人的有力保证。

学术翻译与中国媒介环境学的发展
——何道宽教授访谈录 [1]

宋晓舟 [2]　林大津 [3]

摘要： 本文通过访谈方式，对比原著和译著的被引率，追溯何道宽翻译的学科渊源、翻译过程和译作选题，以求揭示何译对中国新闻传播学发展的贡献，同时探讨何译特点以及译有所为与中国新闻传播学发展及其对外语专业学科建设的启示。

关键词： 传播学；媒介环境学；译著

何道宽教授简介： 深圳大学英语及传播学教授、资深翻译家，曾任中国跨文化交际研究会副会长，现任中国传播学会副理事长、深圳市翻译协会高级顾问，从事英语语言文学、文化学、人类学、传播学研究 30 余年，著作和译作逾 60 种，逾 1 600 万字。

2013 年 10 月深圳大学举办"何道宽教授从事教学科研和翻译工作 50 周年座谈会"。外语界跨文化交际学发展史研究者对何道宽（1983a，1983b）引介美国跨文化交际学的首创之作了如指掌，对何道宽（1995）与外语界同仁创立中国跨文化交际学会并当选为副会长也不陌生，但随着时间推移，何道宽以其巨量译著在中国新

[1]　本文是教育部人文社科重点研究基地项目（批准号：13JID750016）"台海两岸跨文化交际比较研究"研究成果之一。
[2]　宋晓舟，福建师范大学英语语言文学专业在读博士，福建工程学院人文学院讲师，主要研究领域为跨文化交际学和翻译学。
[3]　林大津，福建师范大学外国语学院教授、博士生导师，修辞学博士，主要研究领域为跨文化交际学和修辞学。

闻传播学领域影响更广。2年多时间里，林大津与其指导的博士生宋晓舟通过电子邮件不断采访何道宽教授，将"何道宽现象"首先置于中国新闻传播学发展领域思考，继而从中挖掘外语界学人的治学之道。

外语界学人的跨学科情缘

林大津（以下简称林）：何老师好。外语界学人对翻译研究与翻译实践都有所思考。翻译的历史作用无须赘述，人文社科领域的发展离不开外文论著汉译。然而，由于我国译界对应用文体 [1] 翻译（史）长期缺乏研究，加上其中有些翻译家在各自专业领域独树一帜，其专业声誉盖过其翻译事业上的辉煌，以至在过往翻译史中难寻踪影或着墨不多（方梦之、庄智象，2016）。因此，我们想就您的新闻传播学译著对于中国新闻传播学发展的独特贡献，进行一番梳理。

宋晓舟（以下简称宋）：是的，与其像国内翻译界有些人抱怨翻译地位低不受重视 [2]，还不如实实在在地挖掘当代翻译家与人文社科发展的相关性。于是2年多来，您作为资深翻译家与中国新闻传播学发展的关系成为我撰写博士论文的课题。

何道宽（以下简称何）：我们知道，1949年之前，中国大陆高等学府中"新闻传播"类专业不能说一无所有，只是此后这些新闻传播类系科移往台湾高校。改革开放后，中国大陆的新闻传播学研究蓬勃发展，传播学院系纷纷建立。此间，我做了一点引进工作，容我罗列一些数字：数十年来我出版译著70余部，其中新闻传播学译著居多，已发表相关论文40多篇，两者相加逾1 800万字。

林：台湾政治大学新闻研究所时任所长李瞻（1982：3）回顾说："我国的新闻（传播）学研究，自民国七年（1918年）北京大学开设新闻学，民国九年（1920年）上海圣约翰大学首创报学系，迄今已有60多年的历史，但其效果，仍未达到成熟丰收的阶段。"这一回溯与何老师的回顾不谋而合，也说明20世纪初虽然中国已经涉猎新闻传播，但研究效果不彰。其实，海峡两岸的新闻传播学发展，如同众多人文社会学科一样，都带有"舶来品"性质，都离不开外文的汉译的贡献。

宋：是的，历史存在、发展轨迹与当代状况的时空链接的确需要一番梳理。何

---

[1] 翻译界的"应用翻译"主要是相对于"文学翻译"而言的，其涵盖面很广，与"实用翻译"也难区分，后者可以具体到"产品说明书"等，本文特指非文学作品方面的人文社科类翻译。

[2] 谢天振在《国内翻译界在翻译研究和翻译理论认识上的误区》一文中指出（《中国翻译》2001年第4期）："国内翻译界，一方面抱怨翻译地位低，不受重视，但另一方面，却又总是轻视翻译研究，更轻视翻译理论研究。"

老师您的新闻传播学译著，尤其是媒介环境学的众多译著，对中国当代传播学研究起到了无可替代的助推作用。您在退休后，每年都推出约 100 万字的译著，国内外众多学者对您在传播学领域的贡献给予了很高评价，比如复旦大学黄旦教授就说过："何道宽教授的译著已对中国传播学研究产生了广泛影响，并且将具有长期的效用，他为培育我国新兴的传播学科做出了重大的贡献。"（何道宽，2013a：封底）我想，探究您的相关系列译著与中国新闻传播学发展的关系，特别是聚焦媒介环境学，可以让译者"现身"，可为译者与学科发展的关系提供一个鲜活的例证，对于新闻传播学界和外语界学人都有启发和裨益。

何：你们两位首先在文献搜索方面下了苦工。林老师刚才提及台湾李瞻教授的回顾是在 1982 年。这一时间节点与传播学在中国的发展相当吻合。20 世纪 80 年代以来，传播学正式开始其"西学东渐"之旅，西方传播学著作从这个时期开始为中国读者所熟悉（文芳，2011），其中译著为中国传播学研究提供了重要的思想和资料来源，在过去的 30 多年中，中国出版的传播学著作中，译著占出版总量的 18%（王怡红、胡翼青，2010：794）。然而需要明确的是：我的翻译虽然与中国新闻传播学的新时期发展有一定的关联，但却是几经周折，不敢说"后来者居上"。

从跨文化交际到跨文化传播：开启传播学翻译的艰难之旅

林：记得 1995 年北外（北京外国语大学）胡文仲教授和哈工大（哈尔滨工业大学）贾玉新教授等与我们一起创立了中国跨文化交际学会，深圳大学 1999 年承办了第三届中国跨文化交际学会国际研讨会。此后，我发现您比较少出席外语界的这一年会，源源而来的消息却是您一部又一部新闻传播学译著的出版。您是如何与新闻传播学结下不解之缘的，如此多产的学科根底应是我们外语界学人特别值得深究的课题。

宋：译者的个人特点、个人经历与社会背景是其翻译选题的重要原因（孙瑜，2013）。能否就此谈谈您是如何走上新闻传播学翻译之路的？

何：回顾个人经历，"读书"是个关键词。少年时代，我先接受传统国学教育，熟读四书五经，而后进入新制中学。1959 年进入四川外国语学院英文系，就读期间几乎读完了图书馆里所有的英文书。1978 年入读南京大学英语系，师从陈嘉教授攻读硕士学位，受益终身。1980 年赴美访学，"葬身"图书馆，一年之后海运 400 余册书籍回国。在美期间，发现自己对中国传统文化了解甚少，居然无法用英文为美国师生介绍老子哲学，这对我震撼极大。（20 世纪）80 年代是我疯狂读书和购书的10 年，我阅读了大量人文社科各类书籍和中国经典古籍，并呼吁外语界师生不能忽视传统文化学习。

宋：外语界学人记得您于 1983 年率先在《外国语文教学》发表了《介绍一门新兴学科 —— 跨文化的交际》（何道宽，1983a），同年在《读书》发表了《比较文化我见》，将这一学科称为"跨越文化的交际"（何道宽，1983b）。梳理中国跨文化交际学或跨文化传播学发展史，我们发现这两篇文章具有开拓之功。随后，您翻译了爱德华•T. 霍尔（Edward T. Hall）的《无声的语言》和《超越文化》，此后还翻译了《文化对话：跨文化传播导论》和《菊与刀》，成为中国跨文化传播学名副其实的奠基人之一。您在《文化对话：跨文化传播导论》的译者序中说过："跨文化传播和跨文化交际学科本是同根生，只不过有社会科学和人文学科的分野，而我是两者之间的'边际人'。"（何道宽，2013b：11）是否可以说 intercultural communication（跨文化交流）成为您进入传播学界的桥梁？后来您的翻译选题是如何锁定媒介环境学这一新方向的呢？

何：intercultural communication（跨文化交流）确实是我从外语界跨越到传播界的一座桥梁，不过还与我 1993 年转调深圳大学任教有一定关系。深圳大学尤其重视传播学研究、重视跨学科交叉研究，比如 1997 年深圳大学实行学院制，中国文化与传播系和外语系合并为文学院。1999 年，第三届中国跨文化交际学会国际研讨会在深圳大学召开，这次会议有来自新闻传播界、外语界和文化界的同仁，我开始关注传播学界的发展。2001 年我第一次参加传播学年会，结识了人大（中国人民大学）出版社的司马兰译审和现在传播学界译介领军人物展江博士。2000 年，国内学术译著市场开始复苏，在这一环境下我正式加入新闻传播学队伍。从 2000 年开始，我有计划、大规模地引进传播学经典，有意识地抢占学术译著的制高点，计划攻克的"墙头堡"就是以麦克卢汉为代表的"媒介环境学派"（Media Ecology）的著作（何道宽，2013b：10）。2005 年，深圳大学传媒与文化发展研究中心成立，我兼任研究员。从那时起我们就准备将以麦克卢汉为代表的媒介环境学流派作为一个整体引入国内。

宋：我在撰写博士论文过程中，发现您所说的"媒介环境学"的英文术语是media ecology，外语界近年流行"生态翻译学"，其中"生态"来自英语 ecology，它的常见义是"生态学"，不知为何您将 media ecology 翻译成"媒介环境学"？

何：media ecology 这个术语是由马歇尔•麦克卢汉（Marshall McLuhan）首创

的，但首次公开使用这一术语的则是尼尔·波斯曼（Neil Postman）。1970 年，在麦克卢汉建议下，他在纽约大学创建了 media ecology 专业及博士点。国内的确曾将 media ecology 翻译成"媒介生态学"，但国内学者所研究的"媒介生态学"与西方的 media ecology 的研究重点并不相同，属于误译，所以 2006 年我和另两位学者达成共识，将之译为"媒介环境学"，它与西方新闻传播学"经验学派"和"批判学派"鼎足而三。

林：这说明您是"不打无准备之战"的，翻译与研究并重，译文质量如何留给读者去评判，作为译者，您首先尽到了理解在先、下笔在后的学术之责，这大概就是翻译界所探究的翻译伦理。

宋：何老师您的人文社科译作近 80 种，您是如何做到高产优质的？

何：看见学术翻译中"劣币"冲击"良币"，毒害读者，非常痛心，我决心用"良币"冲击"劣币"、淘汰"劣币"。抢占引进版学术著作制高点是上策，用新版译作抵充、驱逐劣质旧版译作也是着力点。

宋：记得您曾提出译者的五个"对得起"，这肯定是有感而发的，我们该如何解读呢？

何：2006 年，我为花城出版社翻译赫伊津哈《游戏的人》，看见旧译本非常失望，有节制地写下这样一段话："（1）学术著作的翻译，决不能搞大兵团的流水线生产，最好由一个人完成。（2）如果译者没有学术背景的准备，唯一可取的态度是'以勤补拙'。（3）译者的态度应该是'三负责'：为作者、读者和译者本人负责，否则译作经不起时间的考验。"2016 年，花城出版社决定再版这本书，并将其放进"赫伊津哈经典文丛"，我又在后记里进一步发挥，写下这样一段话：

"在许多译作的后记里、在媒体的访谈中，我反复重申这一庄重的承诺，并进一步提出五个'对得起'：译者要对得起作者、对得起读者、对得起出版社、对得起自己、对得起后世，以期把经典的人文社科学术著作传诸后世。"

林：除了新闻传播学和其他几个人文社科译丛外，能否先简要介绍下您学术翻译的若干精彩时刻？

何：三个巅峰记忆深刻：（1）1986 年 10 月底，我应邀为中国文化书院（International Academy for Chinese Culture）举办的"文化与未来"研究班担任口译，地点在北大讲演厅。外国讲演人之一是加拿大未来研究会的秘书长弗兰克·费瑟（Frank Feather），其讲题是"Future of Culture and Hi-tech"，但重点放在麦克卢汉媒介理论上。

由于热爱并熟悉麦克卢汉，那场翻译酣畅淋漓，台下的数百位来自全国各地的学者反响热烈，不少人上台恭喜我，称赞"棒极了"。（2）2011 年年底，中国翻译协会授予我"资深翻译家"称号。（3）深圳大学校庆 30 周年时为我举办"何道宽教授从事教学科研和翻译工作 50 周年座谈会"，亮点之一是会上展示我转调深大（深圳大学）后出版的 53 本著作和译作。这批书在校庆展览馆展出将近 2 年，2015 年 9 月转存中国社会科学院新闻与传播学研究所。

媒介环境学视角之一 —— 麦克卢汉系列译著

宋： 深圳大学郁龙余教授（2011：24）曾明确指出何老师您是国内译介麦克卢汉第一人，国内传播学界许多学者都是通过您的译著才认识了麦克卢汉，并了解其学术思想。据我调研，迄今您已翻译出版了 10 部麦克卢汉相关作品，还有 4 部即将面世，已翻译出版的第一部就是《理解媒介：论人的延伸》，其中缘由是什么？

何：《理解媒介：论人的延伸》的问世标志着媒介环境学的正式诞生。撇开麦氏作为北美媒介环境学派旗手地位，另有一个原因是："其他的书能看懂，唯独这本书看不懂"（何道宽，2013a：475）。1986 年 10 月底在北大讲演厅所做的那几场口译也成为催化剂。其录音带成为中国文化书院的函授教材，我自己也用这个素材给研究生上口译课。1987 年，我着手翻译《理解媒介：论人的延伸》（1992 年出版），潜心研究麦克卢汉，发现他一生涉足多个学术领域，完成了四次学术转向。他不仅是一位媒介理论家，更是诗人和文学批评家。他的著作旁征博引，用典艰深，其中包括莎士比亚、艾略特、爱伦·坡、乔伊斯等大文豪经典。

宋： 是的，即使我们英语科班出身的读者阅读麦氏原著也是颇为吃力的，读了您的译著才深切感受到您是知难而上的，"麦克卢汉式"语言是用诗学艺术语言来描绘社会科学的，其中包含大量双关语和自创新词。通过分析 1998—2015 年 CSSCI（中文社会科学引文索引）中所有传播学刊物的引用文献后，我发现：《理解媒介：论人的延伸》汉译本（三个版本）排名第三，被引 810 次，是被引率最高的传播学译著。虽然现在中国学者的英语水平有所提高，然而《理解媒介：论人的延伸》的英语原著被引次数却只有 82 次，只有译著被引率的约 1/10，由此可见您的译著对麦克卢汉思想在中国的推广至关重要。除了翻译麦氏成名作《理解媒介：论人的延伸》三个版本，您围绕麦氏研究的译著还很多。麦氏著作和关于他的著作近 30 种，其中传记和准传记就有四种。您的翻译如何选题？您如何看待目前国内的麦氏研究？

何： 麦克卢汉研究经历了三次热潮和三次飞跃。先说三次研究热潮。历史原因，国内学界对第一次热潮浑然不知，此后麦克卢汉热一度衰减。1992 年《理解媒介：论人的延伸》译著出版时，恰逢国外第二次热潮随着互联网出现而兴起，但当时国内学界仍然没有察觉。通过麦氏研究的译介，2000 年左右国内相关研究才形成规模。[1]2010 年左右兴起的第三次热潮以麦克卢汉百年诞辰为标志，与互联网第二代媒介同步推进。我翻译的《理解媒介：论人的延伸》增订评注本于 2011 年由译林出版社出版。我翻译的其他几本麦克卢汉著作是《机器新娘》《麦克卢汉书简》《麦克卢汉如是说》和《麦克卢汉精粹》。翻译选题主要考虑原著的特点和全面性：完成于 1951 年的《机器新娘》既属于媒介环境学代表作，也是国外研究广告的最早专著，该书标志着麦克卢汉转向通俗文化研究，是传播学的经典之作；《麦克卢汉书简》精选了 450 余封麦氏信笺；《麦克卢汉如是说》收录了麦氏的演讲稿和访谈录；《麦克卢汉精粹》则精选了麦氏文化经典著作片段和"口传"的众多思想。再说三次研究飞跃。我从全球多个麦克卢汉传记版本中挑选出《麦克卢汉传：媒介及信使》和《数字麦克卢汉》来翻译。前者是菲利普·马尔尚（Philip Marchand）的作品，是一本有血有肉的大传；后者出版于 1999 年，不单纯是传记，而重在梳理麦克卢汉的理论成果，标志着麦克卢汉研究的第一次飞跃。麦克卢汉研究的第二次飞跃以《理解媒介：论人的延伸》增订评注本为标志。第三次飞跃以罗伯特·洛根（Robert K. Logan）《理解新媒介：延伸麦克卢汉》的出版为标志，该书是"麦克卢汉思想的权威解读和最新发展"（何道宽，2013a：130），作者挖掘出麦氏的 38 种研究方法。我力图选取不同角度的论著来翻译，为中国读者全面展示麦克卢汉。尽管如此，目前国内麦氏研究还相对滞后，目前市面上除了我翻译的几个译本，只零星存在两三个其他译本，而日本人几乎翻译了他的所有著作。

林： 我补充一下：在翻译麦克卢汉经典和麦氏研究经典的同时，何老师还发表了 8 篇相关研究论文[2]，可以说，通过译介和研究麦克卢汉，何老师已超越了译者角

---

[1] 何道宽. 麦克卢汉研究的三次热潮和三次飞跃［J］. 华中学术，2012，（2）：235-242.

[2] 分别是：①《麦克卢汉的遗产——超越现代思维定势的后现代思维》（《深圳大学学报》1999 年第 4 期）；②《媒介革命与学习革命——麦克卢汉媒介理论批评》（《深圳大学学报》2000 年第 5 期）；③《麦克卢汉在中国》（《深圳大学学报》2000 年第 6 期）；④《媒介即是文化——麦克卢汉媒介思想述评》（《现代传播》2000 年第 6 期）；⑤《硕果永存——麦克卢汉媒介理论述评》（《企业与传播》，香港开益出版社，2001 年）；⑥《多伦多传播学派的双星：伊尼斯与麦克卢汉》（《深圳大学学报》2002 年第 5 期）；⑦《天书能读：麦克卢汉的现代诠释》（《四川外语学院学报》2003 年第 1 期）；⑧《媒介环境学：从边缘到庙堂》（新闻与传播研究》2015 年第 3 期）。

色，成为国内研究麦克卢汉和媒介环境学的专家。如果说麦克卢汉研究译作还无法充分展现何老师媒介环境学译著的立体画面，那么辅以其他西方媒介环境学巨匠的译著当足以呈现何老师译著之巨及其学术影响之大。

何：2014 年，我有幸应邀参与"新闻学与传播学名词"撰写工作，负责媒介环境学这一块。在此基础上，我总结提炼 10 余年来研究媒介环境学的心得，完成《媒介环境学：从边缘到庙堂》（何道宽，2015a）。这一工作使我能"得陇望蜀"。进入新闻传播学领域后，我不是欲罢不能，而是流连忘返了。

媒介环境学视角之二 —— 莱文森系列译著及其他

林：何老师，恕我打个不太恰切的比方，您似乎不想只呆在高山之巅，而是环顾四周，毫不逊色的译笔也将我们带入美国跨学科奇才保罗·莱文森（Paul Levinson）的媒体世界。

何：是的，北美媒介环境学有三个世代的代表，分别是麦克卢汉、波斯曼和莱文森。波斯曼和莱文森并非麦氏的嫡系学生，但他们都自认为是麦克卢汉的"私淑"弟子，他们不仅传承麦克卢汉的思想，而且有偏离、反叛和超越。媒介环境学的第二代精神领袖波斯曼戏称自己是麦克卢汉的孩子，但不是那么乖的一位，因为他的思想相对麦氏的有所偏离。被称为"后麦克卢汉第一人"的莱文森是波斯曼的博士生，经波斯曼介绍与麦克卢汉相识，两人（莱文森和麦克卢汉）关系极为亲密。然而，作为第三代代表人物的莱文森扬弃并超越了麦克卢汉和波斯曼的理论，提出了媒介进化的"人性化趋势"理论（何道宽，2013a：315）。

宋：莱文森系列是您系列译著的第二大亮点，他的译著在中国您是独家译者，且汉译本的数量超过了任何其他语言译本。除了上文提到的《数字麦克卢汉》外，还包括《思想无羁》《手机》《软利器》《真实空间》和《新新媒介》和《莱文森精粹》等。

何：上面提到的作品加起来一共是 9 部（含 2 部再版），因此中国读者也非常熟悉莱文森。《新新媒介》使得莱文森进入最先锋的媒介理论家行列。这里我想强调几点：（1）莱文森把《真实空间》作为"神六"献礼；（2）《手机》是在中美同步出版的；（3）《莱文森精粹》是经我提议并与莱文森合作编辑，直接在中国出版的，要知道在世的外国作者能在中国出选集的凤毛麟角。（何道宽，2013a：321）

宋：这充分说明了这位"新新媒介家"对中国读者的重视，也是莱文森对您译著质量的认可。我们注意到：您的莱文森系列译著，每一本他都写了序言，这可谓莱文森的"中国情结"。除了麦克卢汉和莱文森两位大师外，您的其他媒介环境学系列译著近年来也不断问世，媒介环境学三代学人的作品均有涉及。其中另一位标志性人物是多伦多传播学派双星中的另一位，即哈罗德·伊尼斯（Harold Innis）。您引进了他的三部著作：《帝国与传播》《传播的偏向》和《变化中的时间观念》。这三部也是媒介环境学奠基之作，在传播、历史与媒介理论的重构方面扮演了重要角色。您为何给予伊尼斯著作浓墨重彩呢？

何：伊尼斯与麦克卢汉同为媒介环境学第一代的杰出代表，两人共事 5 年，友谊很深。他的两部传播学经典著作都是麦克卢汉作序，但两位的研究方法和写作文风极不相同。世人对伊尼斯的怠慢令人扼腕。所幸的是，10 年前我引进他的《传播的偏向》和《帝国与传播》后，国内已经涌现出一批研究和弘扬伊尼斯思想的专著、博士论文和硕士论文，最突出的代表是北师大（北京师范大学）毛峰教授的《文明传播的智慧》（何道宽，2015b：9）。我完成了这三部曲的中英双语对照版，为志趣相投者提供了双语对照的便利。

宋：您还为北京大学出版社"媒介环境学"系列丛书完成了四本译著：《作为变革动因的印刷机》《技术垄断：文化向技术投降》《口语文化与书面文化：语词的技术化》和《媒介环境学》。其作者分别为伊丽莎白·爱森斯坦（Elizabeth L. Eisenstein）、尼尔·波斯曼、沃尔特·翁（Walter J. Ong）和林文刚（Casey Man Kong Lum），其中第一位是媒介环境学第一代代表人物之一，中间两位是第二代代表人物，而最后一位则属于第三代代表人物。其他相关的传播学译著还包括《互联网的误读》《媒介、社会与世界：社会理论与数字媒介实践》和《字母表效应》等。《互联网的误读》从多学科的角度探讨了互联网及其对社会的影响；《媒介、社会与世界：社会理论与数字媒介实践》聚焦媒介研究和媒介社会学，构建了媒介伦理和媒介正义框架；《字母表效应》则是一本传播史专著，研究了拼音字母在西方文明发展中的地位。

何：小宋以上概括要言不烦。

林：不可忽略的是，何老师为北京大学出版社"媒介环境学"系列丛书完成的四本译著中，《媒介环境学》和《技术垄断：文化向技术投降》两本还以繁体字在台湾出版，影响力波及海峡两岸。

宋：难怪邱林川博士要专访您和冯建三教授，[1] 难怪北京外国语大学的展江教授认为您是"中国传播学高水平专著翻译第一人，为引进整个传播学环境学派居功至高"。

何译的特点

宋：我们发现，您的译著绝大多数在汉语市场都是独家，但有些译本是在已有他人译本之后的重译，原因何在？

何：那是因为从学术角度看，早期译本出版社和我本人均不甚满意。例如重译《无声的语言》和《超越文化》，是因为需要对关键的概念进行修订。《传播学概论》的余也鲁译本经施拉姆同意，采用"译述"，因此过于"活"（free）（何道宽，2013a：378），失去了原著风格；陈亮等三人合译的《传播学概论》，虽然"译者态度严谨，译文应属高水准，但也有不少可以商榷之处"（何道宽，2013a：378）。面对前期这两种译本，出版社和我才决定重译。不过，翻译是一种遗憾的艺术，所以我也利用译著再版机会不断改进，希望奉献力所能及的最佳译本，为学术繁荣尽绵薄之力。同时，我希望用所谓"良币"淘汰"劣币"，已如上。

宋：我还发现您很多译著的书名和其中术语翻译都有自己的标准，比如 *Speaking into the Air: A History of the Idea of Communication* 中副标题意为"传播观念的历史"，很好理解，但是主标题如果直译成"向空中说话"，前后的主副标题看起来似乎就毫无关联。

何：的确如此。少有人知道 Speaking into the Air 取自《圣经》，意为"毫无意义的徒劳之举"。通过对该词语在《圣经》中的原意考察，我觉得原著作者想表达"我们永远不可能像天使一样交流"，因此我觉得有必要告诉读者：世界上不存在完美的交流。最后决定将书名译为："交流的无奈 —— 传播思想史"。术语翻译也存在类似问题。例如 communication 一词，大家都不假思索地将其译成"传播"，而这在很多语境下不是很妥帖。我在不同译著中根据原著语境采取不同的处理方式。在翻译《交流的无奈 —— 传播思想史》时，考虑到 communication 在英语中是在 20 世纪20 年代才获得"传播"这个义项，因此将 1920 年之前出现的 communication 翻译为"交流"，其他情况都是根据不同语境做不同处理。

林：这的确是一个负责任译者的缜密思索。刘海龙（2014）也专门就

---

[1] Linchuan Qiu. Cultural Translators of Communication Studies in Greater China [J]. International Journal of Communication，2016（10），1030-1053.

communication 汉译做过考证索隐，指出 20 世纪初，communication 曾被译为"交通"，是指"交流"与"沟通"的意思。如果我们的目光往前往后考证，翻译过程时代语境的确不可忽略。彼时"交通"与当代"交通"不可同日而语，再往前追溯到 1904 年严复出版《英文汉诂》，其中"交通"指今日的"里通外国"[1]。不过 speaking into the air 还有可能是一种文字游戏。我这里不妨先引用《圣经》原文：

"Now, brothers and sisters, if I come to you speaking in tongues, how will I benefit you unless I speak to you in some revelation or knowledge or prophecy or teaching？ It is the same way with lifeless instruments that produce sound, such as the flue or the hap. If they do not give distinct notes, how will anyone know what is being played？ And if the bugle gives an indistinct sound, who will get ready for battle？ So with yourselves；if in a tongue you utter speech that is not intelligible, how will anyone know what is being said？ For you will be speaking into the air."（弟兄们，我到你们那里去，若只说方言，不用启示或知识，预言或教训，给你们讲解，我与你们有什么益处呢？就是那有声无气的物，或箫或琴，若发出来的声音没有分别，怎能知道所吹、所弹的是什么呢？若吹无定的号声，谁能预备打仗呢？你们也是如此，舌头若不说容易明白的话，怎能知道所说的是什么呢？这就是向空中说话了。）[2] 从《圣经》原文看，的确如同何老师所分析的，"对空说话"无人领会，但 speaking into the air 的字面"形象"恰如广播形式和电视形式，广播冲击听觉，电视既冲击听觉更冲击视觉，均与"空中传播"有关。如果书名翻译一定要将这"一语三指"的游戏进行到底，可否翻译成"对空呼唤——传播思想史"？"呼唤"带有祈求理解的意味，留点空间，留点想象，留点余味。

何：谢谢。重复我刚才说的，翻译是一种遗憾的艺术，所以利用译著再版机会不断改进是必须的，林老师的建议很有参考价值。

宋：我在阅读您的译著时，发现其中除了您翻译的大量注释外，还有大量出自您手笔的译者注。在《变化中的时间观念》中，第四章的原注特别多，达 18 页，译者注也多达 49 条。麦克卢汉原著一个注释都没有，译著中的注释全部是您的译者注。

---

[1] 详见《严复全集》（卷六）之《英文汉诂》（林大津点校）第 84 页："果使必牵于所习而崇拜之，则西国之卿大夫，将人人皆犯交通之刑宪。"福州：福建教育出版社，2014 年版。

[2] 原文和译文引自中国基督教三自爱国运动委员会和中国基督教协会 1989 年版的英汉对照版《圣经》之新约全书"哥林多前书"第 306 页，原文"brothers and sisters"原著中汉译为"弟兄们"，此处保留原译。

何：麦氏用语是个迷宫，所以翻译的局限只能靠译者注来弥补。例如，为了扫清读者阅读障碍，我为《机器新娘》做注释 300 余条。这是译者的翻译伦理和职业道德，也是对读者负责吧。

"何道宽现象"的跨学科解读

宋：《凤兴集》吴予敏（2013）序二"我看'何道宽现象'"，主要指 2002 年您退休后约 10 年时间，为学术界、出版界、教育界推出大量经典著作译本，外加研究论文、讲稿、序跋等，共有 1 600 万余字成果。我觉得非常有启发，因为"何道宽现象"给传播学和外语界师生和学者都提供了一个范例。您出身英语专业，但从一位普通译者转化为一名具有多维身份的译者，我想您一定有着自己独到的心得和感悟。

何：其实麦克卢汉和霍尔的经历都很有启发意义。尤其是麦克卢汉。他虽然在剑桥大学取得的是文学博士学位，但在读期间，他的阅读视野远远超越了文学和哲学，达到了有书就读的地步。除了英语语言文学和传播学外，我这 20 余年翻译生涯还涉猎了人类学、社会学、文化史、政治学、心理学学科，读了大量的书。而且从读书中，我发现学习各学科的历史是了解人文社科的"捷径"。这么多年下来，我发现人文社会科学是互通的，各民族、各种文化也是相通的。因此我认为，不能做"平面人"，不能做"半个人"，只有这样我才能完成现在的学术兴趣转向。

林：退休之前，您是教研和行政双肩挑；退休之后，您是科研晚霞红满天。何老师您的"盗火"与"播火"是双向的。由于此次访谈宗旨所在，何老师用英语撰写的对外传播中国文化之作只好略而不赘。根据我们可靠"情报"，2016 年，读者将迎来何老师您新译多部，因此"何道宽现象"延续进行中。

何：我的学术翻译得到你们两人的肯定，也得到大中华地区学界和许多外国学者的肯定。香港中文大学邱林川博士为此而专访了台湾政治大学的冯建三教授和我，莱文森等外国学者在其著作的中译版序中留下大量的溢美之词。但我清醒地认识到，译事艰辛、难以登堂入室。我的短板甚多，难以达到完美境界。我的译著对中国新闻传播学的发展作用微乎其微，但作为外语界学人，你们对于如何重构外语学科的思考是富有建设性的。多谢你们师徒二人的采访。

参考文献

[1] 方梦之，庄智象. 翻译史研究：不囿于文学翻译 ——《中国翻译家研究》前

言 [J]. 上海翻译，2016，（3）：1-8.

[2] 何道宽. 介绍一门新兴学科——跨文化的交际 [J]. 外国语文教学，1983，（2）：70-73.

[3] 何道宽. 比较文化我见 [J]. 读书，1983，（8）：104-111.

[4] 何道宽. 麦克卢汉研究的三次热潮和三次飞跃 [J]. 华中学术，2012，（2）：235-242.

[5] 何道宽. 夙兴集 [M]. 上海：复旦大学出版社，2013.

[6] 何道宽. 译者序 [M]// 普罗瑟. 文化对话：跨文化传播导论. 何道宽，译. 北京：北京大学出版社，2013.

[7] 何道宽. 媒介环境学：从边缘到庙堂 [J]. 新闻与传播研究，2015，（3）：117-125.

[8] 何道宽. 修订版译者序 [M]// 伊尼斯. 传播的偏向. 何道宽，译. 北京：中国传媒大学出版社，2015.

[9] 李瞻. 总序 [M]// 汪琪. 文化与传播. 台北：三民书局，1982.

[10] 刘海龙. 中国语境下"传播"概念的演变及意义 [J]. 新闻与传播研究，2014，（8）：113-119.

[11] 孙瑜. 《浮士德》汉译者主体性及主体间性研究 [D]. 上海：复旦大学，2013.

[12] 王怡红，胡翼青. 中国传播学 30 年 [M]. 北京：中国大百科全书出版社，2010.

[13] 文芳. 中国大陆传播学译著出版的历史与现状分析 [J]. 出版科学，2011，（6）：55-58.

[14] 吴予敏. 序二 [M]// 何道宽. 夙兴集. 上海：复旦大学出版社，2013.

[15] 郁龙余. 山高水长：记何道宽先生 [J]. 深大通讯，2011，（1）：24.

不该遗忘的角落

—— 关于翻译书评理论研究的对谈

刘金龙 [1]   方梦之 [2]

摘要： 本文是与著名学者方梦之教授的对谈，话题涉及翻译书评理论与实践研究的多个方面，如翻译书评的定义、地位、作用、写作以及与翻译批评、翻译学研究等的相互关系等。对谈认为：翻译书评是翻译批评的一种特殊形式，旨在对译学图书的形式与内容进行评论和研究，是翻译学研究不可或缺的重要组成部分；翻译书评理论研究发展滞后，应加强翻译书评理论研究。

关键词： 书评；翻译书评；翻译批评

翻译批评有广义和狭义之分。广义的翻译批评指一切与翻译有关现象的批评和评论活动，包括译作批评、译论批评、翻译书评（译学图书评论）等；狭义的翻译批评即以译本/品为中心，兼论译者、译事、译法和译论，重在译作的评价和引导（耿强、梁真惠，2008：48），现已出版了为数不少的翻译批评专著和论文，均属此类。翻译书评是指对一切译学图书的内容与形式进行评论的一种翻译批评和翻译研究活动。（刘金龙，2014；刘金龙、高莉敏，2016）译学图书指译学专著、翻译教材、译学工具书（包括译学辞典、年鉴等）、译学期刊、译学论文集等。由此观之，翻译书评属于广义的翻译批评研究范畴。

翻译学科的健康发展离不开广义的翻译批评研究。耿强和梁真惠（2008：48）曾指出，应该将翻译书评纳入翻译批评研究的范围，重视翻译书评在翻译批评体系

---

[1] 上海工程技术大学外国语学院，上海，邮政编码：201620。

[2] 上海大学外国语学院，上海，邮政编码：200444。

中发挥的作用和应该享有的地位。他们所提及的翻译批评即指广义的翻译批评。然而，目前的翻译书评没有受到应有的重视，虽然有学者对翻译书评理论做过尝试性探索（耿强、梁真惠，2008；刘金龙，2013，2014，2015，2017a，2017b，2018；刘金龙、高莉敏，2016；管机灵，2017，2018），但其理论研究仍然十分滞后，有待加强。

方梦之教授是上海大学教授、《上海翻译》名誉主编。本文就翻译书评理论研究问题与方梦之教授进行对谈，有以下几方面原因考量：（1）他曾为学界同仁著作写过序言，或者为引进的外文原版译学图书写过导读，对翻译书评写作有所体悟；（2）他的著作曾被学界同仁评论过，他对书评的评论恰当与否具有发言权；（3）他是《上海翻译》原主编，一方面经常处理数量不少的翻译书评投稿，另一方面刊物设有书评栏目，对翻译书评取舍具有发言权。鉴于此，笔者就教于方梦之教授，与他进行了一次对谈。

一、翻译书评认识

刘：目前，我国的翻译批评研究取得了很大成就，甚至还构建了独立的翻译批评学理论体系。通过翻译批评的定义来看，翻译批评的客体似乎都是译作、译论或与译作有关的各种翻译现象。翻译批评似乎并没有把翻译书评包括进来。事实上，翻译书评是翻译研究中不可或缺的组成部分。您能否谈谈翻译书评与翻译研究及翻译批评的关系？

方：翻译批评的含义很广，指对一切与翻译有关现象的批评。目前，我们翻译界的翻译批评研究主要聚焦在狭义的层面上，即以译作批评为中心，辐射到译事、译论等有关现象。翻译书评属于翻译批评研究范畴，是翻译批评不可或缺的组成部分。翻译书评也有广义和狭义之分。广义的翻译书评指对一切与翻译有关书籍的书面评论，包括译作、译论和译学图书等。狭义的翻译书评就是你所提出的对译学图书的评论，即译学书评。翻译批评研究和翻译书评研究，对象不同，所采用的标准、方法和原则等也不同。翻译研究成果往往以译学论文或译学图书形式呈现，翻译书评犹如中间环节，连接翻译研究和译学图书。翻译书评对翻译研究具有完善、指讹，乃至修正理论的作用。

刘：不可否认的是，长期以来，人们对翻译书评持有偏见，原因是多方面的。例如有人认为翻译书评就是对译学图书的简单介绍，多为重复书中内容或观点；有的人认为翻译书评可能存在吹捧，具有人情书评之嫌；还有就是翻译书评不算作科研成果，在科研考核或晋升职称时，不被认可，等等。

方：这都是一些现实问题。在当今市场经济条件下，出版社总是想出版的书多卖出一些，多获得一些经济利益和社会效益，会充分借用书评的媒介工具，这也无可厚非。关键问题是，翻译书评要名副其实，不夸张，不吹捧，让译学界认识到该书的学术价值。一味介绍、一味吹捧的翻译书评是没有生命力的，经不起读者和社会检验。

关于翻译书评算不算科研，这是所有书评所面临的一个问题。一般来说，在高校的评价机制里面，有很多高校明确规定书评不能算作考核或晋升职称的支撑材料，也有的高校只将其算作科研考核材料，晋升职称时不被认可。但是，在出版社，编辑写书评很有用，认可度高，在晋升编审时能派用场。然而，编辑写书评很容易遭到误解，被认为是"王婆卖瓜，自卖自夸"。我们不能一概而论。编辑具有双重身份，他（她）既负责书稿的策划和编辑加工等方面的工作，同时又是一名读者，故而对译学图书的了解比一般读者自然更多。这也为编辑写书评提供了便利条件，编辑写书评的自主性和选择性更强。例如本人和庄智象主编的《中国翻译家研究》的责任编辑苗杨（2017：79-82），就曾写过一篇题为《〈中国翻译家研究〉（三卷本）出版之路》的文章发表在《上海翻译》（2017 年第 1 期）上，文章从编辑的角度回顾了本套书从策划、组稿到审稿、编校的出版过程，总结了各个环节保证文稿质量的具体措施，同时还指出了本套书出版的学术和现实意义。苗杨的这种翻译书评写作方法，一般读者是不具备该条件的。这种翻译书评可让读者对译学图书诞生的前因后果有整体了解，对编辑同行的图书策划启发意义很大。不难看出，编辑写翻译书评与一般读者写翻译书评，其关注点不同。当然，这只是编辑写书评的一种方式，编辑也可以写论述性书评。我觉得你在《翻译书评类型刍议》（《中国科技翻译》2015 年第 4 期）一文中对编辑书评和读者书评的探讨具有启发意义。

刘：无论国内外，书评对读书界、写作界、出版界的影响不可低估，这是不争的事实。张孔明和腾恩昌（1991）在《书评 —— 文化的"第四种力量"》一文中，认为"书评"是与出版者、作者和读者三者并列但又独立存在的一种力量。然而，在目前的翻译界，人们似乎还没有充分认识到翻译书评的这种力量。您觉得这种力量是什么？

方：翻译书评的力量包括三个方面：（1）对作者来说，他（她）可以从翻译书评中得知读者对自己研究成果的反馈，并从中得到启发，可对译学图书存在的局限或不足进行完善。（2）对读者来说，翻译书评可帮助他（她）获得该译学图书的相关信息，或者帮助其释疑解惑，并帮助其加深对译学图书的理解，形成正确的认识。（3）对出版社来说，翻译书评可以帮助宣传译学图书，促进图书的销售。同时，它还可以将读者对译学图书的意见反馈给出版社，为其今后的译学图书策划、出版、营销等提供参考借鉴。所以，翻译书评把作者、读者和出版社在学术层面上联系起来。

但是，这里有一个前提条件就是翻译书评必须是客观科学的，而不是鼓吹书评或人情书评之类。"翻译书评虽有广告的功能，但写书评者不能为了广告而广告。书评者要用心读书，用心写作。"（刘金龙，2013：36）这样的翻译书评才有价值，才能发挥监督作用，让作者和出版社对广大读者心存敬畏，对科学负责。

刘：我认为除了您说的以外，翻译书评的力量是翻译书评本身所具有的，而非外力赋予的。首先是因为它不是译学图书的附庸，它具有自身的存在价值、独立性和个性，也是一种学术研究，是一种学术再创造，具有重要的学术价值和文化传承价值，代表某个时期的某种译学研究文化风尚和水准，并反映那个时期的译学思潮和译学文化趋向。这种力量表现在多个方面，如介绍、导向、筛选，通过筛子功能，优秀译学图书得以存留，劣质译学图书被剔除，达到沉淀优秀译学文化的目的。我（2017）在《翻译书评的文化功能》一文中认为，翻译书评是一种文化现象，是社会文化的有机组成部分，对作为精神产品的译学图书具有评价与传播功能。翻译书评的三种文化功能表现为：净化译学图书出版、镜鉴译学发展进程和推动译学理论发展。翻译书评在帮助人们甄选译学图书、传播翻译研究知识、推动翻译文化进步方面发挥了重要作用。

方：我个人认为，好的翻译书评的确具有较高的学术价值，是一种学术研究。但总体来说，目前国内的翻译书评写作套路大同小异，以正面宣传为主，指瑕十分小心，审丑更加谨慎。从某种程度上来说，这也是导致翻译书评丧失个性的原因之一。翻译书评要想具有鲜明个性和独立性，就要以科学研究的精神，体现出其应有的学术性和科学性，并具有文化担当，作为文化价值的传承者，这样的翻译书评自然就能成为精品、成为经典文献。

我非常赞同你所提到的翻译书评的文化功能，这把翻译书评的功用提到一定的高度，即翻译书评具有文化传承和文化传播价值，已成为社会精神文化的一个组成部分。

二、翻译书评功能论

刘： 翻译书评具有多种学术功能，但很少有人能对此有科学认知。以许建忠坚持写作翻译书评为例。10 年来，他写了 50 多篇中英文书评，而且多数刊登在国际译界的权威期刊上，如 *Babel*、*Meta*、*Perspectives*，这使他加强了与国际译界的交流，为国内外同仁所熟悉。在出版的《译学著作评论》（黑龙江人民出版社 2017 年出版）一书中，王宏印应约为其写了题为《译学需要书籍，书籍需要评论》的长篇序言，指出翻译书评具有沟通信息、交流成果和评估参照三种功能。可见，翻译书评具有多元功能，是不可或缺的。当前，学界对翻译书评还存有某些偏见，您认为怎样才能克服这些偏见呢？

方： 书评作者要坚持第三方立场，客观的立场，保持学术性、严肃性和独立性，写我所想。许建忠能坚持多年写作书评，实乃难能可贵。他在多家国际权威期刊发表翻译书评，加强了同国际译界的联系，推介了我国不少翻译史和翻译理论方面的著作，如马祖毅的《中国翻译简史》（第 2 版）和《汉籍外译史》（与任荣珍合著）、黎难秋的《中国科学翻译史》（与李亚舒合作）和《中国口译史》、黄忠廉的《翻译变体研究》和《科学翻译学》（与李亚舒合著）、王宏印的《中国传统译论经典诠释》以及本人的《翻译新论与实践》和《中国译学大辞典》等。这些译学图书反映了我国近年来译学研究之特点、规模和研究路径，可谓是相应时期译学发展的代表作品，从而成为国际学界了解中国译学发展的一个窗口（王宏印，2017：3）。这就是一个典型的例子。

刘： 我认为健康的翻译学研究中翻译书评不可或缺。现今，每年出版的译学图书数量庞大，读者未必有机会接触其中的大部分译学图书。通过翻译书评的引导宣传或批判，读者可以概览其中部分图书的优劣，然后再决定是否要购买这些图书。例如《上海翻译》曾发表了王冬梅（2014）的一篇翻译书评，揭露了刘小云著《应用翻译研究》一书"大面积、整体性抄袭"方梦之和毛忠明主编的教材《英汉 - 汉英应用翻译教程》（上海外语教育出版社，2005）。该翻译书评中，王冬梅用了近三分之二的篇幅举证并揭露剽窃者的抄袭手段。作者言辞激烈，对此卑劣剽窃行为愤怒至极。这篇翻译书评不仅否定了刘"著"的翻译教材，也对翻译界不良作风进行了鞭挞，产生了积极影响。

方：我非常同意你的观点。一般来说，翻译书评具有两项主要功能，一是推荐好书，推动多出版好书；二是批评劣质译学图书，指出不健康的出书倾向。目前来说，批评劣质译学图书方面做得不够，而恰恰是这方面最能体现出翻译书评的批判性和战斗性功能。战斗性要求翻译书评作者有胆识、有学识和有责任感，三者缺一不可。首先对于图书存在的问题要敢于揭露，毫不隐晦，是谓有胆识。对于书中的问题，要切中要害，言之凿凿，是谓有学识。当然，如果缺乏责任感，再有胆识和学识，也发挥不了翻译书评的战斗性。

王冬梅这篇翻译书评在学界产生了很大反响。目前，译学图书被剽窃现象时有发生，或隐或显，但像我这本书被大面积剽窃还是鲜见。责任编辑发现此事后，她立马联系我，征询我的处理意见，我感到震惊。我当时就建议走法律程序，维护图书作者、出版社和读者的正当权益。咨询出版社法律顾问后，因走法律程序耗时、费力、成本太高，只得通告剽窃者所在学校，要求校方给予处理，同时告知图书出版单位，且写翻译书评曝光，让剽窃行为无处逃遁。我觉得这类翻译书评应该多写，让我们共同维护翻译学术研究的良好生态环境。

三、翻译书评现状论

刘：目前，翻译书评多聚焦在译学专著的评论上，对翻译教材、译学论文集、译学工具书等的评论相对较少。您认为针对不同的评论客体，在评论方法或重点上有何不同？

方：针对不同的评论客体，对它的评论侧重点、方法和原则肯定不同。（1）译学专著。对译学专著的评论是最常见的一类翻译书评，主要对译学图书的研究内容、写作特色、学术价值及不足进行阐述，包括论点是否正确、可靠，研究方法是否得当，作者思路能否自圆其说，等等。（2）翻译教材。翻译教材的受众多是学生，故要考虑受众的层次性，确立科学的编写原则和编写体例，语言要深入浅出。在例句的选取上，要保证科学性和典型性，也要考虑其恰当与否、简明与否等。这点我深有体会，比如我和毛忠明主编的《英汉 - 汉英应用翻译综合教程》（上海外语教育出版社，2008）国内多所学校使用，也有几篇书评，说好话的多，对里面个别例句存在的差错未能指出，直到 2014 年出版第二版，我发现后改正，可能对学生已产生负面影响。（3）译学论文集。国外译学论文集比较专业，侧重新领域的介绍，往往提出很多新概念、新观点，帮助人们深入理解某些观点，故对它的评论也比较重视。相比之下，国内的译学论文集科学性要稍弱一些，随意性大一点，开个研讨会就出一本，有的成了"大杂烩"，的确很难评，也不值得评。不过，专题论文集很值得一评，其中的各篇文章构成一个有机整体，书评可以通过管窥其中几篇代表性的论文，再综述整部论文集的水平和意义。（4）译学工具书。译学工具书主要是指译学辞典或年鉴。这方面的评论不多，对它的评论可从以下几方面展开：①编撰思想，它能指导编写行为，关涉译学辞典的编写是否符合翻译发展规律。②编写内容，如其编写思路、收词情况、编写方法等。③重点词条，考察重点词条是否具有科学性和高度概括力。④知识性，译学工具书要为翻译研究提供专业知识指导，主要任务是为读者解惑释疑，为翻译研究服务，故离不开知识性这个中心，体现内容丰富、观点明确、概念准确等方面。⑤科学性，即工具书编撰要实事求是，符合客观事实和规律，具体为定义要准确、释疑要恰当、例证要可靠、评判要公允、编排要合理等方面。我认为科学性是工具书评论的首要标准。⑥简明性，即指言简意赅，具体为知识简明、语言简明、释义简明、编排简明，关键都是为了方便读者检索。简明性是工具书的目的性要求。

（5）译学期刊。将译学期刊评论视为翻译书评容易导致不解。殊不知，译学期刊是一种连续定期出版物，是译学图书的一种特殊形式。译学期刊评论就是评论一份译学期刊办得好坏问题，可以从以下几个方面着手：办刊宗旨是否明确；刊载文章质量高低；期刊在学界的影响；办刊特色及刊物发展。评论可以就期刊的某个时间段，如初期、中期、后期，或以年为期，如一年、五年、十年；也可就期刊的特色进行评论，例如杨荣广、黄忠廉（2016）基于《上海翻译》三十年（1986—2015）的栏目设置，通过定量与定性分析，纵观其嬗变的整体特征，结合具体社会历史语境，探究其变化与国内外译学宏观发展状况之间的互动关系，以理清应用翻译研究的演进过程，并提出未来可拓展的空间。

刘：我觉得您以上的归纳很到位。就以译学期刊评论来说，目前学界对《中国翻译》《中国科技翻译》和《上海翻译》（原《上海科技翻译》）三大译学期刊都做过不少评论。其中周领顺（2006：31）的一篇文章让我印象深刻，该文是对《上海科技翻译》创刊20周年的评论文章。文章篇幅不长，与其他一些对译学期刊的评论文章不太一样，作者结合自己的亲身感受，谈到刊物的影响力与日俱增、定位准确、编读互动、编辑队伍，尤其是对作为主编的您更是大加赞扬，作者结合数据指出，"正是因为有这样的学者型主编，才能办好一份立于学术前沿而不败的学术刊物；正是因为有这样的学者型主编，才能慧眼识金，不使优秀稿件旁落；正是因为有这样的学者型主编，才能团结一大批优秀的作者和读者……"

方：谬奖了。译学期刊犹如晴雨表，能及时反映出翻译界的最新发展动向。评论译学期刊很有必要，也很有意思，目前学界对《中国翻译》《中国科技翻译》和《上海翻译》三家期刊都有相关评论。有人认为我们翻译研究存在严重的拾西人牙慧、步西人后尘的现象，帮西方翻译理论作注解。这种现象20世纪八九十年代是存在的，有过一个言必称奈达的学徒期。新世纪以降，这种现象大为改观，我们在大力倡导中国译学话语。蒋文干（2016：141）以一项基于《中国翻译》（2008—2016）的统计研究为例，在汉学主义视阈下对《中国翻译》杂志翻译理论专栏中国作者发表的125篇论文进行对比分析，研究表明"中国翻译理论建构当前发展态势良好，未来发展趋势符合社会科学发展要求；中国翻译理论知识生产的过程中，并没有出现以外国译论和传统译论为中心的严重的汉学主义倾向"。研究数据表明，我们已经从理论消费过渡到了理论创新阶段。

从目前的译学期刊评论来看，可分以下几种情况：（1）对单个译学期刊总体（载文）情况进行评论（潘华凌、陈志杰，2005a，2005b；刘金龙，2010；舒畅、刘金龙，2010；汪祎，2011；李芳，2012；陈元飞、黄忠廉，2017），由此分析期刊的办刊宗旨或翻译研究发展现状。（2）对单个期刊的某个栏目、某类论文或某个特征进行评论，如曹顺发（2007）对《中国翻译》同期三文进行评论；呼媛媛、龚燕（2009）对2006年《中国翻译》"译学研究"栏目进行评论，发现其中许多文章批判性地吸收了西方的译论，并呼吁构建一个完善的翻译理论体系，最终建立翻译学，给人颇多启发；周忠良（2012）对《中国科技翻译》1988—2010年刊载的口译研究论文进行了考察，呈现了这23年间口译研究论文的数量、作者来源、研究主题、研究方法及研究特点，据此分析了国内口译研究存在的不足，并提出了提升研究的建议。汤建民、袁良平（2008）基于《中国翻译》（2001—2006）论文题名的计量分析考察了我国翻译研究现状和发展动向；袁良平、汤建民（2009）以《上海翻译》（1986—2007）所刊论文标题词频统计为个案研究，考察该刊发表论文的学术研究脉络，并反映出翻译研究的发展轨迹和动向。程墨芳（2013）对《中国翻译》（2007—2012）载文题目进行分析，考察国内翻译研究转向及发展态势。（3）以一个或多个译学期刊为统计源，旨在研究某种翻译现象或发展趋势，如耿智（2000）以《中国翻译》《中国科技翻译》和《上海科技翻译》三个期刊1990—1999年发表的科技翻译理论研究文章为对象进行分析，试图解释我国科技翻译理论研究的现状和发展特点，并对研究中应注意的问题提出见解。刘金龙（2011）基于《上海翻译》（2003—2010）的语料分析考察了我国应用翻译研究的有关情况。（4）译学期刊编者对刊物的评论，主要指期刊适逢创刊周年庆或改版，主编对期刊所发表的有关言说，例如恰逢《上海翻译》走过 25 个年头，第 100 期即将付印，主编方梦之撰写了题为《〈上海翻译〉百期回眸》一文，回顾了《上海翻译》筹备、创刊和成长历程，感慨万千；何刚强（2014）接手方梦之担任《上海翻译》主编之际，发表题为《研究接地气，文章追技道 ——〈上海翻译〉不变的办刊追求》的寄语，阐述了刊物的办刊宗旨和展望等。

刘：我们注意到，目前的几大译学期刊，如《中国翻译》《中国科技翻译》《上海翻译》《东方翻译》，还有新创办的《翻译界》等都设有书刊评介栏目，一定程度上说明了译学期刊对翻译书评的重视。但仔细分析，发现存在几个问题：一是书评比例较小，例如《中国翻译》每期发表 1～2 篇翻译书评，《东方翻译》每期发表 1～4 篇翻译书评，但总体上来说，翻译书评较同期所发论文比例偏小；二是并非每期都发表翻译书评，例如《上海翻译》和《中国科技翻译》。译学期刊是翻译书评发表的主要阵地，也是每位从事翻译研究的学者必读文献。您作为《上海翻译》资深主编，能否谈谈译学期刊与翻译书评的相互关系？

方：译学期刊对翻译学术研究具有引领和导向功能，主要体现在学术论文方面，翻译书评是对期刊论文的补充。翻译书评也有观点，既有对译学图书的观点，也有对译学图书作者的观点。论文和翻译书评的作用是一致的，都有观点。其实，翻译书评也是一种特殊的论文形式，其写作方法、文章结构与一般论文不完全相同而已。因国内译学期刊资源较少，译学期刊篇幅有限，有些译学期刊的书评栏目设置不固定，当版面有限时就不发翻译书评。当然，有时也会大幅压缩翻译书评篇幅，字体变小，甚至不得已而去掉摘要。在国内，两者关系不太好处理。这与翻译书评总体质量欠佳也不无关系。

刘：和国外的译学期刊相比，我国的译学期刊发表书评的数量太少。许建忠曾在《翻译生态学》（中国三峡出版社，2009）的自序中指出，"打开国际著名刊物，就会发现一个不争的事实，那就是书评所占比例较大，占到某些刊物的二分之一，甚至三分之二。这些书评极大地促进了翻译研究学术交流，不同学术观点的碰撞、交融又促进了翻译理论的发展。难怪西方特别注重书评！而国内的情况显然不同，刊物中书评所占比例较小，有的一年也仅发区区数篇。且国人对书评较有看法，往往嗤之以鼻，认为那根本就算不上研究。"无独有偶，刘立胜基于国外七种权威译学期刊的统计数据，对新时期（2006—2015）中国译学的国际化现状进行研究，指出这一时期，这些期刊共发表论文 1907 篇，其中翻译书评 716 篇，比例为 37.5%。这种现象值得我们反思。您觉得导致这种现象的原因是什么？

方：这个问题我也注意到了。我觉得有两个主要原因：（1）国外栏目固定。一般来说，国外译学期刊里面分为论文和书评两类，比较注重翻译书评的发表。在论文和书评发表数量上有的不相上下，但单篇书评短小精悍，总的篇幅仍少。（2）注重书评队伍。国外译学期刊的翻译书评往往是由译学期刊主动邀请该领域著名学者撰写，或有指定的撰稿人，自由投稿录用率低。就《上海翻译》而言，翻译书评写的人不少，但录用率不高，一般以 2 年以内出版的国外图书评论为主。

四、翻译书评写作论

刘：翻译书评活动由四个基本要素组成，即书评主体、书评对象、书评传媒和书评受众。在您看来，作为翻译书评的主体，即翻译书评的写作者，应该具备怎样的素养？

方：我认为包括以下几个方面专业素养：（1）理论素养，即业务能力，就是书评者所具备的翻译学术视野和研究能力。比如翻译史类图书，评论这类译学图书的主体一定要具备该领域的相关知识，对所评论对象具有一定知识积累。（2）方法论素养，包括判断力和概括力。判断是指明事物是否存在某种属性的思维过程。哪种书应该评、值得去评，需要判断力。概括力指对同类译学图书的一般认识，从而找到被评图书的特殊性。（3）洞察力，书评主体要能洞悉该书的研究范畴在译学体系链条中所处环节，识别该书在译学研究领域的位置。认清了这一点，使评论公正、客观、恰如其分。洞察力还表现为透过新近出版的图书，看到更深层的学科发展趋向和取得的成果。

刘：我赞同。萧乾（2010：16-29）在《书评·书缘·书话》一书中专辟"书评家"一章，阐述对书评家的要求为三点，即平衡心、知识与品位以及书评和做人。可见翻译书评者素养对翻译书评质量起着重要作用。另外，我认为翻译书评者的事业修养（事业心）、职业道德修养、审美能力、思维能力、知识结构、写作能力与文字修养等方面素养也非常重要，它们共同塑造一个完美的翻译书评者。

方：这是当然。书评者要评论一部译学图书，他（她）首先要有责任担当，要有相应的学科知识结构和良好的语言写作能力，缺一不可。事实上，很多翻译书评之所以学术价值不高，和这些因素有很大关系。

刘： 目前，翻译书评写作基本上都比较零散，即个体读者有感而发，或应图书作者之邀而写，或应某个期刊或出版社之邀而写。这样一来，是否不利于翻译书评队伍建设？

方： 现在的翻译书评写作队伍的确有些松散，读者都是凭感觉或者喜好去写翻译书评，要么是应译学图书作者之邀而写，要么应出版社之约而写，翻译书评的组织性较差，翻译书评写作队伍不完备。这点和国外有点不同，国外的很多译学期刊会自行物色业内行家里手来写翻译书评，翻译书评者研究领域与被评译学图书的吻合度很高，这样写出来的翻译书评具有较高的学术水准。从某种程度上来说，有利于翻译书评队伍建设。总体上来说，国外的翻译书评组织性和翻译书评写作队伍建设要好于国内的。

刘： 不少人认为，翻译书评写作不是难事。其实，翻译书评写作并非看上去那么简单。伍杰（2006：84-86）曾在《书评也要精品》一文中指出，书评也要出精品，即要有主张、有文章和有胆量。有主张就是指对所评图书要有自己的见解；有文章就是指有文采和章法，艺术性和逻辑性都很好，富有美感；有胆量就是指有开拓精神和不怕得罪人，敢于提出与众不同的看法、主张和批评。对于翻译书评，也同样需要出精品。那么，除了评论者的思想深度外，评论的角度和方法也很重要，往往也能决定一篇翻译书评的质量。您认为，翻译书评写作中，书评作者需要注意什么？

方： 精品一定要超脱常规，要超脱一般翻译书评的写作模式：开场白虚言套语＋有板有眼的分章介绍＋广告式的美言媚语。精品翻译书评要给人以启发，包括文字清新，观点鲜明，能引起读者共鸣。

书评者往往从他（她）关心的学术领域中，选择自认有一定学术价值的译学图书进行评论。从这个角度来说，翻译书评便是他（她）学术研究的重要构件之一。这样的翻译书评起点很好，不会就书论书，能超越译学图书本身，评论时能援古证今，甚至发现新的研究课题。我认为，精品翻译书评的要义在精，实事求是，评得入木三分。对劣质译学图书的评论要切中要害，指出讹误，以理服人，不无端吹捧，克服人情书评、隔山书评。那些有研究、有分析、有见解、有学术价值和指导性强的翻译书评就是精品翻译书评。

另外，精品翻译书评对提高译学图书质量、译学图书著者学术水平和翻译书评读者鉴赏能力，都具有直接的推动力。精品翻译书评是权威的，是客观的。

刘：一篇翻译书评是否是精品，与所评译学图书的价值有莫大关系。译学图书的价值包括知识价值、道德价值、审美价值、文化价值，如果具备这些价值，该译学书评的价值也不低，成为精品翻译书评的概率就大增。如果一部译学图书学术价值不大，那么其翻译书评的价值也会大打折扣。

我认为，译学图书都有自己独特的内容，有自己特殊的表达形式。译学图书在同类译学图书中占有何种地位，翻译书评就是要回答这个问题，并且从学术上、科学上阐述清楚，指出其得失，与同类译学图书相比具有何价值和特点，做出公允的判断，引导读者正确认识它。写出精品翻译书评不易，需要书评者具有多种素养。

当然，何为好的翻译书评，似乎很难有一个衡量标准。翻译书评可以写得很深奥，也可以写得很浅显。我认为伍杰（1991）提出的"书评十性"对翻译书评的写作具有借鉴作用，即思想性、引导性、督促性、科学性、学术性、群众性、知识性、可读性、信息性和多样性。

方：你所谈到的精品翻译书评有关观点我都同意。伍杰是我国书评理论与实践研究领域的引领者，他提出的"书评十性"非常到位，我们应该向"十性"努力。

五、翻译书评类型论

刘：关于翻译书评的种类或形式，我认为翻译书评有一种特殊的表现形式，那就是序跋。很多序跋其实都是质量非常高的翻译书评。以杨自俭先生为例，他在翻译学研究方面很有洞见，虽然没有出版过翻译研究专著，但他的很多观点和见解都体现在其为译界同仁撰写的序言中，有的则以翻译书评形式发表了（杨自俭 2006a；杨自俭 2006b；杨自俭 2007；杨自俭 2008a；杨自俭 2008b）。他的序言特征鲜明、学术性较强，其中不少观点是在序言中首次提及。要研究杨自俭的翻译思想，这些序言就成了绕不过的必要参考文献。

方：你说的非常对，序跋是副文本。好的序跋对文本有提纲挈领、画龙点睛之效，为文本添色。杨自俭生前是我的好友，他受朋友嘱托写序十分认真。他说他给人写的序是当论文来写的。他一生还来不及写出他的专著，就匆匆离世。研究他的序言对深入了解他的翻译思想极有帮助。他的序言高屋建瓴，很有针对性，既是对客体的评论，同时具有普遍指导意义，对学科发展具有前瞻性。换言之，他能站在一定高度看问题。例如他应约为我的《译学辞典》（上海外语教育出版社，2004）写过序言，援引如下：

"一般来说，一个学科发展到一定程度便会有本学科的专业术语词典出版，特别到了现代更是如此……这件事告诉了我们两个问题，一是中西方在译学建设上距离不是太远，都已发展到开始关注本学科术语的研究；二是更进一步证明翻译学作为一门独立的学科已完全成了不争的事实。"（2004：1-2）他指出，从 1997—1999 年这 3 年出版了四部译学辞典，中国两部，外国两部。他从学科发展史角度来考虑问题，说明到了这个阶段，必然会出现译学辞典。杨自俭是在谈学科发展到一定阶段的共性问题，已经跳出了译学辞典本身范畴了。在他看来，即便不是方梦之来编写这本译学辞典，也会有别人来编写，是翻译学科发展规律使然。

在序言的最后，他指出，"范畴与术语是人类认识客观世界进行理论思维所达到的成果形式，而这个成果形式又是人类进一步认识世界时理论思维的工具与手段。人类的各种实践都是主体作用于客体的活动，这种实践活动既需要物质的工具，也需要精神的工具。这精神的工具就是理论，其中包括范畴与术语……译学术语的研究现在应该做些什么工作呢？我想主要应该做以下几项工作：（1）从理论上搞清楚范畴、概念、术语三者的区别与关系；（2）按译学发展的不同时期梳理出译学的术语（这儿用术语暂时还代表范畴与概念）；（3）给各个不同历史时期的术语分类；（4）研究术语的外延与内涵及术语之间的关系；（5）划分术语的层次与等级，寻找并构建术语的系统；（6）中外关键术语发展史比较研究；（7）改造并创建新的译学术语"（2004：3-4）。这些话对译学术语的研究至今仍有指导作用。

不难看出，我们能从杨自俭的序言中感受到他的学科关怀，从学科建设的高度进行评论，可谓"入乎其内，出乎其外"，我认为算得上是精品翻译书评。

刘：杨自俭的序言我也喜欢读，很有深度。您也为学界同仁写过不少序言，有的序言也以翻译书评形式发表了。同时，您也邀请杨自俭、郭建中等好友为您的大作写过序言。您能否谈谈序言写作需要注意的事项，或者需要着重加以突显的事项吗？

方：迄今为止，我已为 20 位同仁写过序言。尽管序跋属于翻译书评的一种形式，但是它们之间还是有些不同。杨自俭把序言当论文来写，他的学术高度和深度我们很难企及。我个人以为，写序可退而求其次，即写得不那么学术化，多一点人性化，语言可鲜活一点，读来轻松点。对我来说，朋友邀我写序，序言便是我们寒暄、叙旧和交流的媒介，当然也需要写一点阅读该著的领悟和感受。我写序的一般模式是：

深情回眸＋心得体味＋学术展望。例如我给郭建中的《科普与科幻翻译：理论、技巧与实践》（中国对外翻译出版公司，2004）写序，先从我俩分别在浙江和上海的翻译协会主持工作期间的学术合作、交流和友谊谈起；为胡庚申的《生态翻译学：建构与诠释》（商务印书馆，2013）写序，先从我俩早年都曾在科研院所做翻译的一段经历有感而发。写序是一个学习的过程，总得把书通读一遍，然后从中提取精髓，把自己确有所悟的内容整理出来。我反对序言按图书目录分章介绍，喜欢序言语朴情真，在正文之外略有所补。

刘：这也算得上是您撰写序言的风格。您的这个观点让我想到李春林（1991：321-332）在《序跋断想》一文中，对序跋的功能和意义所做的总结，他认为序跋在书中的地位犹如诗和印在文人画中的地位；序跋的功能是以文会友；先读正文后读序跋，就像饱餐一顿后饮一杯清茶；序跋具有更多的感情色彩；序跋可以借别人的酒杯浇自己的块垒，等等。我认为序跋和书评之间的最大差别，还是序跋体现更多的感情色彩。一般邀请为书写序跋的人往往和作者关系密切，他们相知较深、学识相当、趣味相投，语言表达自然会轻松自如，主观情感和个人性情很容易流露。那么，您觉得自序和他序（他人为您大作所写序言）的写法有何不同？

方：不管是自序还是他序，我认为都在"以文会友"。以上都谈他序，这里我想谈谈自序。我读书一般先读序言，以便了解作者，了解出书背景。自序常以"前言"形式出现，介绍图书产生的学术基础和理论根据，或强调作者的创新内容。跋与自序前后呼应，不必写得像自序那么严肃，可畅谈与图书产生的相关事务，如交代写作初衷、写作出版过程、欲达到何目的、得到何人帮助等，让读者知道成书的来龙去脉。图书的序跋未必双全，有的有序无跋，有的以序代跋。

刘：我同意您的观点。关于跋，我想补充一点，我比较认同巴金曾在为自己选编的《序跋集》的"跋"中所说的一番话，他说："《序跋集》是我的历史，是我心里的话。不隐瞒，不掩饰，不化妆，把心赤裸裸地掏了出来。"（李春林，1991：323）的确如此，一语道破跋与自序的相异之处。总之，阅读序跋可以帮助加深对作者的理解，帮助理解作者的思想。

总之，通过这次与您对谈，我受益匪浅，加深了对翻译书评的认识与理解，相信广大读者也一定能从您的思想中受到启发。再次感谢您！

参考文献

[1] 曹顺发. 翻译应力保"反映 / 反应"—— 简评《中国翻译》同期三文 [J]. 重庆交通大学学报（社会科学版），2007，（2）：102-105.

[2] 陈娇娣. 我国近些年翻译研究现状及展望 —— 由《上海翻译》管窥 [J]. 岱宗学刊，2011，（2）：29-30.

[3] 陈元飞，黄忠廉.《中国科技翻译》卅年：承继与开新 [J]. 中国科技翻译，2017，（3）：49-52.

[4] 程墨芳. 国内翻译研究转向及发展态势 ——2007—2012 年《中国翻译》载文题目分析 [J]. 渭南师范学院学报，2013，（8）：50-52.

[5] 方梦之.《上海翻译》百期回眸 [J]. 上海翻译，2009，（3）：78-80.

[6] 耿强，梁真惠. 不该遗忘的角落 —— 论"翻译书评"的地位、作用与形式 [J]. 昌吉学院学报，2008，（6）：48-52.

[7] 耿智. 中国科技翻译理论研究（1990 ～ 1999）的发展态势 [J]. 中国科技翻译，2000，（4）：46-49.

[8] 管机灵. 翻译书评写作模式探索 —— 基于 Introducing Translation Studies: Theories and Applications 三个版本 9 篇书评的研究 [J]. 外语与翻译，2017，（2）：25-30.

[9] 管机灵. 新世纪以来我国翻译书评研究：现状与思考 —— 基于 18 种外语类期刊的统计分析 [J]. 上海翻译，2018，（1）.

[10] 呼媛媛，龚燕. 趋于完善的中国译论 —— 读 2006 年《中国翻译》译学研究一栏有感 [J]. 牡丹江教育学院学报，2009，（4）：46-47.

[11] 蒋文干. 中国翻译理论构建现状与趋势 —— 基于《中国翻译》的一项统计研究 [J]. 山东农业工程学院学报，2016，（7）：137-142.

[12] 李春林. 序跋断想 [C]// 中国图书评论学会. 书评的学问 —— 全国首届书评研讨会论文集. 沈阳：辽宁人民出版社，1991.

[13] 李芳.《中国翻译》2006 年～ 2010 年载文分析与研究 [J]. 洛阳理工学院学报（社会科学版），2012，（2）：29-31.

[14] 刘金龙，高莉敏. 翻译书评标题写作：特征与模式 [J]. 外语与翻译，2016，（4）：8-15.

[15] 刘金龙.《上海翻译》(2005—2009)载文分析与研究 [J]. 上海翻译, 2010, (2): 76-80.

[16] 刘金龙. 我国的应用翻译研究：回顾与展望 —— 基于《上海翻译》(2003—2010) 的语料分析 [J]. 上海翻译, 2011, (2): 25-29.

[17] 刘金龙. 如何发挥翻译书评的广告效应 [J]. 出版发行研究, 2013, (4): 34-36.

[18] 刘金龙. 翻译书评：地位与作用 [J]. 中国科技翻译, 2014, (2): 56-59.

[19] 刘金龙. 翻译书评类型刍议 [J]. 中国科技翻译, 2015, (4): 58-61.

[20] 刘金龙. 翻译书评的文化功能 [J]. 中国科技翻译, 2017, (4).

[21] 刘金龙. 翻译书评标题写作：原则与方法 [J]. 民族翻译, 2017, (4).

[22] 刘金龙. 翻译书评学论纲 [J]. 上海翻译, 2018, (1).

[23] 刘立胜. 新时期中国译学的国际化现状研究 —— 基于国外七种权威译学期刊的统计分析 [J]. 上海翻译, 2017, (2): 51-57.

[24] 苗杨.《中国翻译家研究》(三卷本) 出版之路 [J]. 上海翻译, 2017, (1): 79-82.

[25] 潘华凌, 陈志杰.《中国科技翻译》2000—2003 年载文情况分析 [J]. 中国科技翻译, 2005, (1): 48-50.

[26] 潘华凌, 陈志杰. 五载群英荟萃译学硕果累累 ——《中国翻译》(2000—2004) 载文研究 [J]. 宜春学院学报 (社会科学), 2005, (3): 96-103.

[27] 舒畅, 刘金龙.《中国科技翻译》2004—2009 年载文分析与研究 [J]. 中国科技翻译, 2010, (1): 43-47.

[28] 汤建民, 袁良平. 2001—2006 国内翻译研究管窥 —— 基于《中国翻译》论文题名的计量分析 [J]. 浙江树人大学学报 (人文社会科学版), 2008, (1): 87-91.

[29] 汪祎. 翻译研究发展态势 ——2005—2009《中国翻译》载文定量分析 [J]. 四川教育学院学报, 2011, (5): 69-73.

[30] 王冬梅.《英汉 - 汉英应用翻译教程》被大幅剽窃 —— 析剽窃者的卑劣手法 [J]. 上海翻译, 2014, (2): 93-95.

[31] 伍杰. 书评理念与实践 [M]. 开封：河南大学出版社, 2006.

[32] 伍杰. 书评十性 [C]// 中国图书评论学会. 书评的学问 —— 全国首届书评研讨会论文集. 沈阳：辽宁人民出版社, 1991.

[33] 许建忠. 翻译生态学 [M]. 北京：中国三峡出版社，2009.

[34] 许建忠. 译学著作评论 [M]. 哈尔滨：黑龙江人民出版社，2017.

[35] 杨荣广，黄忠廉. 应用翻译研究：进展与前瞻 —— 基于《上海翻译》卅年办刊宗旨之嬗变 [J]. 上海翻译，2016，（2）：18-23.

[36] 杨自俭. 对翻译本质属性的认识——《自由派翻译传统研究》序 [J]. 上海翻译，2008，（1）：1-5.

[37] 杨自俭. 简论翻译批评 ——《文学翻译批评论稿》序 [J]. 解放军外国语学院学报，2006，（1）：52-54.

[38] 杨自俭. 简论过程与结果问题——《翻译心理学》序 [J]. 中国外语，2008，（1）：83-87.

[39] 杨自俭. 译学探索之路 ——《翻译学 —— 一种建构主义的视角》序 [J]. 中国外语，2006，（1）：74-77.

[40] 杨自俭. 再谈方法论——《翻译方法论》序 [J]. 上海翻译，2007，（3）：1-4.

[41] 袁良平，汤建民. 一份翻译研究期刊的学术脉络管窥——《上海翻译》（1986—2007）所刊论文标题词频统计个案研究 [J]. 外语研究，2009，（1）：76-80.

[42] 张孔明，滕恩昌. 书评 —— 文化的"第四种力量" [C]// 中国图书评论学会. 书评的学问 —— 全国首届书评研讨会论文集. 沈阳：辽宁人民出版社，1991.

[43] 周领顺. 热烈祝贺《上海翻译》暨原《上海科技翻译》刊行 20 周年 [J]. 上海翻译，2006，（3）：31.

[44] 周忠良.《中国科技翻译》1988--2010 年口译论文分析 [J]. 中国科技翻译，2012，（2）：19-21.

翻译研究·学术期刊·学科建设

——李亚舒教授访谈录

刘金龙 [1]

摘要： 李亚舒教授是中国科学院教授，一直从事科技翻译、科学翻译、应用翻译、翻译学、术语学、编辑学、语言学等方面的理论与实践研究工作。他曾与黄忠廉教授一起提出了"科学翻译学"（2004）翻译思想体系，后又与方梦之、黄忠廉等一起提出了"应用翻译学"（2013）翻译思想体系，在我国翻译界产生了较大影响。李亚舒教授是一位"双栖"学者，他除了从事翻译研究外，还担任了近30年的翻译学术期刊《中国科技翻译》的编辑、副主编和主编工作，为我国翻译研究和翻译学科建设做出了巨大贡献。然而，学界多关注李亚舒教授的翻译思想，却鲜有人关注其翻译学术期刊编辑思想。本访谈就约请他谈论了翻译学术期刊与翻译研究、翻译学科建设关系方面的话题。

关键词： 翻译学术期刊编辑思想；翻译学科建设关系；翻译研究；科学翻译学

李亚舒教授简介： 1936年生，中国科学院教授，中国当代资深翻译家，历任《中国科技翻译》杂志常务副主编、主编，中国科技名词委新名词委员会委员，《中国科技术语》编委。曾任中国英汉语比较研究会第一届理事会副理事长和常务理事（1994—2014），中国翻译协会第三届、第四届和第五届副会长兼科技翻译委员会主任，也曾受聘于中国科技大学等国内多所大学任硕士研究生和博士研究生答辩委员会主任、客座教授和高级顾问。现已发表诗歌、小说和翻译作品500余万字，发表论文、

---

[1] 上海工程技术大学外国语学院，上海，邮政编码：201620。

论著和译作 150 余篇 / 部，翻译研究方面的代表作有《中国科学翻译史》（与黎难秋合作编写）、《科学翻译学》（与黄忠廉合著，2004）和《译海采珠》（1993），等等。

李亚舒教授是我国资历较深的语言学家、翻译家、翻译理论家和编辑学家，研究范围较为广泛，如科技翻译、科学翻译、术语学、编辑学，等等。他的学术思想，尤其是提出的"科学翻译学"译学思想体系引起了学界的广泛关注。

2014 年 8 月 25—28 日，笔者有幸在清华大学举办的"中国英汉语比较研究会第十一次全国代表大会暨 2014 英汉语比较与翻译研究国际研讨会"上对李亚舒教授进行了采访。鉴于李教授担任了近 30 年的编辑、副主编和主编的工作，而这方面经历往往被人们所忽视，故本次访谈仅请他谈谈翻译学术期刊与翻译学科建设方面的话题。

刘金龙（以下简称刘）：我们知道，您在北大西语系攻读法语，后留学于越南河内综合大学攻读越南文学。1959 年回国后，您被分配到中国科学院的文献情报中心工作，从事一些相关的翻译和写作事宜。20 世纪 70 年代，您调任到外事局（后改名为国际合作局）从事外语管理工作，同时，也从事一些翻译研究工作。1989 年，《中国科技翻译》杂志创刊，您是主要策划者之一。您能谈谈当初为何想创办这样一个刊物吗？

李亚舒（以下简称李）：我自毕业分配到科学院后，先后经历了大家都知道的各种"运动"，觉得工作太少。出于对单位的留恋，所以 1986 年科学院成立科技翻译协会后，想创办个翻译研究刊物。这个也是在工作中想到的，那时还没到退休年龄，刚 50 岁，正当年，身体还可以，每天骑车上班，平时也有游泳等一些活动。

改革开放后恢复高考，也恢复了职称评审。那时，学外语主要就是做翻译，外语相关研究相对较少，不如现在那么活跃。不过，不论翻译过多少次也不能作为评职称的依据。人家是想给我评高级翻译职称，因为高级翻译职称有副译审、译审，副译审相当于大学副教授，译审相当于大学教授。中华人民共和国劳动人事部（2008年其职权被整合划入组建的中华人民共和国人力资源和社会保障部）制定了 28 个系列，包括科技、财会、文教、体育等，翻译就是其中的系列之一。当时，我代表中国科学院参加了外交部常务副部长周南主持的"制定翻译条例"会议，有八个部委代表参加。那时我向他反映，条例不能搞得太复杂，他问及原因，我就说："现在有一批老翻译，都是在 20 世纪 50 年代、60 年代学的俄文。他们当时在各自岗位上做了大量的口笔译工作。现在在评职称时他们快退休了，要求他们有文章、有成果，他们根本拿不出来。"我的意见得到在场的很多人首肯。因为中国科学院和社会上搞翻译的不一样，主要是为科学家服务，我们这些老翻译也应该有个阵地。搞翻译的人如果有很好的人带，就可以参加那个学科的研究，可以评副研究员，或相应的高级职称。如果没有这个阵地，就不能拿到高级职称。因为评高级职称有个条件，必须培养过翻译人才，或者自己必须有著作，在翻译上有创新性研究。有的老翻译虽一辈子都在做口笔译工作，可是一篇学术研究文章也没有，即便有的人过去也写了文章，但也没留底稿。记得在西安科学院分院完成一次外事工作任务后，一位快60岁的老处长含泪跟我讲："那时不说我没有时间写，即便写出来了，有哪个刊物能刊登呢？"这席话对我触动很大，回北京后，立即向主管领导崔泰山副局长汇报工作，我的英文老师李佩教授也听了我的汇报，他们也很赞成我们自己筹办一个翻译刊物。这就是当初办刊的基本过程。

刊物的创办首先是得到了关心学术的领导和老师们的支持，也是由于工作的需要，是集体共同努力的结果。文献情报中心主任懂德语、俄语等六国文字的史鑑教授和精通日文、朝鲜文的崔泰山教授受任命为第一任主编，同时选派很有资历的李莲馥编审来协助办刊。李莲馥是研究图书馆学的，也是一位资深翻译家，具有丰富办刊经验。于是，请她当责任编辑，还聘请了陈养正、黄昭厚等为副主编或编委，我任常务副主编。我在退休后，又当了10年主编，现在仍参加刊物的编审工作，因为有这样一个阵地，所以我一直没有完全回家休息。

刘：您在创办刊物过程中，遇到的最大障碍是什么？又是如何克服的？

李：主要是自己没有经验，同时，社会对新办刊物还不了解，无人投稿。所以，稿源问题是当时遇到的最大问题。最初的一期刊物上刊登了我好几篇稿子，最多的时候一次刊用了六七篇稿子。随着工作的展开，后来稿源就不是问题了。稿源问题并不是我一个人去解决的，当时有一批同学或者同学的学生一起帮助组稿、约稿或写稿。科学院有12个分院，就是全国12大城市的分院，我们还有100多个研究所分布在全国各地，它们各自都有相对独立的外事处等部门，这其实就是一个很好的稿源基地。另外，还有12个文献中心，文献中心的情报室就拥有一批很强的翻译、写作队伍。

另外，我也和许多高校建立了合作关系。1986年、1987年我担任了中国科技大学十系硕士答辩委员会主席，并兼职指导硕士研究生。1989年，在我评上正译审后，被长沙等多所高校聘为兼职教授，在这些合作交流过程中，我们也发现了不少好的稿子，或者发现了不少有发展潜力的教授、青年学者，这些都大大扩充了稿源。后来，稿子就用不完了，每个月接到的稿子都有上百篇，一年下来有 1 000 多篇稿子，根本不用担心稿源了。所以，我也慢慢地将部分精力转移到自己感兴趣的研究课题上，而不单单聚焦于办刊事务上了。

刘：据悉，1993 年 8 月，《中国科技翻译》在英国布莱顿举行的国际翻译家联盟（FIT）第 13 届世界翻译大会上首次荣获了"1990—1993 年度 FIT 最佳国家级翻译期刊奖"，这也是本届大会向会员国翻译学术期刊颁发的一项最高奖项。我们知道，FIT 为联合国教科文组织 A 类学术机构，而类似大奖为每隔 3 年在世界大会期间颁奖一次。贵刊荣获该奖项，为《中国科技翻译》走向世界，加强国内外翻译界交流，提高科技翻译国际地位都产生了积极影响。您能跟我们谈谈贵刊获奖的原因吗？

李：我认为，这首先是与中国的国际地位迅速提高、国际朋友增多分不开的。中国正式恢复在联合国席位后，许多国际友人都想进一步了解中国。在我参加接待的涉外场合中，有些国家的教育部长欣然向我们索取中国的学术刊物。对此情况，科学院领导也很关心，要求宁可少发表文章，但要多发表优秀论文，并要求国家一级的学术期刊，都要有中、英文篇名，内容摘要（提要）和关键词也要为中、英文形式，要让那些不懂中文的外国朋友也能了解刊物的性质、内容。我们的责编都是资深专家，从刊物到论文的处理，无论是形式上，还是内容上，他们都很严肃、认真，讲究组稿、编辑、出版和发行的规范性。我在编辑部边干边学，工作重点是审稿、约稿，并向专家请教，刊物质量不断提高，获奖是大家共同努力和国内外作者、读者共同支持的结果。

刘：《中国科技翻译》作为一个老牌的翻译学术期刊，与《中国翻译》《上海翻译》一道为我国的翻译研究和翻译学科建设做出了巨大贡献。如今，学术期刊普遍遭遇到办刊困难，如经费、优质稿源等，原因是多方面的。您认为如何才能编辑好一本翻译学术期刊？

李：一本好的学术期刊，主要是刊登了好文章。好稿不被遗漏并能及时刊登出来，要靠审稿的编辑能"慧眼识珠"，还要甘为他人做嫁衣。许多前辈学者说过，名利不是由名称决定的，而是由作者、读者和编者共同决定的。办刊宗旨确定并得到许可发行之后，一个面向全国的中国学术期刊，必然会走向世界，况且翻译学术刊物的对外交流和桥梁作用是义不容辞的责任。因此，要办刊，想办好刊必须与时俱进，真正了解作者、读者和社会的要求和反应。尤其重要的是，作为一个国家级翻译学术刊物，不能有"自留地"，"学术面前人人平等"应是杂志人的统一认识。我们要把产学企研的代表当成刊物的亲密朋友，同时也要使他们了解办刊经费不足的实际困难，要让社会贤达了解办刊的实际困难，要请有远见卓识的一些基金会理事或国家相关部门懂得一个学术刊物在市场经济发育的当下所面临的生存实际困难。总之，办刊经费不足，文章良莠不齐，原因是多方面的，依本人一孔之见，只要我们更新观念，发掘潜力，跟上改革深化的大好形势，暂时横在我们面前的困难都会最终胜利克服。

刘：的确，您所说的这些实际困难我也有所了解。许多期刊编辑部也在采取一些切实措施，努力解决当前期刊发展所遇到的问题，尤其是优质稿源问题，如《上海翻译》正在拓宽组稿、约稿途径，优化栏目设置，对一些优质稿件放宽字数限制，并给予优厚稿费；《解放军外国语学院学报》也开始约请栏目主持人开设专栏，并在全国范围内遴选一批学者赠送期刊，等等。这些举措都扩大了期刊的影响，在读者与期刊之间架起了一座沟通桥梁。我们知道，翻译学术期刊在我国翻译学科建设中发挥了举足轻重的作用。您能否谈谈翻译学术期刊与翻译学科建设的关系？

李：翻译学科建设首先离不开全国各高等院校及相关单位研究院所的教学平台，翻译研究的学术成果也需要翻译学术期刊这个平台来展示。大家知道，中国译协已成立了 10 多个分支机构。其科技翻译委员会是由中科院译协和水电部翻译学会共同负责的。迄今为止，科技翻译委员会已经同全国高校和中央许多兄弟译协机构成功地召开了 15 次全国科技翻译研讨会。在每 2 年召开一次的学术研讨会上，我们热诚地听取与会代表的意见，推选获奖论文到期刊择优发表。我们很高兴地看到，许多题材新颖、富有创意的翻译学术论文在刊物上发表后，学术同行反应热烈。一些学者的译学专著评论在国际译联的刊物上得到译载，或在年会上引起共鸣，这无疑促进了翻译思想的活跃和学科建设的发展。

刘：您刚才提到的译学专著评论，应该就是指书评吧？

李：是的。我们可以称之为翻译书评。现在一些翻译学术期刊都设有相关栏目，如《中国翻译》有"书刊评介"栏目，《中国科技翻译》有"图书评介"栏目，《上海翻译》栏目设置较为灵活，翻译书评文章一般会安排在"书评""新书评述""专稿递送"等栏目中。新办刊物《东方翻译》和《民族翻译》也设有相关栏目，尤其是《东方翻译》书评发稿量还不小，且每期都刊发。此外，在一些语言类综合刊物中，也偶尔会有翻译书评文章发表。

刘：您从事期刊编辑近 30 年，见证了我国翻译研究和翻译学科建设的发展历程。可以说，翻译学术期刊犹如晴雨表，能及时反映出翻译界的最新研究动态，也记录了这一历程的点点滴滴。

李：完全可以这么理解。我们刊物创刊时很薄，文章也偏短，研究内容也偏实践，理论性研究不如现在那么强。后来，刊物进行了扩版增容，一直维持在现在的水平。近来，《中国翻译》和《上海翻译》也进行了版面调整，这些举措都是为了满足翻译学不断发展的需求。随着时间的推移，翻译学科建设取得了重大突破，研究领域愈发广泛，研究内容愈发深入，这些都通过期刊反映了出来。例如，近年来，应用翻译从实践研究到理论研究，已取得了质的飞跃，这些都从期刊中得以反映出来。

刘：的确，翻译研究取得的进展，必然会通过翻译学术期刊反映出来。您认为翻译期刊如何助推翻译学科建设？

李：众所周知，中国翻译研究取得了长足进步，这是全国翻译同行共同努力的结果，也是广大读者关注和督促的结果。一本好的翻译学术期刊，如果能吸引作者和读者的兴趣，他们就愿意利用这个平台来发表研究成果，切磋理论与实践研究心得和存在的问题。所以，征稿要求要明确，有助于推动有志于翻译学科建设的同行踊跃投稿，让他们感到"英雄有用武之地"，相互得到鼓励，促进了译坛学术思想的活跃和相互往来。例如，可定期约写综述论文、定向约写专业论文、定人进行专家采访，如此等等，都有助于促进翻译学科建设发展。

刘：您从事期刊编辑工作近30年，为我国的翻译教学和研究做出了重要贡献。能否谈谈翻译学术期刊如何定位与翻译研究人才培养的关系？

李：中国翻译界人才辈出，水平很高，前辈和当代都出了许多国内外闻名的学者、大师，受到世人的尊敬。翻译人才主要还是应该依靠大专院校的系统教育和用人单位的继续教育，共同培养。学员基础打得牢靠，走出校门后，只要继续勤学苦练，都能较快成才。中国太大，人口太多，翻译市场需求量大，国际交流任务繁重，这既是机遇，也是挑战，必须依靠学校和社会共同给予关注与培养。翻译期刊不仅提供学术平台，展现学术成果，而且也应是发现人才、培养人才的基地，应多给予初次投稿的作者必要的关注，促进年轻作者发掘自身潜力，培养自身的科研兴趣，增强自信心。如果读完本科的青年经过一段实践磨练后，再有（读研）读博深造的机会，本身也懂得珍惜和抓住这个机会，就会更快地有思想、出成果、出人才。因此，一个刊物潜心支持年轻学子早日定位、早日养成科研习惯、早日增强自信心，会是促成早日成为创新人才的积极因素。

刘：如今，很多教师不论是出于严于律己，还是被迫参与到翻译研究的行列中来，他们也都非常关心翻译学术期刊的运作与发展，尤其是稿件录用问题。您能否对此再简要谈谈？

李: 当下广大作者和读者都非常爱护国家的翻译学术刊物，他们都很愿意同刊物编辑部交朋友，反映他们自己的苦楚和心声。许多教师教学任务非常繁重，还要完成科研论文，非常辛苦。所以，办刊过程中，我们必须尊重作者、读者的意见，倾听他们的心声。如何公正、公平、合理安排文章版面，如何尽可能满足作者、读者的合理要求，也是我及全体期刊人的基本义务。就《中国科技翻译》而言，我们一直严格执行三审三校制度，稿件录用不是哪一个人说了算，必须通过外审专家的评审，然后编辑部集体讨论稿件的最终录用与否。这样一来，我们能力争做到公平、公正。所以，一些作者很高兴地发表了自己的研究成果，读者很敏捷地综合分析译坛声音，这是刊物编辑十分感谢的。

刘: 我国翻译研究虽然取得了辉煌成绩，但也存在很多不尽如人意之处，比如从低水平研究到一稿两投，再到缺乏国际影响，等等。要改变这一现状，您认为翻译学术期刊应该或者能够做些什么？

李: 近年来，故意一稿两投的现象，在我这里还未发生过，或者我没注意到。但是，不规范地引用他人成果的情况时有发生。有些不尽如人意之处，其原因是多方面的，不排除"急功近利"急于发表的思想存在，还有普遍"浮躁"等原因，有的是作者知识面受局限，不了解学术进展情况。所以，一个刊物的初审、复审、终审和"查重"等程序是一个都不能少的。应该说，目前全国性的学术刊物都存在"压稿"太多难题，"好稿"都是用不完的。因此，学术界普遍期盼国家有关部门放松对学术期刊的审批手续，增加翻译学术期刊的品种和数量。当然，增加相关翻译学术期刊，并不等于可以放松对质量的要求，反而要加强对质量的监控，同时要求办刊单位或团体严格遵纪守法，充分发挥学术期刊的引领作用。我国翻译研究论文要增强国际影响力，必须"知己知彼"。目前，我国翻译界对"FIT"每3年召开一次的学术会议都选派了代表参加，但参会代表并非都有论文或者对国外代表宣读的论文感兴趣，甚至有代表只想到会后的参观游览，忙于购物，某些不正之风，正受到舆论的鞭挞和制止。建议今后对参加"FIT"会议的代表，应有明确要求，对一些成绩突出的团队应获得相应的专款基金支持，让他们勇于承担国家的重点翻译及研究任务，一个优秀的团队也要勇于承担有一定国际影响力的翻译项目，增强我国在国际舞台上的话语权。

刘: 非常感谢您能接受我的采访，从您的这席话，我感触颇深。我相信，这不仅鞭挞了我要再继续努力钻研，也鼓舞了广大读者、作者努力前行。

语用、模因与翻译

—— 何自然教授访谈录

莫爱屏[1]　蒋清凤[2]

摘要： 本文是对国内外著名学者何自然教授的访谈录。何教授致力于中国外语教育50余年，并在语言学，特别是语用学、翻译研究领域建树颇丰。他认为大学未来的主要任务之一就是要培养精通外语，并能在本专业基础上运用外语进行交际的人才。他指出，作为跨学科的一个研究领域，语用学应注重"引进"与"创造"并重，即可以走"借窝下蛋"或"自筑窝自下蛋"的道路。这一观点为外语治学，以及语用与模因论、翻译等领域相结合的研究指明了方向。

关键词： 语用学；模因论；翻译学

何自然教授简介： 国内外著名的语用学家，曾任国务院学位委员会第4届学科评议组成员，广东省高校多种评审委员会评议组组长、评审委员会副主任委员；国内外多家主要语言类刊物的编委、顾问等，现任中国语用学研究会会长。何教授从1959年起一直在高等学校从事外语教学，先后被国内的10多所高校（清华大学、浙江大学、南京师范大学等）聘为客座或兼职教授；1992年起享受国务院政府特殊津贴。何教授在过去30多年里在国内外发表论文近200篇，出版了国内第一部《语用学概论》，出版专著、译著10余部。据中文社会科学引文索引（CSSCI）统计，何自然教授的论著在有关学科论文中的被引用次数一直排在全国前列；曾连续在2008年及2011年两届入选中国杰出人文社会科学家名单，是中国外语界具有较大学术影响的学者之一。

---

[1]　广东外语外贸大学翻译学研究中心，广东广州，邮政编码：510420。
[2]　广东外语艺术职业学院国际商务系，广东广州，邮政编码：510640。

莫爱屏（以下简称莫）：语用学研究在中国历经 30 多年的发展，从最初对西方语用学理论的简单引进、介绍到结合汉语实际开展理论和应用的研究，取得了一定的成果。您带头先后举办了多个语用学假期学习班，面向全国招收学员，共同研讨语用学的研究课题。作为语言学的一门新兴学科，语用学能够被确认成为一门独立的学科，有些什么标志性事件？

何自然（以下简称何）：1977 年《语用学学刊》（*Journal of Pragmatics*）在荷兰出版发行，对推动语用学在全世界的发展起了巨大的作用。在过去的 20 余年里，在中国语用学迅猛发展的进程中有许多令人瞩目的里程碑：1980 年，胡壮麟先生发表《语用学》一文，第一次把语用学作为一门学科比较系统地介绍给中国学人；1988 年，本人编著的中国第一本语用学教材《语用学概论》问世，极大地推动了语用学研究在中国的开展、普及和发展；1989 年，首届全国语用学研讨会在广东外语外贸大学的前身——广州外国语学院隆重召开；2003 年，在中国修辞学会的支持下，中国语用学研究会正式成立，研究会的工作网站（http://www.cpra.com.cn）也随即开启。语用学研究成果广泛发表于各类语言学刊物以及综合性学报。

为了给增量迅猛的语用学研究成果提供更多的平台，提升中国语用学研究成果的交流效果，中国语用学迫切需要一个属于自己的专业平台。《语用学研究》（高等教育出版社）便是为了适应这一需要而诞生的。

蒋清凤（以下简称蒋）：那么《语用学研究》有着怎样的作者群和读者群呢？

何：迄今为止，国内拥有语用学研究方向的博士点有十多个，拥有语用学研究方向的硕士点数十个，全国范围内从事语用学研究的专家学者、博士、硕士数以千计，且在不断增长。国外语用学专家以及国内其他相邻学科的专家也将成为《语用学研究》的潜在撰稿人。

《语用学研究》也有着广阔的读者群。语用学是一个带有跨学科性质的研究领域，其研究成果具有广阔的应用空间。语用学又是关注语言生活的学科，对各类语言实践具有直接的指导意义。可以相信，凡是对语言哲学、语言逻辑、认知科学、人工智能与信息处理、社会心理、人际交往、语言教育、语言应用、儿童发展、跨文化交际等感兴趣的读者都可以从《语用学研究》中读到自己关心的研究成果。

莫：2013 年在浙江外国语学院召开了第 13 届全国语用学研讨会暨中国语用学研究会第 8 届年会，年会上讨论了浙江外国语学院和中国语用学研究会合作办刊问题，您能告诉我们关于这方面的一些细节吗？

何：经与浙江外国语学院领导和学报有关负责人商议，中国语用学研究会拟与浙江外国语学院合作办刊。当前，国际外语教育的潮流，除按传统培养各教育层次的师资之外，更需要满足社会各行业对外语的需求。社会各行业需要的是既精通所从事的专业，又谙熟外语的人才。语用学是一门研究语言理解和使用的学科，能在社会各行业的交际中发挥指导作用。为此，我们商议将《浙江外国语学院学报》的办刊重点转到语用学和跨学科研究上来，这将有利于大学在未来培养既精通外语，又能在本专业的基础上运用专业外语进行专业交际，为各行业的顺利发展和运作发挥作用。

改版后的《浙江外国语学院学报》将突出学报多学科的兼容性。人文社会科学中的所有学科，几乎都能够结合语言语用或社交语用开展学科间的界面研究。如经济与语言、语用与翻译、旅游与语用、认知与语用，对外汉语教学、中小学及大学英语教学的语用，语用与二语习得，语际语用等。即使是其他学科的论文，只要是与中外语言教育有关的好文章，学报都可以接受，这体现出学报的跨学科性。所谓跨学科，其实就是开展语言和其他学科之间的界面研究，在这个标题下办的学报，在处理稿件方面可以很灵活，是大有可为的。

蒋：目前这项工作落实得如何了？

何：我们已经签了合作办刊协议书，首先合作编辑《浙江外国语学院学报》的"语用学研究"专栏，在学报封面增加"《语用学与跨学科研究》（*Pragmatics and Beyond*）"字样。接着，年内将《浙江外国语学院学报》或该学校一级主管的其他期刊之一更名为《语用学与跨学科研究》（*Pragmatics and Beyond*）。更名后的期刊将作为中国语用学研究的专门期刊，主要刊载中国语用学界的研究成果，发展成为一个专业性的学术期刊。

今年该学报的"语用学研究"专栏将刊登第 13 届全国语用学研讨会上部分中外学者宣读的有较大影响的学术论文。

莫：21 世纪以来，中国的语用学研究十分活跃，学术活动频繁。近年来好像在每次全国语用学研讨会会期中间都插入了一个规模比较小的语用学专题高端论坛，请您谈谈你们已做了哪些工作，包括这些工作的意义与价值。

何：语用学研讨会从 20 世纪 80 年代末开始，每 2 年召开一次全国性研讨会，从未间断。仅从 21 世纪开始算也召开过 6 次了。其中 2001 年第 7 届全国语用学研讨会对国内外语用学研究现状、语用学的哲学渊源和基础理论研究、认知与语用学、语用学与外语教学等主题进行了广泛深入的探讨；并清醒地看到语用学研究应与时代相结合，要注意理论思维的创新性和前瞻性；做有意义的原创性的调查，观察实际言语交际中的语用问题；推动汉语语用学和汉外对比研究的发展。

2003 年的第 8 届全国语用学研讨会上，我们同时召开了中国语用学研究会第 1 届年会，宣告我们努力多年的、团结全国语用学学术力量的中国语用学研究会正式成立。大会得到国际语用学研究会的祝贺，英国著名的语用学家 Deirdre Wilson（迪尔德雷·威尔逊）和 Jenny Thomas（詹妮·托马斯）教授莅临大会，并做了专题讲演。正是这一年，我们将办了 10 多年的"中国语用学通讯"网页提升为中国语用学研究会（CPrA）的官方网站（网址为 http://www.cpra.com.cn/）。从此，我国语用学研究者拥有了自己独立的学术组织和对外宣传窗口，为中国语用学的普及和发展起着积极重要的作用。

2004 年中国语用学研究会第 2 届年会和 2005 年的第 9 届全国语用学研讨会召开，围绕语用学基本理论、言语行为、礼貌原则、语用推理、认知语用学、语篇语用学、社会语用学、跨文化语用学、法律语用学、语用学与语言教学等若干主题探讨。参会的论文一反以往老调重弹的颓势，扛起了创新的大旗。如语言模因论的出现，将语用和社会文化紧密结合，探讨网络语、流行语的语用现象。会上有相当一批青年学者思路活跃、学问扎实、后生可畏、敢打敢闯。甚至有青年学者运用数学方程公式来尝试性地计算最佳关联度，颇有创意。虽关联理论大师 Sperber（斯波伯）和 Wilson（威尔逊）两位早就声称关联仅是相对的比较概念，精确度量不得，但后生如此胆略，的确令人刮目相看。

2007 年第 10 届全国语用学研讨会，以"语用、认知与习得"为主题，介绍了中国语用学研究的新成果、新特点、新趋势、新方法。论文中有相当多的研究采用实证方法，体现出中国语用学研究从比较单一的理论思维走向更为全面、科学的研究范式。

2009 年第 11 届全国语用学研讨会的主题涉及语用与社会研究、语用与文化研究、语用与教学研究、语用与翻译研究、语用与认知、语篇语用研究、语用与话语分析研究、语用方法研究、语言语用分析等领域的问题。

2011 年第 12 届全国语用学研讨会的议题涉及语用学理论研究、语用学应用研究、语用与翻译研究、语用与认知研究、语用学与汉语研究、语用学与外语教学研究、语用学跨学科及其他研究。

2013年的第13届全国语用学研讨会恰逢中国语用学研究会10周年庆，因而别具纪念意义。从去年开始，我们增办了中国语用学高端论坛。研究会成立后的10年间，为中国语用学者之间以及与世界语用学者之间搭建了很好的交流平台。去年在大连理工大学外语学院召开的"中国语用学首届专题论坛"上，国际语用学会秘书长Verschueren（维什伦）教授专程前来出席我们的论坛，做了精彩的学术报告，我们也为他的60大寿欢庆一番，会议的盛况至今难忘。我们希望今年在西南大学召开的语用学专题论坛办得更好，也希望以后大家能继续此项活动。

中国语用学研究会成立10年来，我们的学者与国际语用学界的接触越来越多，除了与国际语用学协会（IPrA）有紧密的学术联系之外，美国语用学会（AMPRA）和我们也有密切的交往。（美国语用学会）创会会长Istvan Kecskes（伊斯特凡·凯奇凯斯）每年都来中国讲学。也有中国的语用学者去美国和欧洲从事学术交流，受聘为美、欧与语用学有关的国际学术期刊的编委；我们参加IPrA和AMPRA活动的会员越来越多，出席欧洲和美国的国际语用学大会的人员也越来越广。在近10年的国际语用学大会上，我国与会学者的选题面广，发言的方式也多种多样：主持专题讨论、讲演、小组发言、论文展示等都有参与。这表明，中国的语用学研究已经与世界接轨，我对此深感欣慰和高兴。

自上次大会以来，我们研究会已经启动了《语用学学人文库》的编撰工作，目前已出版了三部专著，还有一部关于语言模因理论与应用、语用翻译的专著即将出版发行，今年就能与读者见面，紧随的还有多部学术专著业已完成审读，即将付梓。我希望大家继续踊跃支持这项工作。此外，我们最近还策划了一套《语用学与学语用》的普及语用学系列丛书，只要内容涉及语言的使用和理解，都会被收入丛书。大家有兴趣的话，欢迎投稿。可电邮到中国语用学研究会秘书处或与我本人联系。

目前，我们研究会已经有了年刊《语用学研究》（高等教育出版社出版）、《语用学学人文库》和《语用学与学语用》通俗系列丛书。我们下一个努力方向是努力做好我们刚开始的与浙江外语学院合作创办的语用学专业期刊。我们期待这个"语用学梦"通过大家的努力而最终得以实现。

蒋： *何教授，刚才您提到语用学研究应与时代相结合，要注意理论思维的创新性和前瞻性，那为什么总有人说中国学者对理论的研究缺乏原创性？*

何： 弄清缺乏理论原创性的原因，是前进的开始。有人说我们的研究缺乏理论原创性是有一定原因的。如：①我们长期将实用研究与基础理论研究对立起来，轻视那些非功利的理论。但实际上这些理论研究是很必要的，如不加以重视，最终的结果必是将实用研究的源头也掐断了。②现有的理论指向不太明确。语用学理论大多具有解释性（解释语言交际何以成为可能）而不是指导性（"教"人如何使用礼貌语言、如何推理等属于指导人们如何交际的学科有伦理学、公关学、交际语言学等）。语用学的一些原则与假设同当代语言学其他理论一样，是针对语言运作的普遍机理提出的。而研究某一语言的个性（如用汉语为语料），是为了更全面、更深刻地揭示语言的共性，使语言理论（包括语用学理论）更严谨、更具概括性。有了这样的理论目标，研究者的理论意识就会增强，而理论意识增强，创造性的研究才会多起来。③恐怕是与我们的文化心理传统、外语学者的素质有关。例如，同是理论创造，对来自国外的，我们会有众多学者长时间地依傍不舍；但对来自国内同侪的见解，却各施扶持。两者形成鲜明对照。这恐怕还得从文化心理与学者的素质上找原因。比如说，2003年我们根据桂诗春教授的指引，开展了模因论的引介以及从我们自己认定的语用学视角来研究模因论。那时就曾有学者质疑，认为模因论与语言关系不大，说国外没有几篇论文谈语言模因，我们是在空中捞月，弄不出名堂来。曾几何时，语言模因论提出后很快就受到国内学者们的注意，写出大量有关的论文，国内不少学术刊物也重视发表这方面的成果。我们自己撰写的《语言模因理论与应用》一书很快也要出版了。其实，国外学者对模因论也是十分关心的，只是他们对模因论的有关讨论涉及得更广。我们注意到，meme这个英语词被美国的Merriam-Webster词典（韦氏词典）发行公司定为2012年的10大常用词；早在2006年，就有语言学家Powell（鲍威尔）以meme为题写成的词条收进2006年出版的 *Encyclopedia of Language and Linguistics*（Second Edition）［《语言与语言学百科全书》（第二版）］了。从此，模因已正式作为语言与语言学术语进入语言类百科大典。说实在的，对国内同侪提出的学术见解，我们要多思考、多观察。互相吹捧不好，互相冷漠以待就更不好了。我们学西方的语言学理论，其实也是为了我们的创新。温故能知新，是要我们学习别人的，从而打开新知之门；但温故何尝不是创新？有扎实的基础理论修养，就会有新的发现。创新不是无中生有，而是在前人成果的基础上创造出来的。

语用学在世界范围内确立时间不算长，在中国的引进期就更短。有了丰富的引进垫底，创新是可以期待的。

莫：请问您对中国语用学的发展趋势和努力方向有什么建议或看法？

何：从最近几届全国语用学研讨会的主题看，我们觉得中国语用学在以下方面还需继续努力。第一，关于语用能力及其培养的研究很多，但水平不高，重复性研究较多，没有从语用学理论本身去指导我们语用能力的提高，反而从别的学科去侈谈语用能力的问题。第二，跨文化语用研究过于集中讨论外语学习者在交际中的语用失误问题。如何才算语用失误，哪些语用失误会影响交际等问题其实都没有明确的认识，这方面的研究似乎没有什么新的突破。第三，语用学的理论研究有一些新的看法，但还缺少系统的理论阐释。社会语用学的宏观和微观研究都有待加强。第四，在研究方法上，实证性、演绎性研究都要加强。从最近几届国际语用学大会的内容看，中国语用学研究的视野还需大大拓宽。

至于中国语用学的发展，从 21 世纪以来在全国语用学研讨会上发表的国内语用学研究成果来看，语用学在中国的发展最重要的一点是立足于实际，加强语用学理论的原创性及其应用的研究。

说到建议，我个人认为，引进与创造的关系要正确分配。首先有一点要肯定的是：问题不在于因为引进与介绍得太多所以就得把这方面的步伐放慢，相反，是在于我们的理论创造跟不上。因为大量的引进与介绍不是引起理论创造缺乏的直接原因，甚至连间接原因都不是。介绍国外理论对创造自己的理论有益无害。一个国家有一部分学者引进、介绍国外的理论是正常的，全部学者都去搞引进介绍而提不出自己的见解，肯定是不正常的。有兴趣搞引进的，尽可以继续；但鼓励理论创造。

蒋：您认为在当今的语用学研究领域，有哪些观点值得我们借鉴？

何：我认为在"pragmatics 研究"（语用学研究）中，如下观点是值得考虑的：借鉴国外选题时，有两点原则：第一，借其形式（如案例），而不抄袭其结论与理论形态。这种情形可比喻为"借窝下蛋"，窝是人家的，蛋是自己下的。第二，借鉴思路，自引事实，自下结论，建立自己的理论形态。这种情形可比喻为"自筑窝自下蛋"，从形式到内容都有原创性。

蒋：我们敬仰您的学识与学问，对您的"语用三论"特别感兴趣，请您谈谈"语用三论"的由来。

何：谈到"语用三论"我想就其中由来做一简单说明。20 世纪 90 年代，我有机会赴英国深造，接触了关联论和顺应论。那时，我就有一个心愿，希望将关联论和顺应论编成教材式的专著，供从事语用学研究的同仁学习和参考。也正是在那个时候，我从桂诗春先生那里第一次听到 meme（模因）和 memetics（模因论）。他用"文革"时期的流行语和现代社会的广告、炒作作为例子，指出 meme 的存在和影响。我觉得这种现象可以很好地解释语言的运用，可以纳入语用学的研究视角。我曾考虑，编一本书，集关联论（relevance）、顺应论（adaptation）、模因论（memetics）三种语用学理论在一起的入门书，这不是很有意义吗？于是，我同我的博士后研究人员谢朝群一起，决心实现这个计划。正是在这个时候，上海教育出版社策划一套译介西方最新语言学理论的丛书。他们对我说，沈家煊先生向我约写一本介绍关联论的专著，这与我想写"语用三论"的愿望相近。于是我大胆"模仿"20世纪末赛尔斯编写的"句法三论"，将书名从单一的"关联论"扩充为"语用三论"。为了全面地介绍语用三论和当时对三论的研究心得，我们刻意把那时期发表的与论题相关的成果"克隆"进来，充实了书本内容，希望让读者清晰地了解"语用三论"。不过"语用三论"中的模因论只是一个开头，我们没有按西方的路子从文化进化的广阔角度研究模因论，而是从语用学的角度研究"语言模因论"。三论中前两论是纯粹的引介，模因论则渗有我们自己的一些分析，但随之而来的"语言模因论"就有我们更多的独立见解在其中了：我们自发组建了一个以年轻学者为主力的校际的语言模因论研究小组，每月集中学习、研讨有关文献，一年来翻译了西方的模因论新著之一《自私的模因》，同时也完成并即将出版一部专著，取名为《语言模因理论与应用》。

　　莫：meme这个词有很多种翻译，您给出的翻译是模因，这个译名一出现，就吸引了学术界的注意力，您能否谈谈"模因"这个词的汉语翻译原由？

　　何：meme一词最早出现在Dawkins（道金斯）于1976年出版的《自私的基因》一书中，其实在Dawkins提出meme以前也有不少人注意到这种文化单位，并给予各种说法，如Culturgen、Lingueme等等。Dawkins（道金斯）是一位新达尔文主义者，达尔文时代只谈遗传，而没有谈基因，把达尔文主义延伸到社会和文化，就构成一个新科学的分支"社会生物学"（social biology）。严格地说，Dawkins是一位进化生物学家，我们不能因为他写过一本 *Ethology*（《动物行为学》）就说他是动物学家，因为 *Ethology* 是动物行为学，而不是动物学。Dawkins创造meme主要是为了说明文化进化的规律。在他看来，meme是人类文化进化的基本单位，也是文化遗传单位。

　　我们考察了meme的理论成因，并在此基础上结合该术语与"基因"的关系及其近似的发音，最后决定将其译为"模因"。我们将meme译成"模因"是有意让人们联想它是一些模仿现象，是一种与基因相似的现象。基因是通过遗传而演绎生命的繁衍的，但模因却通过模仿而传播，是文化的基本单位。"模因"这个译名可以说译出了meme的意义，而且通俗易懂。Dawkins创造的meme具有两个含义：一是"文化传播单位"，一是"模仿单位"。meme 一词的核心意思就是"模仿"，将 meme 译成中文时似乎不能不考虑这个意思。Dawkins 模仿 gene（基因）创造出 meme，我们模仿他的做法，比照 gene 的汉译"基因"，将 meme 的译名定为"模因"。"模因"一词较好地表达了 meme "模仿"的含义，将 meme 译成"模因"是译出了 meme 的精髓和要义，因此觉得这似乎是比较妥当的翻译。有意思的是，英语的 meme 到汉语的"模因"，恰好反映出了人的模仿天性。

莫：现在是网络时代，人们对某种事物，如标语口号、时髦用语、音乐旋律、创造发明、流行时尚等，要有人带个头，大家就会自觉或不自觉地跟着模仿起来、"炒作"起来，您是怎样看待这种现象的？

何：模因像病毒那样感染和传播，从一个宿主过渡到另一个宿主，不断变化着形态，但始终保持其固有的性质或相同的模式。我们肉眼看不到病毒如何传染，但我们注意到它可能走的路径和可能导致的症状。模因也是那样，我们从别人那里学来的单词、语句以及它们所表达的信息在交际中又复制并传播给另外的人。当这些信息在不断地复制和传播的时候，模因就形成了。

在人们日常生活交际中，或者通过各种媒介产生的语言不计其数，然而其中能够形成语言模因的却极少。这是由于模因可以因宿主感到的语境而具有选择性，不同的语言信息传播能力各不相同。有些信息更容易被记住从而流传下去，成为模因；而另一些信息的第一次出现也可能是其唯一一次呈现，未能成为模因。

可见，语言模因的传播需要语境的触发。语言信息在未获得复制传播前只处于一定的语用潜势（pragmatic potential）中。这里的语用潜势指在某种特定语境中，某种语言信息被讲话人为应当时语境而选用去表达他的语用意图，这时语言信息就会被其他有同感的宿主高频复制传播而成为语言模因。所以我们说，语言模因的复制传播是需要被引发的。触发和形成语言模因的外部环境是一系列的语境，它们是语言模因的主要触发因素。语言模因可以被一种或多种语境的诱导或刺激而开始其复制、传播的行程。这些语境包括情景语境、语言语境、认知语境和社会语境。

语言模因的传播主要基于两方面的动力。其一是语言模因本身的规律，它要千方百计地在宿主的大脑里存储，并从一个宿主进到另一个宿主那里复制和传播自己；其二是语言模因宿主的能动作用，它要带着意向顺应特定的社会语境，有效地使用语言。可见，模因的传播与语境的关系十分密切。模因宿主根据交谈过程中得到的信息和其模拟的情景范围相对照，有选择地做出意向性的顺应，为语言交际的目的创建一个语境化表达方式。这样，语言模因的传播就同语境结合在一起了。

蒋： 近年，我注意到何教授发表了一系列关于名称翻译的论文，特别提出了重命名是更高层次的名称翻译，说它是一种比一般直译或音译原文名称要深刻得多的翻译行为。为什么这样说呢？为什么翻译名称过程中会出现重命名？

何： 这是一个很有意思的问题。近年来我对名称翻译产生兴趣，因为我发觉有些名称是可以直译或音译的，某些人为的原因使其被刻意重命名了；同时，我还发现，有时我会对某些汉语名称如何译成英语犯难。作为译者，如果没有授权我给译名重新命名的话，我会感到束手无策。这里我想举几个例子：许多外国译制片不按原片名直译或意译，而是将它译为吸引观众的或耸人听闻的名字。也有一些是译者觉得原名不能让观众立即了解影片内容而决心改一个与影片内容吻合的名字。例如：电影 *Don't say a word* 在香港取名为《赎命密码》，既吸引了观众，也透露了一点剧情，但这与原片名的字面意思相去甚远，不易引起联想；再如，有一个称为 Theme 的国外服装品牌，多年前曾在广州有奖征求汉译名，结果有人将它译为"掂"，拿走了大奖。虽然这个"掂"字按广东方言有"顺利""成功"的意思，但在标准汉语中它只表示估量轻重，没有太多的含意，加上只用一个单音词作为品牌，似不符合汉语习惯，读音不够响亮，说着也感到别扭。另外，还有一个名字，除非授权我重命名，否则我深感无法将它译成一个"像样"的英译名。大家不妨试试："湖北省推进武汉城市圈全国资源节约型和环境友好型社会建设综合配套改革试验区建设领导小组办公室"。这个机关名称共 45 个字，如何译才好呢？

莫： 何老师从教几十年，请问您在外语治学方面有什么特别的心得体会？

何： 在我走过的道路上，有一些东西也许因为我的遭遇而体会得更深，这就是：一要通过自己的实践对自己所从事的外语专业培养出浓厚的兴趣；二是学外语最重要的是语言训练，要通过"重复""联想""归纳"的规律来学好外语；三是要勤奋，多读书、多思考，培养观察和分析语言现象的习惯，并将领悟与心得记录下来，写出有理、有据的论文；四是英雄莫问出处，要谦虚谨慎，不慕虚荣，多出实际成果。通过艰苦努力而获得实力，必能博得社会对自己的承认。

莫： 您的这些经验和体会对我们学习和研究外语的人来说是十分宝贵的财富，很值得我们去学习、领悟，谢谢！

"译坛巨匠"是怎样炼成的？

—— 杨武能教授访谈录

刘荣跃

摘要： 从《少年维特之烦恼》《亲和力》到《浮士德》和《歌德谈话录》，
从《莱辛寓言》《阴谋与爱情》到《茵梦湖》和《特雷庇姑娘》，从《里
尔克抒情诗选》《纳尔奇思与歌尔得蒙》到《魔山》，从《格林童话全集》
《豪夫童话全集》到《嬷嬷（毛毛）》和《永远讲不完的故事》……一系
列德语文学经典的成功译介，让杨武能的名字深深印在了我国一代又一代
读者的心中。笔者在和杨武能教授的交谈中逐渐理解了"译坛巨匠"是怎
样炼成的。

关键词： 杨武能；译介；"译坛巨匠"

杨武能教授简介： 1938 年出生于重庆市武隆县。1962 年秋南京大学德语专业毕
业分配到四川外语学院任教。1978 年考入中国社会科学院研究生院，师从冯至，主
攻歌德研究。1983 年调四川外语学院任副教授、副院长。1990 年调四川大学任教授，
1992 年至 1997 年任四川大学欧洲经济文化研究中心主任。出版《浮士德》《少年维
特之烦恼》《格林童话全集》等经典译著 30 余种，另有学术专著《三叶集》等。编
著的《歌德文集》《海涅文集》等十余种译作影响深远，获"中国图书奖"等多项奖励。
2000 年荣获德国"国家功勋奖章"，2001 年获终身成就奖性质的洪堡奖金。

从《少年维特之烦恼》《亲和力》到《浮士德》和《歌德谈话录》，从《莱辛
寓言》《阴谋与爱情》到《茵梦湖》和《特雷庇姑娘》，从《里尔克抒情诗选》《纳
尔奇思与歌尔得蒙》到《魔山》，从《格林童话全集》《豪夫童话全集》到《嬷嬷

（毛毛）》和《永远讲不完的故事》……一系列德语文学经典的成功译介，让杨武能的名字深深印在了我国一代又一代读者的心中。为表彰杨教授对德中文化交流的杰出贡献，2013 年 5 月在德国文化名城魏玛，继 10 年前获得德国国家功勋奖章和终身成就奖性质的洪堡奖金之后，他又荣获国际歌德学会授予他的"歌德金质奖章"，成为中国获得这一国际歌德研究领域最高奖项的第一人。事后不久，在向他表示祝贺之余，笔者有机会针对文学翻译的实践和理论问题，对杨教授做了一次专访。

刘：杨教授，在有关您获得歌德金质奖章的报道中，都突出强调了您作为翻译家的成就和贡献，有的报道标题甚至用了您"荣获翻译界的诺贝尔奖"这一耸人听闻的提法。请问这是怎么回事？

杨：报道都突出评介我的翻译成就，是很自然的事。我获得歌德金质奖章，最重要的原因就是我系统研究、译介歌德，使这位德国大文豪的作品和思想在中国得到了进一步传播和接受。尽管我常被人誉为学者、翻译家和作家"三位一体"，可事实上呢，我仍以翻译成就最富名声和影响。我本人也首先自视为一名文学翻译工作者，并以身为文学翻译家而感觉荣幸，感到自豪。

至于您提到的那个报道题目显然张冠李戴，把歌德研究领域的奖项变成了翻译界的奖项，虽无恶意却犯了想当然的错误。还有硬要跟诺贝尔奖挂上钩，也为我所不取。因为这丝毫不会增加歌德金质奖章本身的含金量，只反映出部分国人对诺奖（诺贝尔奖）的痴迷罢了。

刘：杨教授，还有报道标题称您为"译坛巨匠"，并冠以您"德语界的傅雷"这个称谓。请问您自己如何看待这样的评价？

杨："译坛巨匠"也好，"德语界的傅雷"也好，我都视为朋友们对我半个多世纪的劳绩的肯定，都视为是对我老骥伏枥，继续前进的鞭策。对此我唯有心存感激，绝不会沾沾自喜、故步自封。顺便说说，在我获得歌德金质奖章之前很久，我已经得到国内翻译界师友们的类似肯定和鞭策。如 2003 年《杨武能译文集》出版，译学理论家和文学翻译评论家谢天振教授就已将它与《傅雷译文集》的出版相提并论。后来中国社会科学院荣誉学部委员柳鸣九老师也以我比过傅雷，并给了我文学翻译巨匠的称誉。我在此感谢师友和广大读者对我的嘉许和厚爱，把这些崇高的称号视为自己努力进取的方向，把师友们的鼓励变作继续奋斗的动力。

正因为有师友和读者的鼓励，我年逾古稀仍没有放下译笔；跟以前不同的只是近些年来调整了工作重点，"返老还童"，把相当多的时间和精力投入了儿童文学的译介。不久前，继米歇尔·恩德的《魔鬼的如意潘趣酒》之后，我又翻译出版了这位德国幻想文学大师的《嫫嫫（毛毛）》和《永远讲不完的故事》等杰作。我感到，能在晚年为孩子们做一些事，真是非常幸福、非常快乐。

刘：杨教授作为著作等身的老一辈文学翻译家，您深受我们年轻译者的仰慕和广大读者的喜爱，同时大家也很好奇，想知道半个多世纪前，您是怎么走上文学翻译这条艰辛的人生之路的。您真是有人说的"误打误撞"，成为"译坛巨匠"的吗？

杨：说我进入翻译界是"误打误撞"，不对，其实早有"预谋"！若一定要用好记好听的四字词组来形容，倒不如讲"走投无路""因祸得福"！

生长在长江边上的重庆崽儿爱做梦。20世纪的50年代初，我在重庆一中念高中，因为色弱不能学理工，就在语文老师王晓岑的启发下，确立了成为像丽尼、傅雷似的文学翻译家，进而再做作家的迂回圆梦路线。

刘：可以讲讲您起步的情况吗？

杨：我进大学先学的是俄语，1956年的秋天，让一辆接新生的无蓬货车拉到了北温泉山背后的西南俄专（今四川外国语大学）。亏得念中学时打下了牢实的俄语基础，一年级便跳班学完了2年的课程。眼看还有1年就要提前毕业，谁知天有不测风云：牢不可破的中苏友好破裂了，学俄语的人面临着僧多粥少的窘境。于是被迫转学，19岁便东出夔门，去千里之外的南京大学学习日耳曼学也就是德国语言文学，从此跟德国和德国文化结下了不解之缘。这是我做梦也没想过的，事后证明却因祸得福，就跟不能学理工才学外语一样。

刘：您大二就尝试搞翻译，1958年在《人民日报》发表了非洲民间童话《为什么谁都有一丁点儿聪明？》这篇译作，能讲一下背景吗？

杨：还在二年级我便急不可待地在课余搞起翻译来，除去受到教师中一批成就斐然的翻译家如张威廉、何如的启迪和激励，还有个人主观的原因：从长远讲，我确实想实现自己高中时期立下的当文学翻译家的理想，但眼前更迫切而实际的考虑则是赚稿费，以便缓解家庭经济的燃眉之急。我在上海《文汇读书周报》发表了一组"译坛杂忆"，详细谈了早期"种自留地"拿稿费的情况，以及后来如何在亦师亦友、相濡以沫的叶逢植老师指引下，不断在《世界文学》刊发德语文学经典的译作，可以讲是连蹦带跳地冲上了译坛。

刘：南大（南京大学）毕业后您分配到四川外语学院任教。教学任务繁重，还继续搞翻译吗？

杨： 1962 年大学毕业分配回由西南俄专发展成的四川外语学院，最初的 2 年还在《世界文学》发表了《普劳图斯在修女院中》和《一片绿叶》等德语古典名著的翻译。谁料好景不长，再往后选题怎么都适应不了多变的政治形势，就连审毕待刊的诸如自然主义大师豪普特曼的短篇小说，无产阶级革命作家魏纳特的诗歌、散文，也统统发不出来啦。1965 年，《世界文学》这份由鲁迅创刊的中国唯一一家外国文学刊物干脆停刊，我的文学翻译美梦眼看着化为泡影，身心遂堕入了黑暗而漫长的冬夜。

刘： "文革"期间，您受到冲击了吗？

杨： 我不过是遭抄了家，还被勒令扫厕所罢了。列举的罪名也不过"黑五类"、"狗崽子"呀，藏"毒"、贩"毒"呀——证据就是我书架上的《燕山夜话》《艺海拾贝》，以及我译的《莱辛寓言》等等。跟在"文革"中蒙难的傅雷和刘德中等译界前辈比起来，我的遭遇实在算不了啥。前面说过，傅雷是我立志做文学翻译家的偶像，但刘德中这位英年早逝的德语文学翻译家，今天却很少有人知道了。请让我借此机会，对这两位前辈表示后学的深切感激和怀念。

刘： "文革"结束以后是否重登译坛？是否又遇到了叶逢植那样帮助、提携您的老师或朋友？

杨： 严冬好不容易熬过去了。大约是 1978 年的初春时节，我按捺不住给人民文学出版社的老翻译家孙玮写了封自荐信，希望领取一点儿译介德语文学的任务。不久接获回函，称该社正"计划编印一部德国古典短篇小说……您手头如有适当材料，希望能为我们选译几篇"，云云。回函人却不晓得是谁。

那年头儿，能得到国家出版社的约稿，可是非同小可。受宠若惊的我未敢怠慢，立马给不知名的编辑同志寄去十来个选题，并且不知天高地厚地提出：能否把"德国古典短篇小说"整部书的编选和翻译工作统统交给我？

大约一个月后，我忐忑不安地拆开回函，欣喜的是并未对我的冒昧和"贪婪"表现丝毫讶异，而是讲："谢谢您的帮助……希望您把您准备翻译的和已经译出的篇目告诉我们，并立即动笔翻译下去。"

不久，我到北京参加社科院硕士研究生复试，顺便拜访了心目中的圣地人民文学出版社。出来接待我的是位 50 来岁的瘦小男同志，他自我介绍就是那个跟我通信的编辑，名字叫绿原！

刘： 后来呢？

杨： 第二年 4 月下旬，小说选的集稿和翻译接近尾声，共选收了德国、奥地利、瑞士三国的德语短篇小说 34 篇,其中 20 篇是我自行翻译的。按照我的提议,小说集定名为《德语国家短篇小说选》。

应绿原要求,我还为集子写了一篇序言。现在想来,20 世纪 80 年代依然盛行论资排辈,人们遵从权威近乎于迷信。我虽年逾不惑,却是德语文学圈里的小毛头,做梦也不敢想能替国家出版社一部厚达 700 多页的大作写序。

我写的序很快交稿,书也在 1 年多后的 1981 年 2 月印出来了。没想到的是不仅序署了我的名,而且书的编选者也成了杨武能!

在出书相对容易的今天,对于已是"著作等身"的我来说,此事应该算是稀松平常,不足挂齿,可在"一本书主义"尚未过时的当年,却绝非等闲小事!

刘: 后来呢?

杨: 紧接着,我又斗胆向绿原要求重译郭沫若译过的世界名著《少年维特之烦恼》,同样得到了他和孙绳武(即孙玮)同志的认可,并顺利地在 1981 年年底出了书。1982 年是歌德逝世 150 周年,《少年维特之烦恼》新译本生逢其时,出版后遂大受欢迎,广为流传,至今仍不断再版、重印,成了郭老译本之后最受瞩目和最受欢迎的本子。自此我便在译坛"崭露头角",译著成了各出版社争抢的对象,得以在南京译林、桂林漓江、上海译文等社推出《施笃姆诗意小说选》《特雷庇姑娘》和《纳尔齐斯与歌尔德蒙》等产生了一定影响的译著。

然而,在我的《少年维特之烦恼》等奠基之作中,绿原没有留下自己的任何印记,表现了一个编辑和译坛前辈的高风亮节。

刘: 杨教授,记得 2003 年您的《杨武能译文集》出版,《译林》老主编李景端先生在一篇文章中盛赞您的译文集富有系统性和学术性的同时,还指出书前应该有一篇介绍您翻译观、翻译美学和翻译理念的文章。您同意李先生的意见吗?

杨: 感谢景端先生对我译文集的高度评价并指出其不足。我认为他的话很有道理。之所以留下不足和遗憾,倒不是因为我没有自己的翻译理念,没有自己关于文学翻译的美学思考可以发表。实际上,自从 1958 年开始业余做文学翻译,我便深知文学翻译工作者必须具有一定的理论素养,必须清楚文学翻译的本质,知道翻译家必须具备怎样的学识和素养,知道翻译作品必须达到怎样的要求和标准。所以在翻译实践的余暇,我相当重视理论修养的提高,相当关注译学理论的发展,自己也一边实践,一边进行有关翻译的本质、文学翻译的规律和批评标准等的思考。简单讲,我认定文学翻译的成果必须是文学,即翻译文学;我主张文学翻译家同时还得是学者和作家;

我提倡文学翻译批评最重要的是做总体的、综合的文学批评,而非仅仅是寻章摘句的语文批评,等等。

刘: 我知道您在翻译理论方面有过好些富有理论价值和实践意义的独到见解。可不可以请您择其一二,比较深入地讲一讲?

杨: 实话实说,在我国群英荟萃的译学研究舞台上,我充其量只能算个票友。写过几篇"断想",都是因缘际会,应朋友邀请,总结自己实践体验而拼凑成的发言稿。例如,1998 年应香港中文大学金圣华教授邀请出席翻译研讨会,我写过一篇《翻译·解释·阐释》,探讨何为翻译或者说翻译的本质问题。只不过呢还在 1987 年,《中国翻译》第六期就发表了我的"文学翻译断想"《阐释、接受与再创造的循环》。时隔 10 年,我再审视、思考自己在此文中提出的"文学翻译乃阐释、接受与再创造的循环"这个命题,觉得它在当时虽不无新意,但却有烦琐和面面俱到的毛病,因此将它简化为:翻译即阐释 —— 仅仅是阐释。因为所谓接受也好,再创造也好,或者更通俗一点的理解也好,表达也好,统统都已包括在"阐释"两字之中。只不过作为文学翻译实质的阐释乃是一种特殊意义的阐释,即广义的、全方位的、深入的、表里兼顾的,以及直观的也就是演绎性的阐释。

需要声明的是,翻译即阐释这个命题的提出,并非论者个人别出心裁。早在为翻译这一古老的人类交际活动命名造字时,我们的祖先应该说就已多少悟出了译即释的道理。同样,在英语里由拉丁文衍生出来的 interpret(解释,阐释),也有翻译(translate)的意思(在德语里变成了 interpretieren)。在很大程度上,我正是从 interpret 一词在艺术领域的实际运用中,得到了最初的启示,慢慢悟出了文学翻译也是一种 interpret,即一种演绎性的阐释的道理。

由于篇幅限制,不便进一步阐发我这个"译即释"的命题。你有兴趣可参阅我《三叶集》里的相关文章。

刘: 好的。对这个问题我只想再问问,文学翻译既然是阐释,必定或多或少带有这一活动的主体阐释者即译者的个人色彩。这种个人色彩随着时间的积累、译作的增多而稳定下来,便会成为译者的风格,对吗?

杨: 从理论上讲,译者的个人色彩或风格当然应该避免;然而在文学翻译的实践中,它却永远是客观存在的,不管我们喜欢也好,不喜欢也好,承认也罢,不承认也罢。甚至也可以说,文学翻译的艺术性和创造性,在很大程度上正是仰赖于它。试想,一部作品的翻译如果永远是依样画葫芦般的客观和千篇一律,还有什么艺术和创造可言？不许做主动、积极的阐释，否认译者实际上也有风格，就等于否认文学翻译是艺术性的创造。

不过，译者的风格尽管客观存在，不可能完全避免，但又不宜过分张扬和有意显露，而只可使其尽量与原作者的风格相适应、相协调、相融合，使它的表现尽可能自然、隐蔽并且控制在合理的范围之内。我很赞赏傅雷先生尽量选与自己气质和风格相近的作家作品来译的主张，因为这样确实能自然而然地扬长避短，相得益彰。还有许钧教授关于掌握好"度"的提法，我也十分同意。回顾一下我国乃至世界的文学翻译史，其实真正能传之后世的恰恰是那些有自己风格的翻译作品 —— 林纾的"翻译"可以作为一个比较极端的例子，而能掌握好自身风格隐与显的这个"度"的，恰恰是那些翻译大师。

刘：杨教授，您自谦为译学理论研究的"票友"，却不时在舞台上发出新声新调，令人佩服。

杨：您说的"新声新调"不过就是收录在我《三叶集》中的那几篇"断想"而已，与近年来译学界出版的一系列专著相比简直算不得什么。如果说还有什么可取之处，就只是出现得比较早，跟海内外的某些时髦理论有所巧合罢了。

刘：您太客气啰。

杨：不是客气，是实话实说。理论问题，我真是不敢多谈，也不想多谈。我真正上心和喜欢的还是坐下来实际做翻译。翻译一位我们所喜爱的作家的作品，在我既是种献身，也是种享受。我真的常常会忘记自我，变成作者的代言人或替身，将他（她）所思所想再思想一次，把他（她）所经历的苦和乐再经历一次，以致忘记了流逝的时间，忘记了工作的劳累。一般地说，这样产生的译作，才是有生命的，才富有感人的力量，才容易臻于"化"境。反之，一部我们本来就讨厌或者无所谓的作品，即使勉强译出来了，效果顶多不过差强人意，甚或连差强人意也做不到。还有，我只译真正有价值的作品，只译经典名著。当然喽，这一点初学翻译的人办不到，因为没有选择的自由；再说到了今天，可以翻译的经典名著已经不多了。

刘：杨教授，您非常重视文学翻译作品的"文学性"，请问这是为什么？

杨：我对这个问题的回答很简单。如果没有了文学性，没有了文学的美质，文学翻译就不成其为文学翻译。也就因此，译文的遣词、造句、语气、笔调、音韵、节奏等等，都必须在正确表达思想内容的前提下，极力地再现原著的风格和神韵，也就是极力地使自己的译文同样富有文学性，富有与原著尽可能贴近的种种文学品质和因素，使译文本身在读者审美鉴赏的显微镜下也是文学，即翻译文学。翻译文学与文学翻译，虽然关系密切却并非同一个概念；前者并非后者的必然结果，而只是后者高水平的成功的结果。事实上，很多文学翻译书籍，哪怕它们的原著是世界文学的瑰宝珍品，却都离成功的要求甚远，都难以纳入翻译文学之列。究其原因，主要是译者忽视"文学"两字，或并未忽视却力不从心。

刘：国内的众多译家，您最钦佩哪几位，最欣赏他们的哪些作品，为什么？

杨：已故的翻译家中，我最钦佩傅雷和丽尼、戈宝权。所以称我"德译界的傅雷"，我深感荣幸。傅雷学识渊博，学贯中西，著译等身，佳译众所周知，是我追慕学习的榜样。丽尼今日已不大为人所知，我十分欣赏他译的屠格涅夫《贵族之家》，是我立志做文学翻译的重要诱因，戈宝权译的高尔基的《海燕》和普希金的抒情诗，也堪称妙品佳译。德语翻译家我佩服田德望先生，他最大的成就是从意大利语翻译了《神曲》；他从德语翻译的作品虽不很多，但《三个正直的制梳匠》等凯勒中篇小说的翻译则不输傅译。还有就是傅惟慈，他英译成就更大，但一部从德语翻译的托马斯·曼代表作《布登勃洛克一家》，问世几十年来没有人敢重译。张玉书译的海涅《论浪漫派》和《象棋的故事》等茨威格小说，也堪称翻译文学。非德语文学的杰出翻译家数量更多，我熟悉的李文俊被公认为译介福克纳的专家，成就令我钦佩，其他许许多多不熟悉的就不敢妄议了。

至于我的老师张威廉和钱春绮等前辈，贡献可谓巨大，我十分尊敬他们，却不欣赏他们对原著亦步亦趋的译风。有人把我的恩师冯至推崇为至今无人企及的翻译大家，其实我认为是个误解，老师有知恐怕自己也不会同意。老人家引以为傲的是他乃一位大诗人，学者已在其次，翻译家则根本不提。请千万别以为我对冯、张、钱等前辈心怀不敬甚或轻蔑。恰恰相反，他们都是我的师长。特别是冯至老师，1978 年我 40 岁，当了讲师却抛妻别女，冒着考不上丢人现眼的风险，报考了中国社会科学院他老人家的研究生，才得以实现成为翻译家的梦想。前边我提到过叶逢植、绿原等一些指引、提携我的前辈，我视他们为自己生命中的贵人。而冯至老师是我一生中遇到的最大贵人，他在我心目中地位更加崇高、神圣，我敬他如严师慈父。德国人称博士生导师为"博士父亲"（Doktorvater），中国人讲"一日为师，终身为父"，冯至老师教了我 3 年，3 年后还一直关心我，提携我，说他是我的严师慈父一点不勉强。

刘：您获得歌德金质奖章后，在接受《成都商报》采访时说："在中国我有幸成为获得歌德金质奖章的第一人，但这并非我一个人的荣誉和功劳。这荣誉归于中国的日耳曼学研究，归于指导我学习研究歌德的导师冯至先生以及在南京大学的恩师，归于自郭沫若以来的一代代歌德研究者和译介者。"您提到的郭沫若先生是一位公认的大才子，他100年前翻译了《少年维特之烦恼》和《浮士德》，后来您再译时有没感到压力？您对名著重译问题有何看法？

杨：名著重译是现实的需要。事实上，有提高和创造的高水平重译，不断赋予外国名著以新的生命；随着新的名译佳译出现，外国名著才一次一次获得再生。正是我大胆、成功地重译了郭老译过的《少年维特之烦恼》，才使歌德这部杰作在中国重新活了起来、火了起来。我重译的《浮士德》效果也不差，不仅重版、重印，眼下在豆瓣网络读书平台也销势旺盛。

刘：杨老师是当代中国翻译德国文学和研究歌德的杰出代表，却总不忘自己的成就与前人的付出息息相关。您曾写过《筚路蓝缕 功不可没 —— 郭沫若与德国文学在中国的译介和接受》（《郭沫若学刊》，2000年1期）、《郭沫若 ——"中国的歌德"》（《郭沫若学刊》，2004年1期）、《冯至与德国文学》（《外国文学研究》，1987年2期）、《冯至与德语诗歌》（《外国文学评论》，1992年3期）等文章，来肯定和褒扬郭沫若、冯至等传播德国文学的成就和功绩，而不像有些人那样以"解构"前驱来为自己赢得进入历史的机会。作为后学，我对此深有感触。不知老师您何来如此胸怀？

杨：您提到我不赶解构前驱的时髦。不只如此，对自己的师长和前辈，对自己人生旅途中遇见的一位位"贵人"，我反倒始终真诚地怀着感恩的心。你问为什么，我想这是受了"得人点水之恩，必当涌泉相报"的传统道德观的影响吧，没有什么特别。

从上初中到大学毕业，我吃饭穿衣靠的都是国家，靠的都是政府发的人民助学金，我这个翻译家真的完完全全是人民培养出来的！抚今思昔，我对国家、人民充满感激之情。是的，我很感激帮助、提携过我的师友，感激我生命中大大小小的贵人，但我更应该感激的是我的国家和人民。

刘：50年翻译生涯，您一定有许多难忘的经历，可以略述一二吗？在您的译作里，《格林童话全集》再版重印次数最多，也是很多孩子和家长的最爱。当年翻译的情况怎样？

杨：半个多世纪做文学翻译，真是尽尝了酸甜苦辣。至今难以忘怀《格林童话全集》的苦译。20多年来译林等多家出版社推出了数十种不同装帧设计的版本，摆在一起跟成排成群的孩子似的，叫生养他们的父亲 —— 我 —— 看在眼里油然生出幸福感。可是谁又知道当年译者受了多大的苦啊？

不错，这是本民间儿童文学，内容不深奥，文字也浅显，但却厚厚两册，译成汉语多达五十余万字。想当年，计算机汉字处理刚起步，我不得不一笔一笔地写！每天这么译啊写啊，一坐就是八九个小时。终于熬到全集的后半部分，一天却突然脖颈发僵，手腕颤抖，躺着站着直觉得天旋地转，头晕目眩 —— 后来长了见识，才知道是闹颈椎病啦！

出生前和出生后不一般的经历、境况，都决定《格林童话全集》是我最疼爱的孩子。所以每当有见利忘义之徒伤害她，我都会挺身而出，拼命护卫，用我译者的笔破例写了《格林童话辩诬 —— 析〈成人格林童话〉》《捍卫人类遗产，为格林童话正名 —— 斥所谓"原版格林童话"》等论辩文章，揭露所谓《成人格林童话》或《令人战栗的格林童话》的卑劣骗术。这样做赢得了广大读者的支持和尊敬，却招来制假贩黄者的仇恨，于是网上出现了一两个"坚决抵制杨某翻译的《格林童话全集》"的帖子。不过"抵制"乃妄想而已，无损我孩子一根毫毛。

刘：最后问一下文学翻译批评问题。杨教授，您的翻译广受赞誉，我想冒昧地问一问，是否也有对您译作的批评呢？如果有，您如何对待？

杨：批评当然有，不过很少很少。遇到批评，我一般都不回答。因为我认为，文学翻译原本就是阐释，不同译家做不同的阐释是很正常的事，而正确的阐释并非总是仅有一种。何况有的批评者本身也是译者。对这种注定偏心眼儿的裁判做出的裁决，有什么道理好讲呢？至于个别不负责任的网上大嘴、二杆子"批评家"，搭理他们就更不值得。

我这么讲并不是说文学翻译批评没有必要。恰恰相反，我倒认为我国的文学翻译批评开展得太不够，水平也太低。实话实说，我们国家搞文学翻译的人成千上万，能称上翻译家的也为数不少，可是文学翻译批评家却少得可怜！就我个人的观察和判断，够水准和比较知名的不过就李景端、谢天振、许钧等几位而已。须知比起做文学翻译来，做文学翻译批评不但难得多，而且更加吃力不讨好！不只需要更高的学养，还必须具有不计个人得失的精神和勇气。我对偶尔出现的对拙译的教师爷式批评置若罔闻，相反格外重视包括整个文艺界、出版界在内的广大读者对我的译作的接受和反应，因为在我的心目中，广大读者才是实事求是的、公正而严谨的批评家。也正因此，读者的认可，对我才是权威的评价，才是最高的奖励。

　　最后再强调一句：做文学翻译也有个毛主席十分重视的"为什么人"的问题！我译德语文学不是为了德国人，不是为了得他们的国家功勋奖章；译歌德不是为了歌德，不是为了得国际歌德学会的歌德金质奖章。我翻译德语文学，一开始是为了圆自己的梦，后来随着阅历增长，见识加深，才慢慢知道首先应该考虑的是如何更好地为自己的读者提供精神养料，如何为生我养我的国家做出必需的回报，如何为丰富自己民族的文学、文化宝库有一点儿贡献。也正因此，50 多年孜孜以求，备尝寂寞、艰辛，我这个"文化苦力"才能无怨无悔。

贯中西、适者存：生态翻译学的兴起与国际化

—— 胡庚申教授访谈录

陶李春[1]　胡庚申[2]

摘要：生态翻译学肇始于 2001 年，历经 15 年的拓展与出新，相关研究成果和理论体系已粗具规模。胡庚申作为生态翻译学的领军学者，回顾和展望了生态翻译学的缘起、演变与发展，并就生态翻译学的核心内涵及生态视角十论等问题做了深入阐述，力求在新生态主义的引导下，引领生态翻译学从中国走向世界，助推中国译学的国际化。

关键词：生态；适者生存；生态翻译学；新生态主义；回顾与展望

胡庚申教授简介：清华大学外语系国际交流语用学教授、香港浸会大学（翻译学）哲学博士、英国剑桥大学英语与应用语言学博士后。历任中国科学院武汉对外交流与外语应用研究中心主任、中央电视台（CCTV）教育节目部特邀主讲、清华大学校学术委员会文科发展组组长、外语系学术委员会主任暨学位委员会副主席、香港国际交流中心顾问等职。主要从事跨文化 / 国际交流语用研究和翻译理论研究，已出版《对外交流与外语应用交叉研究导论》《涉外语言策略技巧》《跨文化 / 国际交流语用研究》《翻译适应选择论》等专著 10 余部，在国内外发表文章百余篇。科研成果获国家级奖 3 次、省部级奖 2 次。享受国务院政府特殊津贴专家。

引言：中国学者胡庚申于 2001 年创立生态翻译学，2010 年创建"国际生态翻译学研究会"，2011 年创办《生态翻译学学刊》，至 2015 年，国际生态翻译学研讨会

---

[1] 南京邮电大学、南京大学。

[2] 澳门城市大学、清华大学。

已举办了五届，也已在国际译界产生持续影响。胡庚申十几年如一日，潜心于生态翻译学理论话语体系的构建与应用，致力于生态翻译学的创立、发展与国际化，在国内外开辟了生态翻译学的新领地。目前，国内已有一大批博士论文、硕士论文及期刊文章基于生态翻译学的理论框架来展开研究，颇有建树。还有数十项不同级别，以生态翻译学为专题的研究课题在研，更新的研究成果可期；国家社科重大项目选题也在申报之中，时机可待。在生态翻译学创立 15 周年之际（2015 年），胡教授欣然接受了此次采访，就生态翻译学的缘起、发展与国际化等问题悉心做了回应。

陶李春（以下简称陶）：胡教授，您好！感谢您接受此次采访，生态翻译学理念由您 2001 年提出，现已走过 15 年的历程。生态翻译学融合中西学术养分，从宏观、中观、微观等多视角对翻译过程、翻译产品及译者生态展开分析与研究。能否借此机会，请您阐述一下生态翻译学的缘起与哲学理据？

胡庚申（以下简称胡）：我乐意接受你的采访，原因有三：一是可以了解一位同行的青年学者对生态翻译学研究和发展会有哪些问题或疑惑；二是会有助于对生态翻译学一些问题的深入思考和梳理；三是会有利于生态翻译学 R&D（研究与发展）信息的传播。

关于缘起，表面上看，始于我 2001 年攻读博士学位，但相关问题（对运用达尔文理论中"适应 / 选择"学说问题）的思考却萌发于 20 世纪 90 年代初期。当时我为清华大学研究生开设语用学课程，讲授了时任国际语用学会秘书长耶夫·维索尔伦（Jef Verschueren）博士的 Theory of Linguistic Adaptation（顺应论）。1987 年，维索尔伦运用达尔文的自然选择 - 适应学说，把生物科学引入语言学，为语言使用研究搭起了新的理论框架，即语言适应理论。他认为，语用学应该看作是用来研究：（1）语言选择背后的机制和动机；（2）这个机制和动机所具有的和企图获得的后果与影响（Verschueren，1987：14）。后来，维索尔伦博士又于 1999 年出版了专著 *Understanding Pragmatics*（《语用学诠释》）（维索尔伦原版专著于 2000 年在我国出版发行）。他在该书第 9.3 节中再次专门阐述了生物的适应与语言适应论之间的关系。但问题是，既然人们运用语言的机制里面既有适应，又有选择，为什么维索尔伦博士反复强调人与环境的"双向适应"却缺少主动的"选择"呢？为什么在其专著的书名中也只提"适应"（adaptation）却未明示"选择"（selection）呢？基于我本人二三十年的口译、笔译实践，我朦胧地感到，这种适应与选择在翻译活动中应该表现得更为突出，因此，我一心想弄个明白，译者在翻译过程中究竟是怎样既"适应"，又"选择"的。带着这个想法，或者使用学术一点的术语就是，我初步有了一个理论"假设"（hypothesis），当 2001 年我争取到攻读博士的机会时，我就说服导师，毫不犹豫地开始了所谓的"翻译适应选择论"的"求证"（justification）工作。在这样的背景之下，2001 年刚去香港读博士不到三个月，我就做了首场题为《从达尔文的适应与选择原理到翻译学研究》（*From the Darwinian Principle of Adaptation and Selection to Translation Studies*）的翻译学讲座，并在当年的国际译联第三届亚洲翻译家论坛上发表了《翻译适应选择论初探》的论文。此后，我就像在矿山中发现了宝藏一样，挖掘出来的好东西越来越多，随之便一发而不可收。

关于哲学理据，可以说总体上是稳定的，但从翻译适应选择论（TAS）到生态翻译学（Eco-Trs），其间也有适调和嬗变。

生态翻译学起初的表述是：借用达尔文生物进化论中"适应 / 选择"学说的基本原理和思想，解释和描述译文产生的翻译过程，作为"翻译适应选择论"的哲学理据。

生态翻译学后来的表述是：生态翻译研究范式以生态整体主义为理念，以东方生态智慧为依归，以"适应 / 选择"理论为基石，系统探究翻译生态、文本生态和"翻译群落"生态及其相互作用和相互关系，致力于从生态视角对翻译生态整体和翻译理论本体进行综观、描述。

生态翻译学的最新表述是：生态翻译学以新生态主义为指导，以生态翻译的喻指和实指为取向，以发掘和揭示翻译活动中的生态理性、生态意义为要务，以使生态理性、生态思想成为一种世界观和方法论来统领和关照一切翻译行为和翻译研究为宗旨，是一种从生态视角综观和描述翻译的研究范式。

可见，不同时期和阶段虽稍有变化，但总体上，生态翻译学的立论基础（即"新生态主义"的理论指导，包括：西方生态整体主义哲学、东方古典生态智慧以及我们自己开发的翻译适应选择论）却一直比较稳定，可谓"吾道一以贯之"。

陶：自 2001 年以来，生态翻译学的相关研究在您的引领和启发下，已经取得了长足的发展与进步，请问您如何整理和总结生态翻译学这 15 年的发展与应用情况？

胡：但凡谈到整理和总结，总会涉及线索和要点。我主要是从以下几个方面着手：既可以研究思想的发展为线索，如从翻译适应选择论到生态翻译学，特别是其中定位的革沿、术语的厘定、体系的构建、发展的导向等；也可以翻译本身的规律为线索，如从外部到内部研究，从宏观到中观再到微观研究，从文本到译者再到"译境"研究等；

还可以逻辑理路为线索，如从已有的收获（进展与好评）到现存的问题（欠缺与质疑），再到改进的计划（适调与修补）等。而如果从研究者的线索来看，又可以"从个人到团体""从跟随到开拓""从分散到聚集""从国内到国外"，等等。

15 年了，回过头来看，生态翻译学的发生和发展，既有全球因素，又有中国因素；既有外部因素，又有内部因素；既有客观因素，也有人为因素，乃至个人因素。同时，生态翻译学的发生和发展，也是一种社会需要，一种文化需要，一种学术需要，一种翻译学研究视野进一步拓展的需要。生态翻译学在新世纪之初应运而生，既有其偶然性，更有其必然性。从生态学术思潮全球化和中国"生态文明"大时代的背景来看，尤其如此。

我在 2013 年出版的《生态翻译学：建构与诠释》（以下简称《构与释》）一书中，整合了个人前期的相关成果，汇聚了生态翻译学的核心理念，形成了相对自足的话语体系，展现了循序渐进的治学理路，提供了后续研究的论题取向等，可视为前十几年工作的梳理。

总之，生态翻译学是在探索和惑疑之中出发，在深化和坚持之中完善，在接纳和应用之中进步，在自豪和反思之中发展。生态翻译学 15 年来的研究和应用方兴未艾，持续扩散，目前正稳步前行。

陶： 西方翻译理论有语言学译论、文艺学译论、文化学译论、交际学译论、多元系统论和行为目的论、解构主义译论等。生态翻译学与它们有何异同，又有何种关联？

胡： 有明显的关联。对于这一点，恰如国际译学期刊《视角：翻译学研究》主编罗伯托·瓦尔迪昂（Roberto Valdion）教授（2013：8）所说："生态翻译学代表了一种新兴的翻译研究范式，具有巨大的研究和学习潜力。这一研究范式也与西方其他学派有着明确的联系。"[1] 丹麦翻译理论家凯伊·多勒拉普（Cay Dollerup）也将生态翻译学放在西方翻译理论研究的大背景下专题探讨，他指出，"生态翻译学与这些西方有影响的三大学派（即'对等论'学派、'目的论'学派、'描述翻译'学派等）都是有联系的"[2]（Dollerup，2011：34）。

---

[1] 英文原文是：Eco-translatology represents an emerging paradigm with a great potential for research and study. It is also a model with clear connections with other schools in the West。

[2] 英文原文是：Eco-translatology is related to these schools（of three influential Western schools, namely the principle of dynamic equivalence，the Skopos school，and Descriptive Translation Studies）。

　　然而，作为一种与以往研究范式有很大不同的跨学科研究，生态翻译学又有其鲜明的特色和新异之处。比较研究表明，生态翻译学在哲学理据、立论视角、核心理念、研究方法、配套术语、话语体系、翻译伦理等方面与其他翻译研究均有不同，主要体现在：（1）立论视角不同——生态翻译学的立论视角是"生态"，是从生态视角对翻译进行综观的整体性研究。这是重要区别之一。（2）哲学理据不同——生态翻译学的哲学基础之一是当代生态学。生态翻译学系统地运用生态学原则，以生态学原理为指导，系统地探讨翻译问题，这种独特性也是有目共睹的。（3）关注焦点不同——生态翻译学关注的焦点是"三生"主题。所谓"三生"，即生态、生命、生存。其他翻译研究途径既没有这样的研究主题，更没有这样成体系的研究焦点。（4）研究方法不同——一方面，生态翻译学研究讲求"整体综观"，因为生态翻译学是建立于生态整体主义之上的；另一方面，由翻译学与生态学交叉研究所形成的"移植类比"的研究方法，也是生态翻译学区别于其他翻译研究途径的一个重要标志。（5）配套术语不同——生态翻译学在近年来的相关研究中，形成了该话语体系的家族成员，包括"生态""生命""生存""翻译生态""翻译生态环境""翻译生态系统""翻译群落""适应""选择""求存择优""共生互动""生态移植""生态机理"等一系列配套的术语和概念。这又是区别于其他理论体系的重要标志。（6）话语体系不同——从生态视角出发，遵循生态理性所构建的翻译理论话语体系有其独特之处。其他译论在宏观架构和发展理路上，未见有类似的话语体系构建。（7）翻译伦理不同——生态翻译学的伦理道德涉及的基本原则包括："平衡和谐"原则、"多维整合"原则、"多元共生"原则和"译者责任"原则。这些"生态范式"翻译伦理的要则，兼容了生态翻译的道义和伦理责任。比较其他翻译研究途径，生态翻译学关于翻译伦理原则的独特之处不言而喻。

　　总体来说，生态翻译学与其他翻译研究途径是一种包容和超越的关系。在这方面，东西方译界学人所言极是，"生态翻译学符合包括西方在内的翻译实际，并且拥有优于西方翻译理论的解释力"[1]（Dollerup，2011：34）。"生态翻译学研究范式的创立，将翻译研究纳入了一个有机的探究系统，即翻译生态系统。而翻译生态系统的确立，使得翻译研究既超越了'见叶不见木'的语言学派翻译研究范式，也超越了'见木不见叶'的文艺学派的翻译研究范式，还超越了'见林不见木'的文化学

---

[1]　英文原文是：Eco-translatology is in keeping with—and is superior for explaining—actual translation practices even in the West.

派翻译研究范式，在继承、超越和回归的理路中，将翻译研究置于一个前所未有的宏阔视野。"（孟凡君，2011：73）

事实上，在构建和诠释生态翻译学的理论话语体系过程中，我们一直把吸收与扬弃、整合与超越、传承与发展的基本原则作为构建生态翻译话语体系的指导原则。

陶： 生态翻译学植根于中国文化，蕴藏了东方哲学智慧，请问生态翻译学与中国传统的译学思想有何种联系？它们之间又如何区别？

胡： 生态翻译学与中国传统翻译理论是有关联的、有继承的，甚或可以说，也是集之大成。比如，中国传统翻译中的"适应"思想与生态翻译学，特别是翻译适应选择理论中"适应""选择"理念一脉相承。研究表明，翻译讲求适应，自古有之。例如，道安（314—385）曾指出："然《般若经》，三达之心，覆面所演，圣必因时，时俗有易；而删雅古，以适今时，一不易也"（陈福康，2000：18 及马祖毅，2001：37）。这说明，"圣人"本是按照当时的习俗来说法的，而今时代不同，所以要改古以适今。不仅汉晋至隋唐的佛经翻译讲求"适应"，明清时期传教士的"适应"策略更显流行（刘莉美，2006：229）。这种策略既影响到了科技翻译，更推动了西方科技在中国的传播。到了近代，马建忠（1845—1900）也有"译成之文，适如其所译而止"之说（马建忠，1984：2）。严复的翻译，更是体现了适应与选择的思想。他适应当时当地的翻译生态环境，在此基础上在翻译过程中运用了与翻译生态环境相适应的变通策略（黄忠廉，2009）。所有这些论述和研究表明，中国自古以来翻译中的"适应"与"选择"与生态翻译学的前期研究 —— 翻译适应选择理论 —— "翻译即适应与选择"的基本理念并无抵牾，可以说是一脉相承的。

再就 100 多年前严复提出的"信达雅"来说，它的影响是最大的，也早已成为中国传统译论的核心理念。这其中的第一个"信"字，在中国古代汉语语境下，反映了译者的"诚""修辞立诚"，讲的是译者的真诚、诚信、讲信誉，这是个道德范畴；这与生态翻译学伦理原则中的"译者责任"是一致的，与"译者主体""译者主导""译者中心"等也都有联系。第二个"达"字，即表达、顺达，"辞达而已矣"（《论语·卫灵公》），即文辞能够达意就可以了。这与生态翻译学理念中的译者对语言表达的中道"选择"和翻译过程中的"三维转换"（即语言维、文化维、交际维的转换）等也有异曲同工之处。第三个"雅"字，即雅言，或文言。古人云"雅者，正也""言之无文，行之不远"。从生态翻译学的角度来看，译者刻意用"雅言"进行翻译，就是考虑到受众（听众或读者）因素，而受众需要、文化接受，正是生态翻译环境，特别是译语生态环境的重要内容；因此，译者对"雅"的追求也正是译者具有生态环境意识的一种体现。

生态翻译学与中国传统译学的关系是个很好的问题，这方面的论述虽已有所涉及，但远非充分，研究的空间很大，值得进一步探讨。

最后，我想说，生态翻译学研究是当代中国翻译研究的一个组成部分。至于生态翻译学与中国传统译论如何区别，这个问题就显而易见了。我只说其中一点区别，即后者多具中国特色，重在"本土化"；前者除具后者特征外，则取向于"全球旅行"，志在"国际化"。

陶：生态翻译学兼容并包，涵盖十大理论，即平衡和谐论、文本移植论、译者责任论、适应选择论、多维转换论、汰弱留强论、多维整合论、适者长存论、译有所为论、关联序链论。请问您如何阐述生态翻译学十论的主线及其内在关联？

胡：其主线、逻辑关联可从生态翻译学的立论基础和其核心理念两个角度来看：

从立论基础的角度来看，平衡和谐论、多维整合论、关联序链论、译者责任论、译有所为论以及适者长存论可以看作生态整体论在翻译研究宏观方面的体现；而文本移植论、适应选择论、多维转换论、汰弱留强论则可以看作翻译适应选择论在微观翻译操作方面的体现。

从生态翻译的三大核心理念角度来看，文本移植论体现了"翻译即文本移植"（Translationas Textual Transplants）的核心理念；平衡和谐论体现了"翻译即生态平衡"（Translationas Eco-Balance）的核心理念；而其他各论则可以总体上归列于"翻译即适应选择"（Translationas Adaptation and Selection）的核心理念。

从内在关联角度来看，翻译的三个核心理念，即"翻译即文本移植""翻译即适应选择""翻译即生态平衡"，基本上涵盖了翻译研究的"译本""译者""译境"的整体。这也是生态翻译学理论体系构建的一条主线。

可以看出，上述十论互联、互补，共生共存，都是生态翻译学话语体系的家族成员，也是"生态译学大观园"[1] 里盛开的一朵朵奇葩，大家齐心协力，驱动着生态翻译研究范式的稳健运行。

陶：生态翻译学从提出以来，赞赏和借鉴的情况很多，但同时也有一些质疑的声音。请问您怎样看待学术圈内提出的异议和疑问？

胡：生态翻译学理论话语体系的建构是一个不断发展和完善的过程。在这个过

---

[1]　2016 年 3 月底开启的微信公众平台，已上线，欢迎关注。

程中，出现赞赏和异议，再正常不过了，可以说，这是翻译研究生态的一个"新常态"。

关于赞赏 / 褒扬，我认为，学界的鼓励和褒扬，这些对于任何一种学术观点、一项理论建构乃至一个学科的发展来说，都是不可或缺的，因为它既是一种肯定、一种认可，更是一种激励、一种动力。译界多位学者对拙著《翻译适应选择论》和《生态翻译学：建构与诠释》的评述就是这样的，对作者的确是极大的鼓舞和激励。

然而，面对"褒扬"取什么态度，颇为重要。我以为，要学会从"褒扬"中看出"保留"，这样才能真正做到"自知则明"。事实上，其他同行学者为什么只是肯定这一点而没有提到那一点？为什么只是认可这一项而没有提到那一项？其他同行学者在"明示"一些"长项"的时候，其中又"暗示"了哪些"短处"？在"强化"一些"亮点"的时候，其中又"弱化"了哪些"盲点"？对于这些问题，确实需要具有"自知之明"的心态，能够听出"弦外之音"，能够辨出"会话含义"，并能够不断对自己"吹毛求疵"。

我认为，面对异议 / 质疑的态度，其实可以体现出一个人的自信程度和是否有足够的底气。

对学术研究来说，有不同认知或持有异议，这十分正常：一方面，任何理论都具有"不完备性"的特征；另一方面，对事物的认识，总会有一个过程。我相信，实践和时间是最好的检验。从犹疑、质疑再到解惑、释疑，这恐怕是许多研究者的共同经历。对一项研究，特别是比较新的研究，如果没有人提问、质疑、挑战、讨论，又没有对一些问题的回应、答辩、交流和反思，就很难会有认识的升华，反思就会缺乏视角和动力，这样的研究也就没有了生命力。同时，对一项研究，特别是对一项理论体系研究，如果没有人对其中的观点提出问题和质疑、展开交流和讨论，它可能表明该理论研究压根就没有引起人们关注和兴趣。更重要的是，许多问题都是不辩不明的，如果不辩清楚，别人就很难去接受、认同。

科学研究的历史表明，没有争议，就没有创新。事实上，异议 / 质疑本身，也是一种关注、一种动力、一种鞭策。我认同这样的说法：如果一个人没有人批评，这个人的价值就大打折扣。

在译学界内外，由于生态翻译学在我们提出之前是"世界上原本没有的东西"[1]，因此它的出现难免给人一些矛盾的情感和评价：赞赏伴着某些疑虑；理解还有几分偏见……不过，这些都似乎没有阻止生态翻译学发展的步伐和更多中外学者的加入。

---

[1] 参见《当代外语研究》2014 年第 8 期第 1 页。

总之，只要是学术范围内的问题，任何所谓"负面的"评述，我本人都会做"正面的"解读；而且，不论是褒贬还是荣辱，我本人也都会以"生态"的心态对待之。

陶：生态翻译学经历了兴起、突围、发展等一系列过程，请问您认为译学未来发展的增长点在何处，应如何深化、推进生态翻译学的理论开拓和实践应用？

胡：谈到下一步如何深化、如何推进、如何开拓，我的取向是"以未来的角度看现在"。现在的思考是，因为有问题，才面对问题求答案；因为不完善，才面对缺失求进步。正可谓："痛点找出路"；唯有欠缺，才能持恒。有鉴于此，生态翻译学的未来发展，生态翻译学的深化和推进，首先就是要自省、反思，找出问题和不足。目前，我认为至少有以下五个方面的不足：（1）"虚指"多，"实指"少，生态翻译的实指研究是个"短板"，亟待填空"弥补"；（2）生态翻译与生态语言、生态文学、生态批评等"他者"研究的横向联系不足，亟待贯通"联动"；（3）生态翻译与生态社会、生态环保等"绿色"主题脱节失联，亟待衔接"介入"；（4）生态翻译在人类生态文明新时期里的"译有所为"研究尤嫌薄弱，亟待发掘"提升"；（5）生态翻译理论国际化进程的速度和实效值得反思和探究，亟待提速"推进"，等等。相应地，在现有的基础上针对性地"弥补""联动""介入""提升""推进"生态翻译研究，可谓势在必行。这些也将成为生态翻译学在今后一个时期里的主攻方向和着力点。

从现实的情势来看，中国已经奏响了"生态文明时代"的主旋律，生态文明建设方兴未艾。那么，生态文明新时代为翻译研究和译学发展提供了哪些新的机遇和新的促进？再从历史发展来看，翻译在人类经历的原始文明、农业文明和工业文明的不同历史阶段中功不可没，自不待言。然而，面对生态文明新的历史时期，翻译学促进生态文明建设与发展新的使命、途径、策略和方法有哪些？中国作为一个正处在生态文明建设中的"翻译大国"，如何才能通过生态翻译的跨学科研究，顺应"新时期"，针对"新内容"，有所"新作为"，做出"新贡献"？这些显然也是翻译、语言、文化等各界学人需要交出的答卷。

我认为，从中国学术话语"走出去"的大战略来看，可以东西方共通的、公认的"生态话语"作为制高点，以生态翻译研究为契机，拓展翻译学研究新的"生长点"，在已逾10年探索和积累的基础上，通过"生态化"实现"国际化"，这或可视为一种"弯道超车""错位竞争"，或将有望使中国的翻译理论研究脱颖而出，从而促进翻译学在生态文明时期能够持续地繁荣和发展，也为国际翻译研究发展做出一个

"大国"应有的贡献。

陶：生态翻译学关涉翻译理论与实践的方方面面，其中也包括对翻译技术应用与拓展的指导、参考，请问您怎样理解这种关联性及指导意义？

胡：首先，关联性是有的。一方面，翻译技术等语言服务行业在译前、译中、译后的全过程都一直存在，一直在发挥作用。生态翻译学也将翻译过程划分为译前、译中、译后三个阶段，这其中必然有一定的联系和覆盖。另一方面，生态翻译学提出了在翻译过程中"翻译群落"的主导作用、核心功能和责任意识，而人与翻译技术也越来越交织在一起，密不可分；特别是翻译技术在某些特定的翻译方面可替代部分烦琐的工作，甚至替代翻译能力一般的译员。另外，可以生态系统论的视角，解读翻译技术系统，即可以生态环境作为"切入点"与生态翻译学融会贯通。

如果说有指导意义的话，我认为，生态翻译学提出的生态理性和生态翻译原则（包括整体关联、动态平衡、共存共生、健康和谐等）可以作为基本理念来诠释、构建翻译技术系统，等等。

但由于翻译技术等语言服务行业的"提法"或受到关注也只是近三五年的事（至少在中国），它虽然已经进入了我们的视野，在我前几年出版的《构与释》一书中也有论述，但总的来说，涉及还很少，因而有很大的发展空间。如何将翻译技术对接到生态翻译学的模型体系之中，也是今后应当思考和探讨的。

陶：生态翻译学的国际化即将开启，在召开学术会议、发表论文、出版专著的基础上，如何从中国走向世界，提升其国际化进程，助推中国文化"走出去"战略？您将有哪些重要安排与部署？

胡：首先，没有全球视野，没有全球布局，就很难说有大格局。生态翻译学的国际化其实已开始有几年了，现在关键是提高实效、加快步伐的问题。

关于你提的问题，想请你注意我刚才提到的"可以东西方共通的、公认的'生态话语'作为制高点"那句话。这一点是重要的。

近二三十年来，西方翻译学的理论成果不断引入，但热闹的"引进来"并没有带来相应程度的"走出去"，为什么？造成这种局面的因素是多方面的，但我认为，至少有两个因素：一是中国虽然是一个"翻译大国"，但并不是一个"翻译强国"，这应该与我国的宏观理论研究一直比较薄弱不无关系，也就是说，这与"我们还不够优秀"有关。二是我们与西方学者对话既不平等，又缺乏"共通的"话语或术语。现在，我们中国学人在翻译研究领域里首倡"生态"视角，而"生态"问题又恰是西方人士所关心的一个话题，这就有了共同感兴趣的"切入点"。从这几年我们与国外同行打交道的实践来看，明显感到西方学者比较容易理解，比较容易接受，比较容易引导"话题"，且有话可说；他们还赞扬我们，引述我们的说法，跟随我们做研究，听我们讲"中国故事"……而这一切，也只是刚刚开始。

关于"国际化"的总体部署，其实也一直都有，现在的关键是要做实、做大、做强。今后的五年计划和十年规划包括，继续开好国内外国际会议；继续办好国内外学术期刊；继续在全球布局设立研究中心和学术社团；开办国内外讲习专训［先期"借船出海"、与国外联办 International Summer School（国际暑期学校）］；加快国内外专才培养；启动生态翻译理念"全球旅行"计划，等等。

生态翻译学循序渐进的发展理路是：立"论"—倡"学"—升"化"—领"潮"。初步的中长期规划是：五年"立论"（过去式），十年"倡学"（过去式），二十年"升化"（进行式），三十年"领潮"（将来式）。这将是翻译研究领域里的一项"世纪工程"。生态翻译学的帷幕才刚刚拉开，大戏还在后头。我们要想在远处，干在实处，可谓任重而道远。

目前，生态翻译学的发展已呈燎原之势。我们期待怀揣梦想的青年学子和有识之士能以"我与崭新领域共成长"为荣，参与到创造中国和世界当代翻译学历史的进程之中，让我们同行！

最后，我想说，此次访谈的设问逻辑性强，颇具创意。我想引用我们的那句座右铭来结束访谈：Be part of it；be proud of it！（成为其中的一分子，我很骄傲！）

参考文献

[1] Cay Dollerup. Eco-translatology in translation theory contexts[J]. Journal of Eco-Translatology, 2011, （1）：34-40.

[2] Roberto Valdeon. An emerging paradigm with a great potential for research and study—message from perspectives: Studies in translatology[J]. Journal of Eco-Translatology, 2013, （1）：8.

[3] Jef Verschueren. 语用学诠释 [M]. 钱冠连，霍永寿，译. 北京：清华大学出版社，2000.

[4] Jef Verschueren. Pragmatics as a Theory of Linguistic Adaptation[A]. IprA Working Document 1, 1987.

[5] 陈福康．中国译学理论史稿：修订本 [M]．上海：上海外语教育出版社，2000．

[6] 胡庚申．生态翻译学：建构与诠释 [M]．北京：商务印书馆，2013．

[7] 黄忠廉．严复翻译始末小考 [J]．读书，2009，（2）：116-120．

[8] 刘莉美．"适应策略"在十六、十七世纪译作中的应用及影响 [J]．外国语文研究会翻译专刊：全球化浪潮中的华语文翻译（台北），2006，（1）：229．

[9] 马建忠．拟设翻译书院议 [C]// 中国翻译工作者协会《翻译通讯》编辑部．翻译研究论文集．北京：外语教学与研究出版社，1984．

[10] 马祖毅．中国翻译简史：五四以前部分 [M]．北京：中国对外翻译出版公司，2001．

[11] 孟凡君．生态翻译学视野下的当代翻译研究 [J]．生态翻译学学刊，2011，（1）：73．

从海外华文教育看京剧在美国的传播和接受

—— 陈祖言教授访谈录

宋美华 [1]   陈祖言 [2]

摘要：为拓展、丰富孔子学院的教学内容，满足所在国师生多样化的文化需求，更好地传播中华文化，戏曲孔子学院于美国时间 2009 年 11 月 6 日在美国宾汉顿大学挂牌成立。笔者于 2008 年在宾汉顿大学翻译研究中心访学，有幸结识陈祖言教授，并就中国文学译介领域相关问题多次请教于他。2014 年，适逢陈祖言教授回国讲学，得以对陈祖言教授就戏曲孔子学院的主要工作和发展情况，如课程设置、师资建设、学生反应、教材开发，以及京剧表演观众的规模情况等相关问题进行采访，以便读者从海外华文教育看京剧在美国的传播和接受。

关键词：戏曲孔子学院；中国文学译介；京剧；传播和接受

陈祖言教授简介：陈祖言于 1983 年获复旦大学硕士学位，1989 年获威斯康星大学博士学位。1987 年起至今在纽约州立宾汉顿大学任教，现为中国语言文学教授并兼任该校与中国戏曲学院合办的戏曲孔子学院院长。2009 年荣获纽约州立大学系统优秀教授称号。曾任宾汉顿大学亚洲研究中心主任及美国高校联合举办的中国文史哲双语出版项目编辑。研究领域包括唐宋文学、古典诗学、儒学和汉语教学法。

引言：自我国提出"文化走出去"的战略以来，关于中国文化向海外译介和传播的研究层出不穷，深受中国大众喜爱的各种戏曲也不例外。对中国戏曲文化在向

---

[1] 单位：西南交通大学。
[2] 单位：纽约州立宾汉顿大学。

海外传播时的接受情况、遇到的困难及其解决办法，很多学术机构和学者都在积极地介入，进行卓有成效的探索研究。已成立5年的美国纽约州立宾汉顿大学戏曲孔子学院就是其中之一，它是由中国戏曲学院与美国纽约州立宾汉顿大学（Binghamton University, State University of New York；以下简称宾大）共同建立，是全球第一家也是目前唯一一家戏曲孔子学院，其美方院长由宾大中国语言文学教授、纽约州立大学杰出教授（distinguished professor）陈祖言担任。孔子学院是中华文化海外传播拓展的重要桥梁，戏曲孔子学院借助于华文教学在海外传播中国戏曲文化的情形如何？海外观众的接受情况如何？对海外孔子学院进一步发展以及中国文化海外拓展有哪些启示？2014年是孔子学院成立10周年，对这些问题的深入了解非常具有现实意义。我于2008年在宾大翻译研究中心访学，有幸结识陈教授，并就中国文学译介领域相关问题多次请教于他。2014年，适逢陈教授回国讲学，得以对陈教授就以上相关问题进行采访，并通过电邮和网络电话（skype）等后续联络将采访内容整录如下。

宋美华（以下简称宋）：为拓展、丰富孔子学院的教学内容，满足所在国师生多样化的文化需求，更好地传播中华文化，戏曲孔子学院于美国时间2009年11月6日在美国纽约州立宾汉顿大学挂牌成立。教师以中国传统的戏曲为切入点，将具有中国元素的音乐舞蹈、武术对打、服装脸谱穿插于汉语教学之中，帮助学生更好地学习汉语、了解中国文化。如今，学院成立5周年，这五年里学院通过开设相关课程班、举办讲座、组织表演等，积极拓展中华戏曲文化，取得了许多有益的成果。陈教授，您能否介绍下戏曲孔子学院这5年来的主要工作和发展情况，如课程设置、师资建设、学生反应、教材开发，以及戏曲表演观众的规模情况等？

陈祖言（以下简称陈）：2009年戏曲孔子学院成立时是世界上五家特色孔子学院中的一家，是全球唯一与文艺相关的孔子学院。戏曲孔子学院主要工作包括学术活动、文艺演出和文化普及三方面。同时，学院的工作突出两个特色：一、传播京剧的表演艺术；二、融入大学。虽然孔子学院大多设在大学里，然而很多老师都是到中小学去教书，传播文化都是以教授汉语语言为主，跟大学关系不大。汉办这样做也是对的，让美国学生从中小学开始，就对中国语言和文化有所接触，这样到了大学以后自然而然就会选修汉语语言和文化课程。与众不同的是，戏曲孔子学院所有的课程全部都设在大学里，做到与大学教学完全融入。下面结合刚才提到的学院三方面的工作来谈谈。首先，学术活动的主要方面就是开课。学院开设有京剧课程、音乐课程以及汉语课程。戏剧课程有"京剧脸谱""京剧武打""京剧服饰""京剧行当"等。音乐课程主要是民乐，如笛子、琵琶等。戏曲孔子学院组织课程，但是具体课程分配在宾大三个系里。京剧课程在戏剧系，既是戏剧系的课，也是亚洲研究系（DAAAS：Department of Asian and Asian-American Studies）的课。音乐课既是音乐系的课，也是亚洲研究系的课。汉语课程就完全是亚洲研究系的。这样我们就有了跨宾大三个系的课。戏曲系的课程由中国戏曲学院派来的老师担任授课教师，都是京剧专家，为我们的师资创造得天独厚的条件，如现任教师涂玲慧，是资深的中国戏曲学院教授、国家一级演员、全国人大代表，是中国戏曲学院继续教育处的处长。可以说，我们有最好的老师。虽然课程以初级入门为主，但任课教师都是专家教授。课程面向全校大学生，学生可以自由选修。鉴于大多数选修课程的学生没有汉语语言基础，因此，动作性、实践性课程较多。这样既是动手的课程，同时为学生讲授背后的文化。例如，"京剧脸谱"课程。学生一边学习画脸谱，一边了解脸谱的含义，知道白色脸谱代表"奸诈"，红色脸谱代表"忠诚"，黑色脸谱代表"勇猛"等。"京剧行当"课程涵盖京剧里生、旦、净、丑四个行当的服装、道具（如马鞭和水袖）和表演。学生既学习如何完成动作，也了解它们的象征意义。京剧脸谱、京剧武打都是学生比较喜欢的课程。学期末学生们通过京剧里一招一式的汇报表演来完成学业。学生对此非常喜欢。这些课程大多是 2 个学分、半个学期的课程，是正规的大学学分课程。这种授予大学学分的孔子学院办学方式，应该说全球只此一家。戏曲孔子学院主要工作的第二方面就是演出。学院自己组织了专业的中国艺术团，非常小巧精干。固定演员有 6～7 个，包括宾大的一位声乐家和一位钢琴家，中国戏曲学院派来的专业演员，和从纽约请来三位专业演员（两位武生和一名杂技演员）。这样就可以做到每次出去演出有四种不同的形式，即京剧、声乐、器乐和杂技。艺术团平均每年到美国各高校演出 10 场，效果非常好。主要工作的第三方面就是 outreach（普及工作）。我们通过表演、讲座的形式到大学、中小学和社区里进行艺术（主要是京剧艺术）的普及工作。至于教材方面，汉语言和文化课的老师们已著有相关教材，京剧课程方面，老师们有自己的上课讲义，关于《如何教美国学生京剧》的有关教材也在编写中。观众的规模每个大学不大一样，以宾大为例，容纳 1 200 人的剧场，不一定坐满，但是也有八九百观众。一般的规模是一场有五六百人的观众。

宋：在戏曲孔子学院，以英文为母语的学生学习和表演京剧的多吗？大概占多大的比例？学生们大多出于什么样的动机来选读戏曲孔子学院的课程？他们学习中国京剧文化的热情和效果如何？

陈：戏曲孔子学院的学生一半以上是华裔美国学生，也有一部分非华裔美国学生等。华裔学生一部分是受母语语言和文化的影响，非华裔的学生完全是凭个人兴趣来选这些课程的。他们非常喜欢做动作、喜欢实践课。虽然说非华裔比例上相对较小，但是出了不少非常出色的学生和拔尖人才。最突出的是一个美国白人女生Carrie Buck（卡丽·巴克），中文名字叫白珂，参加汉办组织的世界范围内的第五届汉语桥比赛并取得优异成绩。该比赛在美国分为 5 个地区进行，宾大戏曲孔子学院属于美国东北部地区。该地区选拔赛涵盖 10 个州，选手来自于世界一流大学，如哥伦比亚大学、普林斯顿大学，可谓强手如云。但是，白珂，经过戏曲孔子学院 4 年的培养，通过激烈角逐，先是获低年级组第一名，然后，2014 年春天，凭借京剧《天女散花》，又拿到高年级组第一名，后到长沙参加全球决赛，在 126 名选手中脱颖而出，荣获三等奖。整个美国只有两名学生进入决赛。白珂的中国歌曲演唱和京剧表演得了满分。这是个突出的例子，当然，其他的非华裔学生也很突出。可以说，这 5 年来，戏曲孔子学院在人才培养方面是较为成功的。而且，学院与大学完全融入，学生既可以满足自己的兴趣，了解和体验中国京剧文化，又可以修学分，完成自己大学既定的课业，因此，选读戏曲孔子学院课程的学生学习非常主动、热情。

宋：白珂，一个美国姑娘，能够把一段京剧表演得那么好，试着站在一个受众者的角度，我大胆地预想下美国观众对这种方式的接受情况：这对他们来说是不是很震撼的事？今天，即便在国内，喜欢京剧表演的青少年也不多，而学院经常开展各种全美高校巡演和社区表演，有没有冷场的时候？观众是出于什么喜欢或者不喜欢看京剧？如果是喜欢，那么除了京剧文化本身之外，学院在组织表演方面有哪些工作？包括语言、剧目选择、字幕翻译等。

陈：第一个问题的答案是肯定的。一个就生活在自己身边土生土长的美国人，能够将中国传统京剧演绎得那么好，美国观众都觉得了不起，也更加能感觉到艺术传播的魅力。大部分美国观众，甚至包括我们戏曲孔子学院的学生，他们基本上没有汉语基础，因此，在选取和准备演出剧目时我们还是颇费了心思。一方面要观众看得懂，一方面我们要传给美国观众中国传统的原汁原味的京剧。我们经常演出的剧目，像《拾玉镯》，做功比较多，美国观众很容易看懂。也有唱的，如《贵妃醉酒》，全部都是用汉语唱。武打的，比如《三岔口》、《白蛇传》里的《盗草》等，唱词比较少，情节相对简单，再加上屏幕上打出英文字幕，观众很容易看懂。最突出的是涂玲慧老师，她京剧和昆曲都唱得很好，自编了《续琵琶》，她自己主演，在很多国家演过，那完全是唱功的，而且是大段唱功，屏幕上打出英文字幕，观众看后都表示看得懂，而且很感动。这就是我们目前在做的，用国内专业的京剧演员，以及像白珂这样令人惊叹的美国学生的演出，吸引越来越多的美国观众，让中国传统京剧文化自然而然地为美国观众所接受和喜爱。显然，这是一个漫长的过程，在另一个国度和文化里，培养谙熟演绎中国传统古典京剧的人才，来推动中国传统京剧文化在海外的传播。

宋：中华文化海外拓展说到底是为了增进世界人民彼此的文化交流，让世界更好地了解中国。为了这种双向交流的成功，国内很多学者一直在努力探索什么样的文化输出形式是目的国人民所乐于接受的。通过对你们的了解得知，戏曲孔子学院这种文化传播的方式很成功。尤其是您提到孔子学院跟大学融合起来，修学分、完成大学学业、融入大学教育的体制里，学生一方面满足自己的兴趣，一方面又可以完成学业。另外，你们的京剧表演和普及文化也做得很成功。然而，我想问一个比较敏感的问题：在这些工作开展的过程中，有没有因为让美方觉得中国文化进入是一种压力，从而遇到过阻碍或文化冲突上的困扰？

陈：AAUP（American Association of University Professors），美国全国性的大学教授组织，曾在《纽约时报》上发表一篇文章，攻击孔子学院。当时我本人在国内，没有看到原文。他们抨击孔子学院，认为这是文化侵入，干扰美国大学学术自由，要求所有大学重新审议与中国汉办的合约。其实，这个组织在美国并没有太大的影响。另外，还有个比较突出的例子是芝加哥大学。在芝加哥大学的孔子学院刚要成立时，该校有100多名教授联合签名反对。这种情况时有发生，不过，并没有影响大局。美国还算是比较开放的，大部分大学还是比较欢迎孔子学院的。像加拿大就相对保守，反对声高，所以，在加拿大孔子学院很少。宾大跟很多美国大学一样，学校校长都比较支持。要不然我也不会一做就辛苦地做了5年。整个关于戏曲孔子学院的工作气氛非常好，我们出去演出一般都是接受别人邀请而去的。我们的京剧表演，是演中国古典的传统文化，从没有遭受到明显的反对。一方面，我们每次出去演出有京剧、声乐、器乐和杂技等四种不同形式，内容丰富，气氛活泼。另外一方面，京剧本身作为中国传统古典文化形式，也是较容易受到欢迎的。

宋：根据国内相关学者的研究（徐颖果，2010：99-102），中国戏剧在美国的传播总的来讲有以下几种途径：（1）由美国人改编的用英文演出的中国戏剧；（2）由美国人创作的用英文演出的中国题材的戏剧；（3）由华人用中文上演的中国戏剧；（4）由美国华裔或旅美华人改编后用英文上演的中国戏剧；（5）由中国剧团赴美演出的用中文上演的中国戏剧。戏曲孔子学院成立全美大学唯一以京剧为特色的艺术团，主要目的是拓展中国的戏剧、音乐和表演技术。在京剧表演方面，除了您之前提到的，学院还采取了哪些形式？非华裔美国学生学习表演中国京剧，而且非常出色，成了戏曲孔子学院用汉语表演京剧的拔尖人才，这能不能算作是第六种形式？"中演西戏和古装新戏等是有益的尝试，它们既有形式的变化，更有形式背后的文化内容的碰撞和融合"（陈国华，2013：71）。改编国外的经典戏剧，用京剧来演，学院有无这方面的尝试？陈教授能否结合美国本地观众对外来文化喜于接受的方式来谈谈相关情况。

陈：这不完全指京剧，这包含了所有戏剧形式。第一种有一家，在夏威夷大学，创办者是夏威夷大学戏剧与舞蹈系教授 Elizabeth Wichmann-Walczak（伊丽莎白·维克曼 - 沃尔扎克），中文名叫魏莉莎。她早年到中国留过学，先是中国戏曲学院，然后是南京大学，学习汉语和中国戏曲，同时，她还拜著名艺术家、京剧大师梅兰芳的嫡传弟子沈小梅为师，能非常专业地表演中国京剧，可以说全美国只有她一个人。她的《贵妃醉酒》非常有名，她还因此被称为"洋贵妃"。她把中国一些经典戏剧翻译成英文，教授学生表演，她亲自编导、排练，集翻译、编导、教授和表演于一身，已是桃李满天下，有些学生已经成为西方国家大学的戏剧教授了。其他形式的很难说，因为还包括其他种类的戏剧。我们的可以算作是第六种，比如白珂，因为她表演的《天女散花》，被称为"美国天女"。她是美国学生，能用中文来唱。从 1930 年梅兰芳来美国表演京剧以来，我们做的都是草根的工作，一点点传播中国的京剧。戏曲孔子学院到很多地方表演，观众都是第一次看到京剧，对中国这种经典的传统艺术形式充满了好奇，都希望能看到的是纯正的京剧，而我们要做的就是尽可能地把京剧原汁原味地展现给他们。我们宾大和中国戏曲学院的老师也做过尝试，用京剧的元素，用英文来演《罗密欧与朱丽叶》。我们是想在这方面进一步做些努力，正在跟中国戏曲学院商量，他们的音乐系和我们的音乐系合作，双方共同创作一个融合中西元素的室内交响乐，争取在传播中把两种文化结合起来。

宋：在中演西戏和古装新戏的尝试中，中演国外的经典戏，会不会不仅是限于服装和道具上，而是从唱腔上，角色分类等方面，尝试用京剧来唱？

陈：中国戏曲学院做过这方面尝试，但是这个对于孔子学院来讲，难度比较大。不但是道具、服装等，而是把西方的经典用京剧唱出来，从西方受众者的角度来讲，不太容易接受。我们做的工作，主要是把中国的文化介绍到美国来。

宋："中国古典戏剧在走向世界的过程中正在经历着主题、语言、舞台、技术等方面的改编"（徐颖果，2010：102）。戏曲孔子学院表演占据学院戏曲教育和普及很大的一部分，如果中国戏剧在改编中传播，那么保留的是什么，改编的又是什么？根据你们这几年经常表演的京剧曲目，剧本有无被改编的情况，比如，剧情、唱词等？

陈：我们没有，我们做的都是原汁原味的。为了观众能看懂，我们选择唱词比较少、动作表演比较多的片段来表演，而且把唱词翻译成英文，以字幕形式出现。除唱词的英文字幕外，其余都是用中文，就像在国内一样，原汁原味地唱。

宋：刚刚我们谈到戏剧英语翻译。戏剧英语翻译通常有三种形式：母语为英语的国外翻译家翻译的；中国译者和国外译者合作翻译的；中国译者自己翻译的。在安排文化课程和戏剧课程时，是用英文教材还是用中文教材，如果是英文的，通常是哪些人编写或翻译的？这些英文教材为什么得以被选中？陈教授是研究中国古典文学的，并且开设 Classical Chinese Literature in Translation（中国古典文学翻译）和 History of Chinese Literature（中国文学史）等课程。这其实是相通的，这些教材用的都是相关文学书籍的英语翻译版本，那么在选取的时候，通常是选什么样的译本？能不能从翻译本身、读者接受等角度来谈谈这个问题？

陈：中译英的翻译工作最好是由母语为英语的国外翻译家来做，即由 "native speaker of the target language"（母语为目标语的人）来做。以我自己为例，虽然我在美国生活、工作了 30 多年，一直给学生用英语上课，到现在我还是觉得自己对中文的掌握很自信，比英语的自信，从文化的了解来讲，（英语）也总是不如美国人的。我给课程选用的教材，也是选用美国人翻译的教材，如 Steven Owen（宇文所安）的翻译，那是非常好的。其他的翻译也有，但我认为他的是最好的。我在教学过程中，也发现不少对原文理解的错误，但就整体来说，非常好。毕竟是美国人，对原文理解有时会有错误，但这些相对于总体来说，无伤大雅，是比较值得相信的。我没有对照过国内其他人的翻译。国内的，不能绝对地说，大部分翻译应该不如他的。"non-native speaker"（非母语者）写出来的英文可能语法没问题，语言表达也非常准确，但是，"native speaker"（母语者）对英语文化深厚的了解，更有一种文化底蕴在里头，在用词、语感等方面，更符合英语习惯。语言和文化的积累是漫长的过程，从小就生活在这样一个环境里，是不一样的。不过，倒过来说，把英语翻译成中文，那肯定也是中国人自己翻译的好。

宋："百部中国京剧经典剧目英译系列"丛书出版计划经戏曲界、翻译界的艺术家和专家学者策划数年后，于 2011 年 9 月正式启动，计划先由专业翻译人士将京剧剧本译成英文，再由剧团在海外演出，这将有助于中国京剧在海外的传播。请问陈教授，相关剧目有没有在学院使用或表演过？

陈：这是一个很大的工程，我不太了解。国内出版的翻译在美国很少有人看到，即便出版以后，谁来演出？用中文演还是用英文演？夏威夷大学用英文演出的剧目都是他们自己翻译并编导的。经典剧目翻译出去，如果不搬上舞台，那么读的人就会很少。那就要想一想，这样的翻译项目的读者群是什么样的人。

宋：根据国内相关学者对中国戏剧典籍的译介研究（赵征军，2013）：戏剧典籍外译面临着海外汉学家英译的"经典化"和国内学者对外翻译的"边缘化"两种命运，分析原因，前者是以"原语系统为主、译者为中心的翻译规范之下"，而后者多从自身的翻译理念出发，注重原文的韵律、形式之美，而对诸多语义信息、文学文化意向处理不够。这是否表明文化对外译介不能单靠国内译者的努力，而应该发挥海外汉学家和华裔学者的优势，中外合作才能更好地文化译介和传播。陈教授，您在美国生活 30 多年，也是美国公民，从受众者角度来讲，能否对于中国文化拓展，"译什么""为谁译"和"如何译"给点意见？

陈：现在提倡和推动这方面工作的部门很多，汉办、侨办、文化部、教育部，当然汉办也是教育部的一个部门，都在做。推动中国典籍外译是值得提倡的，因为它们很大程度代表了中国丰厚的传统文化，同时也为丰富人类普世文化做出贡献。我不大了解国内出版的情况。我只知道国内翻译的作品能在美国造成影响的很少。美国人翻译的、在美国出版的，还有些人在看，但是，看的也不多。文学打入美国还是不容易的。要做的话，就做质量非常高的，要在美国出版社出版，在美国报刊上发表；如果是在国内出版，要进入美国市场很难，进入美国人民的心里就更难了。

宋："跨文化的艺术行为，表现人类的共性，或者体现本文化里特有的人文特色或情怀，对普适人类处境做出贡献。"（杨慧仪，2013：67）根据戏曲孔子学院这几年的发展经验，请陈教授分享您对这句话的理解，以给各种形式的中华文化在海外的有效拓展提点建议，也就华文教学、孔子学院面临的挑战，如"降低官方色彩、加强因时因地制宜的教材和师资建设"（刘宏，2012：80-83）谈点个人看法。

陈：9 月 28 日是孔子的生日，9 月 27 日为全球孔子学院日，2014 年是孔子学院成立 10 周年。相信这 10 年来，孔子学院为世界了解中国文化做出了极大的贡献。宾汉顿大学的戏曲孔子学院很幸运也很自然地与美国大学融在一起，课程开设也是根据学生自身的汉语语言和文化基础，更多地突出实践课，让学生直观、形象地感受到中国戏曲艺术的魅力。我们传给美国观众的也是原汁原味的中国传统京剧。我们的教学、演出活动受到大学师生和美国人民的欢迎，其主要原因就是虽然京剧和西方歌剧在表演形式上有很大的不同，但在人文情怀上是相通的。古今中外的人都有很多共同点，正是这些共同点，使美国观众能欣赏中国的京剧。我们孔子学院已经出版了几本语言文化教材，也正在编写京剧教材，同时，我们也在努力开发结合中西文化元素的节目，在文化融合中让世界更好地了解中国文化，从而对人类文化交流做出一定的贡献。

参考文献

[1] 陈国华. 中国传统戏曲海外传播问题探究 [J]. 中国戏剧，2013，（10）.

[2] 刘宏. 孔子学院与中华文化的国际传播：成就与挑战 [J]. 公共外交季刊（冬季号），2012，（12）.

[3] 徐颖果. 中国戏剧在美国 [J]. 华文文学，2010，（4）.

[4] 杨慧仪. 中国戏曲的英语翻译及研究 [J]. 东吴学术，2013，（6）.

[5] 赵征军. 中国戏剧典籍译介研究——以《牡丹亭》的英译与传播为中心 [D]. 上海：上海外国语大学，2013.

人文关怀理念下的大学英语教学与科研
—— 刘润清教授访谈录

张燕华 [1]　刘润清 [2]

摘要：本文是对北京外国语大学资深教授刘润清先生的访谈录，内容涉及高校英语教师关心的教学、科研及教师发展等方面的问题，诸如：如何融洽师生关系、开启学生智慧；如何看待文学与语言学的关系；如何协调英语教学与科研的关系及如何做一个优秀的高校教师等。刘老朴实的话语中渗透着他对外语教育的深度思考，充满哲理和人文关怀，读后给人以鼓励和启迪。

关键词：刘润清；英语教学与科研；人文关怀；教师发展

刘润清教授简介：河北省武强县人，1965 年毕业于北京外国语学院并留校任教，后考取许国璋先生的硕士研究生，1980 年获硕士学位。1984 年至 1986 年在英国兰卡斯特大学进修，在 Mick Short（米克·肖特）和 Geoffrey Leech（杰弗里·里奇）指导下获该校副博士学位。刘润清教授学识渊博，著述颇丰，主要作品有《新编语言学教程》《外语教学中的科研方法》《西方语言学流派》《论大学英语教学》以及《刘润清英语教育自选文集》等，曾经担任北京外国语学院外国语言研究所所长、中国外语教育研究中心主任、《外语教学与研究》副主编等职，现任北京外国语大学中国外语教育研究中心顾问。

刘润清教授虽已年过七旬，但精神矍铄，思维敏捷，作为特聘教授，仍然活跃

---

[1]　单位：潍坊医学院外语系。
[2]　单位：北京外国语大学。

在外语教育一线。笔者 2011 年至 2012 年在北京外国语大学访学一年间，先后选修了刘教授主讲的三门硕、博课程，聆听了其多场讲座，从中领略了刘老的教育理念。课堂上的刘老融会贯通，善于将深邃的思想寓于平实朴素的讲述之中。他的讲述中渗透着他对外语教育多年来的思考，充满哲理和人文关怀，给人以鼓励和启迪。课堂外的刘老幽默风趣、和蔼可亲，从不以"权威""大腕"自居，对学生 —— 无论是本科生、硕士研究生、博士研究生还是访问学者，他都有问必答，有邮件必复，悉心指教，深受大家的尊敬和爱戴。公邮是刘老与大家交流的一个平台，在这里同学们能及时收到刘老精心制作的课件、推荐的书目单，还能收到诸如乔布斯的名言"stay hungry, stay foolish"（求知若饥，虚心若愚）等与时俱进的学习材料。最近，笔者就高校英语教师关心的教学、科研及教师发展等方面的几个问题采访了刘润清教授。

张燕华（以下简称张）：刘老师好！在北外访学时，作为工作多年的大学英语老师，我和同学们都能感受到您不断为学生输入的正能量，感受到您课堂上的哲理和人文关怀，从中获益良多。还记得课间在教室里、课后在回宿舍的路上，同学们围着您争相向您请教的情景。您是如何创造这种融洽的师生关系的？又是如何让课堂充满智慧的？

刘润清教授（以下简称刘）：我很乐意与同学们交流。从教育学视角看，老师一定要爱学生，为学习创造一种友好、和谐的气氛。"泰德"报告中一位老师曾说：Pupils don't learn anything from people they don't like.（学生们不会从他们不喜欢的人身上学到任何东西）讲得多么深刻呀！我们古人也说过"亲其师而信其道"，只有师生关系融洽了，才能取得好的教学效果。一直以来，我尽量做到平等对待每个学生，对成绩差点儿的学生更关心一些。二语习得理论中提到要充分利用情感因素，教师要善于创设友善、宽松的气氛，帮助学生克服抵触、恐惧、紧张、羞怯等不良情绪。我曾跟同学们说过，学语言不能不好意思讲，教室就是个犯错误的地方，求学时把所有错误都留给老师和同学们，踏上社会后你就安全了。这样，他们就更容易克服羞涩感，愿意畅所欲言。

许国璋老师历来主张教师要以知识的力量吸引学生，以内容激励学生，以智慧的威力征服学生。从根本上讲，语言是个载体，承载着知识、文化、文明。载体只是个外壳，内容才是实质。英语承载着久远的文化、伟大的文学传统、西方文明的主流。人是智能动物，缺少内涵的教学无法满足学生智能上的需要，那样的课必定是苍白、枯燥、不受欢迎的。一堂课上，不仅要有大量的语言信息，更要充满百科信息。结合课文内容给学生介绍一点有关历史、社会、文学的背景知识，让课堂充满智慧的火花，学生的理解会更加深刻，也有利于学生综合素质的培养。

英语是一门人文学科，人文教育无论怎么强调也不过分。简单点说，人文教育就是要教会学生如何做人，如何与人相处，如何面对生活。特别是面对生活中的坎坷时，如何克服困难；面对成功和荣誉时，又如何能够保持一颗平常心。通过英语学习，无形中也会了解另一种文化价值规范，增进对中西两种文化的比较。这样，能更加欣赏自己本民族的文化，也能更加准确地认识本民族文化的弱点。懂多种文化的人一般说来会更豁达、宽厚、包容、大气，对人类社会和普世价值有更加深刻的理解和体会，这对造就积极人格能够起到促进作用。

张：是的，语言是文化的载体。学习一门语言，无形中也提升了一个人的文化品位。对这一点，我们深有感触。您除了讲授硕、博课程外，还讲授过多门本科课程。语言学和文学是英语专业两门重要的专业课程，有些老师认为语言学和文学南辕北辙、互不相干。您是如何看待这个问题的？

刘：在我看来，语言学和文学两者密不可分。学习语言学，没有一定的语言修养和文学修养，就缺乏对语言的敏感，难以体会相似词语和结构间的细微差别，也难以透彻理解语言学专著，当然也影响表达能力的提高。学习文学，没有一定的语言学知识，就会缺乏对语言的理性认识。不了解语言的普遍规律，也就难以洞察作者采用的千变万化的修辞手法，更谈不上对作品进行社会语言学或心理语言学上的分析了。语用学和文体学就是二者紧密关系的最好见证。

许国璋和王佐良先生曾建议语言学方向的研究生要修两门文学课，而文学方向的研究生要选修两门语言学课，这种教育理念值得借鉴。他们认为，这才是明智、有远见、重学术的做法。文学是人文教育的重要组成部分，文学中有最美丽的语言和最丰富的文化背景知识，文学能让人感受他人的人生历程。学一门外语，其文学作品不可不学。最好多读一点文学，才能真正感受那种语言的美与力量。读本科时，我本来是喜欢文学的，英美文学作品读了不少。但是读硕士时，阴错阳差我开始研究语言学。多年来，我深深感到本科时打下的文学底子对后来语言学的研究多么有益。特别是在语篇分析、语用学、文体学等研究中，文学方面的储备太重要了。

张：我们现在也越来越意识到文学方面的储备对教学、科研的积极影响。在课堂上适时引入的诗歌等文学作品，往往能以其语言、艺术之美，打动学生。想起您的课上既富有文学的感性，又饱含语言学的理性，现在明白其中的原因了。刘老师，您能否介绍一下英语教学法在我国的演变？

刘：好的。实际上，英语教学法多种多样，从统治了近千年的传统语法到听说法、结构法、自然法、情景法、意念法到交际法，还不包括非主流的沉浸法、全身反应法、沉默法，有二三十种教学法，但没有一种能从根本上改变外语教学面貌。到 20 世纪 60 年代，人们才开始认识到，没有一种方法是放之四海而皆准的。方法是外因，学生才是内因，外因只有通过内因才能起作用。于是人们开始研究学习者的个体差异，那时是称作"优秀学习者"的研究。

正是对学习者的深入研究，才产生了"以学生为中心""个性化教学""全人教育"等理念；而对教师的研究从"教师培训"逐渐转变成"教师教育"，进而成为"教师发展"。这些理念的宏观视角只有一个：以人为中心，发挥其主观能动性。对学生不再是"满堂灌"，提倡"自主学习"，让他们最大限度地参与教学活动。从某种意义上说，教师从原来的高高在上的圣人（sage on the stage）转变成了身边的引导者（guide on the side）。［King（金恩），1993］

外语教学是十分复杂的教学行为，不能简单地用一种教学法来应对一切情况。我们常说，教学有法，教无定法，就是此理。教师应掌握多种方法，遇到不同情况时采取不同的教学方法。比如说，教阅读课时，可以精中有泛、泛中有精。读小说文本可以泛，读学术文献要精；查信息可以泛，理解作者观点时要精。再如写作教学，现在我们常存在的问题是，写作技巧讲得多，思想构建讲得少。外国教师往往会先看作文中有没有思想，文章中要有自己的思想，这很重要。再就是看表达是否符合逻辑，如何把思想组织成一个有逻辑的、有顺序的、有条理的整体？此外，写作课还要重批改胜于重讲解，批改不一定局限于老师，也可以在课堂上集体改一篇作文，大家共同献计献策，全班欣赏一番。最后老师拿出较好的版本对比，让学生了解好的文章应如何构建思想，如何使表达更符合逻辑，这样学生的印象会更加深刻。一般来说，无论是本科生还是研究生，我这样给他们改上 2 至 3 篇作文，他们的英语写作水平往往会发生质的提高。

不管什么课，课堂活动一定要有所变化。一节课最好能使用三四种教学法，来完成不同的任务，学生会有新鲜感、阶段感，注意力更集中。这样，教学效率才会高，气氛才会好。当然，教学活动的变化要自然合理，这些都应当在备课时就预设好。现在倡导以学生为中心，这种提法固然好，但老师不要放弃自己的阵地。有的老师讲阅读课时，单词不讲，课文不处理，一上课就让学生谈看法。没有输入，就要求输出，这是无源之水、无本之木，我不赞成这样做。一堂课上，要保证学生听到、读到一定的地道英语，还要保证他们有足够的练习机会。练习不是为了练习而练习，而是为了巩固已学的东西，同时还能够创新，提高表达能力。有意识地让学生参与，但这不等于"放羊"。与学生互动，不是让学生控制老师，更不是让学生"倒灌"（学生比老师讲得多）。不论输入还是输出驱动，设计的教学活动一定要从学生的实际水平出发，让每堂课都富有成效，不流于形式。做什么事情都不要过头，把握这个"度"很重要。当严则严，当宽则宽，一堂课上宽严相济，才能取得好的教学效果，还会起到调剂大脑机制的作用。学生离开教室以后，若感到点燃了一缕思想火苗，脑袋开了点窍，有那么一点东西永远地留在他们心中，这堂课就算成功了。

张：提高课堂有效性是当今一个热门话题，我们也在不断努力，探讨如何提高课堂教学的有效性，您的这些建议很有意义。提高课堂有效性离不开科研，现在高校有些年轻教师认为授课任务重，没有时间和精力做科研，对科研工作有这样那样的怨言。您对这个问题怎么看？能否就如何搞好科研给大家提些建议？

刘：教师在业余时间搞科研是一个艰苦的过程，我很理解年轻老师的实际困难。没有足够的时间，没有足够的资料，没有机会参加学术研讨会，没有懂行的老师指导……这些因素都会制约你的科研。但是，起关键作用的还是个人的主观因素：有没有科研意识，有没有兴趣和吃苦的精神。万事开头难，科研也不例外。要写出一篇好论文，不知道来自多少天枯燥、烦琐、乏味的数据分析。所以，要搞好科研，一定要有科研意识，要有兴趣和决心，其他像时间、文献、学术会议什么的都可以争取或创造。

优秀的大学教师应该能够把教学和科研有机结合起来。原因很简单，教师的知识结构里，第一条就是"学科知识"。学科知识不充足，做不好老师。现在知识更新日益频繁，身为人师，不可落后。学科知识来源有二：读书和科研。宋朝哲人黄庭坚曾说：三日不读书，面目可憎。科研能丰富、扩展我们原有的知识，不断增加新知识。我以前曾把科研比作备"大课"，备"职业发展课"，把教学比作备"小课"。苏轼曾说"博观而约取，厚积而薄发"，有了科研做背景，教学就能得心应手，不那么费力了。科研不仅不影响教学，还能促进教学，有助于教师验证教学理论和方法，反思自己工作中的问题，保持对教学的兴趣。科研能够保证教学的科学性、前沿性及时代感，可以使教师在学术上永葆青春。Neumann（诺依曼，1992：161）

论述二者关系时也说："科研和教学两者相互促进……实际上，两者常常融合在一起。因为大学环境对教学、科研非常有利，能使两者齐头并进，相得益彰。"（This connection between their two roles to be mutually enriching… that in practice the two often tend to merge and that the university environment is conducive to achieving some sort of excellence in both areas.）

所以，理想情况下，教学应当与科研相结合。教学中产生灵感，科研促进教学。做科研和写论文须臾不可离的是经典、专著和期刊。有句话说，经典不读，根基不稳。读经典知渊源和传统，读专著知传承和发展，读期刊知前沿。读国外杂志上的书评是提高科研方向性、批判性、创造性的最好途径。当然，适当的科研方法也很重要，还要读几本关于科研方法的著作。每年的寒、暑假我都会把一些核心刊物浏览一遍，以便及时把握学科的前沿信息。

科研道路上一般有几个必然阶段：写书评，写综述，大型综述（学科综述，如《西方语言学流派》《语言测试和它的方法》等）；用书面语料做实证研究；最后是开展大型的实证性研究。这几个阶段体现了科研从简单到复杂、从初级到高级、从引进到创新的逻辑关系。

现在科研上有人一味强调计算和技术，文章技术含量很高，统计分析也很内行，但从头到尾读不到一点哲学解释和智慧的火花。我们在鼓励定量研究的同时，也要强调定性和定量分析同样重要。我们不能只算出相关关系、卡方就万事大吉了，还应该有人文的、富有哲理的解释，对支撑研究的理论框架也要进行反思。外语是人文学科，不同于自然学科，有自己本身固有的特点。爱因斯坦就说过："不是可数的东西都重要；重要的东西未必可数。"（Everything that can be counted does not necessarily count; Everything that counts cannot necessarily be counted.）目前我们过于依赖定量，而忽视了定性分析。这种苗头应该引起大家注意。

张：您说得非常有道理。我们也注意到，有哲理解释的科研更能引发人们的共鸣。刘老师，最后我们还想听听您对成为一名优秀的外语教师有什么建议？

刘：首先，要成为一名优秀外语老师，其外语水平一定要高，基本功一定要过硬。最好能讲一口漂亮的外语，能够活跃课堂气氛；还要能写一手漂亮的外语，能为学生作文锦上添花。榜样的力量是无穷的，这样，学生不仅会对你心悦诚服，还会受到鼓舞和激励。外语老师还要尽量扩大自己的知识面，如我们前面谈到的，让自己的外语课堂充满百科知识，用人文理念和智慧火花去征服学生，绝不是仅仅停留在语法和字词讲解上。另外，老师最好要有相当的语言学和文学知识。这样，你谈起外语学习，才能旁征博引，充满人文气息，有说服力，学生愿意跟你配合。学生配合，教学就成功了一半。最后，老师还要从事一定的科研活动，做到与时俱进，紧跟时代的发展。这样，才不会年复一年地重复自己那点知识，也不会产生"教书匠"的感觉。

我刚毕业教书时，有三种书（课本、词典、语法手册）再加上勤奋就够了。现在当个外语老师，要有许多跨学科知识：应用语言学、课程设置、教材编写、心理语言学、社会语言学等。什么叫"专家"？原来是指精通某个专业领域的人（an expert is one who knows more and more about less and less），而现在是指对相邻学科造诣越来越高的人（an expert is one who knows more and more about his neighboring disciplines）。

当然，最重要的还是要热爱学生，要做学习者的良师益友。要教语言，还要教学习态度、学习策略和方法，并逐渐内化为他们自己的信念和策略。这样，学生可以少走弯路，我们的教学才能收到事半功倍的效果。何谓素质教育？学为人师，行为世范，这是著名学者、艺术家启功先生对教育的感悟。教师唯有努力做到这点，才能实现教育的目的。教师的工作要踏实有效，不可贪图一时的热闹，要看最后学生血液里流淌的东西是什么。如果概括我的为师之道，那就是：一身正气，满腹文章。

张：刘老师，读《刘润清英语教育自选文集》时，我们曾深切体会到戴曼纯老师在序中所写的："篇篇都是关于英语学习、英语教学和英语教育研究的真知灼见，句句都是一位良师益友的肺腑之言"（刘润清，2007：vi），读后深受启发和鼓舞，同您的访谈我们再次感受到了这一点。记得在一次讲座中您提到："我改变不了世界，但我可以改变我的课堂。我主宰不了永远，但我可以主宰几十分钟，一辈子就能主宰几十年。我影响不了全体，但我可以影响几个人，每次影响几个，无数次就能影响许多个人。"您的确做到了，我们都会以此作为我们执教的座右铭。非常感谢您在百忙中接受采访，也渴望有机会再当您的学生，聆听您的教诲。

学英语教学改革的战略基点

—— 束定芳教授访谈录

陈 伟[1]

摘要： 本文是对上海外国语大学束定芳教授的访谈录。束定芳教授长期关注我国大学英语教学及其改革，颇有建树。他首先分析了我国大学英语教学改革处于一对相向张力下的背景形势，认为大学英语教学改革的根本症结在于未能抓住大学英语教学的目标与定位。为此，他结合时代特征与要求，指出大学英语教学改革必须立足一个战略基点，即服务于我国高等教育"国际化"和国家"走出去"发展战略，培养相应的国际化人才。相应的改革思路与方法都应该围绕着这一基点而展开、建构和实施。最后，束教授就大学英语教学改革如何才能有效实施提出了自己的意见与建议。

关键词： 大学英语教学改革；高等教育国际化；国家战略

束定芳教授简介： 博士，教授，博士生导师，现为上海外国语大学科研处处长，外语类核心刊物《外国语》主编，同时担任中国认知语言学研究会会长，全国高校外语学刊研究会秘书长。1989 年上海外国语大学毕业，获硕士学位，1996 年获博士学位。1997 年 7 月至 1998 年 7 月作为富布莱特研究学者在美国密歇根州立大学研修。2000 年 2 月至 2000 年 8 月获英国学术院王宽诚奖学金，在英国剑桥大学从事博士后研究。1999 年获上海市"高校优秀青年教师"称号，2001 年获"上海市曙光学者"称号，2002 年获教育部高校优秀青年教师资助项目资助。1996 年起开始为研究生开设"现代语义学"和"外语教学理论"等课程，出版专著《现代外语教学——理论、实践与方法》（1996）、《现代语义学》（2000）、《隐喻学研究》

[1] 天津外国语大学外国语言文学文化研究中心，天津，邮政编码：300204。

（2000）、《外语教学改革：问题与对策》（2004）、《认知语义学》（2008）等，发表论文100余篇，主编《中国语用学研究论文精选》（2002）、《语言的认知研究》（2004）、《外语教育往事谈（第二辑）》（2005）等。

在中国30多年的高等教育改革浪潮中，大学英语教学改革无疑是影响最大也最具争议的热点之方面，社会各界要求大学英语教学改革的呼声一直不断，另一方面，大学英语教学系统的各类改革迄今已历经数次，尤其是针对大学英语四、六级考试的改革，然而似乎收效甚微。那么，我国大学英语教学改革的症结或要义究竟在哪里，其出路究竟在哪里？为此，针对大学英语教学改革的这些关键问题笔者对上海外国语大学束定芳教授进行了访谈。

束定芳教授从事外语教学、认知语言学和语用学的研究，现任外语类核心刊物《外国语》主编，同时担任中国认知语言学研究会会长、全国高校外语学刊研究会秘书长，*Journal of Pragmatics*（《语用学杂志》）、*TESOL Quarterly*（《对外英语教学季刊》）等海外语言学核心期刊编委。束定芳教授著述非常丰富，迄今在国内外核心期刊发表学术论文100余篇，出版专著、编著作品10余部，对我国外语教学及其改革有着长期系统而深入的研究。

陈伟（以下简称陈）：束教授，您好！首先感谢您在百忙之中抽出宝贵时间接受我的采访。大学英语教学改革在我国似乎已经成了一个老大难问题：一边是改革不断，尤其是针对1987年以来实施的大学英语四、六级考试，将复合式听写由原来的备考题型改为必考题型，增加句子层次的汉译英，增大构建型试题的比例，减小多项选择题的比例，不设及格线，不颁发合格证书与优秀证书等等；一边是争议不断，大学英语教学质量似乎一直不见提高，反而很多学校和大学英语教师甚至越改越不知道方向，越改越觉得前途渺茫。这一迷茫或矛盾现象似乎表明，我国大学英语教学改革的力度与效果一直未能跟上这个时代或社会发展的进度。近年来，您一直关注大学英语教学改革，关注课堂教学的效果与评估方法，不知您对我这一认识有什么评价？

束定芳（以下简称束）：您的认识很有道理。应该说，我国大学英语教学投入和收益是严重不成比例的。这一点已是学术界、外语界的共识。造成这一结果的原因大抵有两大方面：第一，缺乏对大学英语教学的准确定位；第二，大学英语师资的总体水平不适应改革和发展的要求。例如前一阶段，网络教学、听力教学被视为提高大学英语教学质量的关键举措而在全国高校范围内大力推广，这在一定程度上颠覆了传统的外语教学理念，但也使相当一部分学校和教师对大学英语教学的目标和方法更加无所适从，也在一定程度上动摇了大学英语教师队伍的稳定性以及大学英语教学的连贯性。

追根溯源，我国大学英语教学最大的问题就在于其目标与定位的模糊：大学为何要教英语？大学生为什么要学英语？一句话，大学英语教学到底培养学生什么样的外语能力？之前针对大学英语教学系统的改革基本上还是局限于微观层面的方法、制度等，并没有涉及大学英语教学系统的根本问题与终极目标。教育主管部门和一些大学，虽然意识到英语课程的重要性，但并不明确大学英语教学究竟应该为一个什么样的大目标服务。在某些人看来，大学英语教学就是让学生学点英语而已，是"素质教育"的一部分。而对一些大学的校长或教务处处长来说，英语教学的管理就是看学生四、六级考试的通过率。学生更是把考试作为学习英语的目标。通过了考试就意味着英语学习成功。

这一教学问题其实就蕴含着相应的改革症结：大学英语教学到底培养学生什么样的外语能力？定位好这一问题，相应的改革思路与方法就会迎刃而解。当然，这一问题有着历史性的变化。在当下的全球化进程中，我国大学英语教学改革应该从战略层面确定好出发的基点，即审时度势，站在国家战略、国家利益、社会稳定的高度，从积极、正面角度对有关中国大学英语教学究竟应该向何处去等重大问题加强引导，从现实与长远两个角度来定位我们的大学英语教学。

所谓现实角度，主要就是为国家目前和近期的发展战略服务。中国目前正处于和平崛起的重要发展阶段。中国一方面需要一个和平的国际环境来推进自己的经济、社会与文化发展，需要在国家安全、政治、外交、军事等方面保证中国的和平发展；另一方面，在全球化大背景下，中国的经济发展将逐渐与世界经济融合，世界走进中国，中国走向世界，我们迫切需要大批专门的各类外语人才，以及更多的懂外语、具有国际视野、懂国际规则的各类专业人才为加速这一进程服务。

外语教育应该为国家的长远发展目标服务。何为国家的长远目标？如果说"中华民族复兴""和平崛起"是中国 20 世纪末到 21 世纪中期的目标的话，那作为一个曾经对世界文明有过重大贡献的古老民族，其长远目标应该致力于推动世界文明的发展。就外语人才培养、外语教育而言，其重要的长远考虑就是为"认识世界、传承文明、创新理论、咨政育人、服务社会"服务。这是中国哲学社会科学研究的目标，也是中国作为一个世界大国和强国对世界应该担负的责任。

从这一战略基点出发，我国大学英语教学改革的大方向就明确了，即大学英语教学必须能够提高学生利用英语提高自己本专业学习、工作的能力，并使其在专业领域具有较强的国际交往和竞争能力。这一人才培养目标是大学英语教学改革的关键，只有抓住了它，其他诸如教学内容、课程体系、教学安排、能力目标、教学评价、教材开发、教师发展等许多问题都能相应地迎刃而解。例如，围绕着专业学习需要和专业人才培养这一总目标，大学英语教学目标具体细化为：提高学生具有较强的听、说、读、写学术英语交流能力，使他们能直接用英语从事自己的专业学习和今后的工作，在自己专业领域具有较强的国际交往能力；在提高学术交流能力和学术素质修养的同时，培养他们的人文素质修养，提升他们跨文化交流、沟通和合作，以及参与国际竞争的能力，以适应地方和国家的社会、经济发展的需要。这一思路的改革才是根本性的，才能够真正做到有的放矢。

陈：您将我国大学英语教学改革的症结归结到对培养学生英语能力的定位上，这是非常到位的，因为教育的根本目的就在于人的培养。这对于大学英语教学及其改革而言，同样具有轴心意义。传统的英语教学大纲，无论是针对英语专业还是非英语专业，对培养学生英语能力的定位都基本局限在帮助学生获得英语学科基础知识、基本的英语交际能力、基本的英语学习技能等。然而研究发现（张绍杰、杨忠，2000；刘燕等，2011）实际情况并不乐观，相关课程设置既不能完全符合学生的需求，也不能完全符合社会的需求，学生不但学习动力普遍不足，英语交际能力更是极为有限，几乎无法满足自己专业岗位的需要。那么，您认为大学英语教学改革与当下时代的社会或社会需求之间有着怎样的密切勾连？这一关系的科学处理有着什么样的现实意义？

束：英语既是一门国际语言，也是一种交际工具，因此，英语学习的根本意义还是在于促进国际范围的有效交流、交往与合作。这就是实施大学英语教学的真正目的。换句话说，我国大学英语教学及其改革都应该围绕着"国际化"这一概念展开，强调世界范围内国家利益、个体国际交流能力与国际规则知识的掌握与获取。具体地，就是服务于我国高等教育"国际化"和国家"走出去"的发展战略。这可以从三个方面再进行详细阐释：

第一，大学英语教学首先应该为中国的高等教育国际化服务。高等教育国际化应该是创办一流高等教育的目标，也是手段。所谓的高等教育国际化，其主要内容就是师资的国际化、课程的国际化以及学生的国际化。这些国际化的一个重要标志和手段就是用英语作为授课语言之一。英语已无可争辩地成为国际通用语言，师资和课程的国际化不可避免地要求把英语作为教学语言（之一）。英语当然也是学生接触国际最新科技、走向学术前沿有力的工具之一，是参与国际学术交流的必备工具和利器之一。因此，中国迫切需要国际一流的高等教育来助跑其国际化进程。

《国家中长期教育改革和发展规划纲要（2010—2020年）》提出，我们要"加强国际理解教育，推动跨文化交流，增进学生对不同国家、不同文化的认识和理解"，"鼓励学校优势学科面向世界，支持参与和设立国际学术合作组织、国际科学计划，支持与境外高水平教育、科研机构建立联合研发基地。加快创建世界一流大学和高水平大学的步伐，培养一批拔尖创新人才，形成一批世界一流学科，产生一批国际领先的原创性成果，为提升我国综合国力贡献力量"。这实际上就是对中国高等教育国际化提出的具体要求。显而易见，高等教育国际化在某种意义上依赖于教师和学生的英语交际能力。没有高质量的大学英语教学，没有高水平的英语交流能力的支撑，要"培养大批具有国际视野、通晓国际规则、能够参与国际事务和国际竞争的国际化人才"无疑是"缘木求鱼"。

第二，大学外语教学应该为培养高素质的国际化人才服务。《国家中长期教育改革和发展规划纲要（2010—2020年）》明确提出，高等学校要"适应国家经济社会对外开放的要求，培养大批具有国际视野、通晓国际规则、能够参与国际事务和国际竞争的国际化人才"，由此出发，培养学生参与国际事务和国际竞争时所需要的英语沟通能力就成了大学英语教学的重要目标。事实上，很多学校已经意识到，英语课程应该与专业课程结合，培养学生在专业领域使用英语的能力。根据这样的目标，对许多重点高校来说，大学英语教学就应该是在训练学生听说读写能力的同时，特别关注学生专业领域英语使用的能力。各高校应该根据各个学校的人才规格定位，根据今后学生工作岗位的实际需要，科学地、实事求是地确定英语教学的目标定位。例如，商务类的学生应该具备在商务场合与国际同行的交流能力，金融专业的学生应该具备在金融领域使用英语进行专业活动的能力。因此，这类学校的英语教学目标就是"英语能力 + 专业知识 = 用英语从事专业活动和国际交流的能力"。

第三，大学外语教学应该为培养创新型人才服务。《教育部关于加强高等教育建设若干意见》第二条就是"促进高校办出特色"。（转引自束定芳，2011）大学英语教学应为高校特色化办学服务，不仅要帮助学生达到用英语参与国际学术交流的能力，而且要通过英语课程，开拓学生国际视野和创造性思维。不同学校有不同的"人才培养规格和学科专业设置"，因此，不同种类、不同层次的学校应该有不同特色、不同层次、不同侧重点的大学英语教学，为培养创新型人才服务。对于师范、医学、艺术、体育、水利、地矿、石油等特色专业类院校来说，其大学英语教学的任务除了应该帮助学生用英语获得本专业领域的知识外，更应该包括帮助学生提高用英语进行本领域国际学术交流的能力。但是，它们具体的目标和实现途径可以不一样，但其核心板块应该包括：通过英语获得专业知识的能力，通过英语了解外部世界、参与国际交流的能力，通过英语表达和传播本国文化的能力。宁波诺丁汉大学的大学英语教学模式值得我们研究和参考。（束定芳、陈素燕，2008）

陈：语言是人类最重要的交际工具，也是一种战略资源。因此，外语教育事关国家发展大计，事关一个民族的整体素质，事关一个民族对世界文明的认识与贡献。在西方，外语教育的规划与布局、外语专门人才的培养与储备、大学生和公民的外语能力的培养，是与国家战略、国家利益紧密联系在一起的。在软实力逐渐取代硬实力成为国际竞争主体的今天，语言资源利用、外语教育规划和布局越来越得到全世界各国政府的重视。鉴于英语在当今世界的特殊地位，大学英语教学向来不是一门普通的课程，其目标应该与国家发展、国家安全、国际利益等国家战略紧密结合在一起。那么，就我国国情而言，大学英语教学如何对接国家发展战略呢？这对大学英语教学改革有何要求？

束：您的分析很对。新时期国家发展战略对外语教学提出了新的要求，因此在制定我国中长期外语教育发展规划时应该审时度势，不仅需要考虑到外语教育发展的客观规律，还应该对接国家发展战略，从政治、外交、经济、国家安全、文化发展等角度规划和布局我们的外语教育，重新思考和定位大学英语教学改革，推动大学英语教学回归到理性、科学的轨道上来，真正为我国国际化人才培养、高等教育国际化、中国走向世界服务。

我国外语教育从总体上看，还缺乏一个中长期的外语教育战略规划，对外语语种在全国的规划与布局中没有宏观的指导或安排，对外语人才培养的数量也没有从宏观上进行指导性调控。这就需要我们了解国家未来发展的需求，根据国家的发展战略，进行合理的布局和规划，调整外语教学结构，思考外语人才培养和使用如何有效地对接国家战略。

从现实角度出发，我们应该根据经济全球化和中国国家安全、军事、外交等方面对外语人才的需求，在不同区域规划与布局不同外语语种和人才培养层次；同时，提高整体外语教学水平，培养全民的外语素养与国际公民意识。从这个角度看，我们需要确立"关键外语"，储备特别外语人才；需要根据现实和未来社会需要，统筹、分类规划外语语种和教育层次的规划与布局，各高校应根据国家战略发展的需要，结合自身的办学条件，准确定位，实施自身的战略规划，培养满足国家经济和各项事业发展需要的不同规格、不同层次、具有鲜明特色的高素质的外语人才；根据区域特点，规划外语语种规划与布局。

从长远角度出发，大学外语教学需要配合中国"走出去"战略，培养传播中国文化、研究世界文化的人才。作为走出去的前提之一就是要了解世界，了解世界的前提条件之一是相应的外语知识和能力。大学英语教学应该主动对接这些发展目标并据此重新定位，为帮助学生了解世界、走向世界服务。这样一个教学目标应该是各个高校大学英语教学共同的目标之一。所不同的就是不同的高校可以根据自己学校的特色，培养擅长某一特殊专业方向"走出去"任务的创新型专业人才。

陈： 您在论著中多次呼吁，大学英语教学应该建立科学、合理、有效的评估机制。作为教学活动重要环节之一的评估机制，是提高教师教学质量、提高学生学习效率的有效手段。从您提出的大学英语教学改革的战略思维角度出发，您认为应该辅之以什么样的大学英语教学评估机制呢？这种评估机制对现有的四、六级考试有着怎样的冲击或影响呢？

束： 首先需要强调的是，教学质量的评估关键还在于看我们所设定的教学目标是否合理，教学过程是否科学，教学结果是否达到了预期的目标。因此，要谈大学英语教学评估机制的科学性、合理性与有效性，首先在于重新调整大学英语教学目标。从大学英语教学及其改革的战略定位出发，评估考核机制应该建立在培养学生学术英语能力和专业英语水平这一战略目标上，重点考量英语教学是否为本校人才培养规格做出了应有贡献，考核学生的英语实际能力是否能够阅读专业书籍、用英语撰写本专业学术论文，用英语参与国际学术交流等。具体操作上，对学生的评价就是采用形成性评估和终结性评估相结合的形式，同时强调终极性评估是基于学生课程表现的学业成绩考试，而不是学生无须经过课程学习的语言水平考试，强调评估的主要目的之一是要最大限度地调动学生继续学习的积极性和提升学生对自己学习能力的信心；对教师的评价则应该强调教师对自己开设课程的自评和对使用教材的评估，以及他们对课程目的的了解程度和帮助学生达到这个目的的情况的评估，旨在改进教学、提高教学质量。当然，我还认为，不同的学校教学评估的原则和方法可以相仿，但评估的具体标准和要求可能会不一样，从而体现出各校的办学特色。这样的评估与考核机制才是灵活的、务实的，也才可能收到科学的效果。

尽管争论很大，但学术界都承认，用同一份考卷作为衡量不同特色学校学生英语学习成效和使用能力的唯一标准并不合理。这就不能不让人联系到大学英语四、六级考试的命运问题。这是一个复杂问题，牵涉方方面面。我想简单谈几点：第一，四、六级考试是测试学生实际英语水平的一种评估方式，考试本身不是教学目的。真正的教学目标应该是学生用英语学习专业课程、参与国际学术交流的能力。因此，如果取消四、六级考试，这将是对一些学校和教师把考试作为教学目标这种本末倒置做法的拨乱反正，是我们重新审视大学英语教学为学生专业学习和发展服务的难得机遇。教育部如果取消四、六级考试，其出发点绝对不是为了削弱甚至取消大学英语教学，而是为了进一步规范和加强大学英语教学，为了还大学英语一个应有的面貌，使大学英语教学回到科学、合理的轨道上来。第二，在一个习惯了以考试成绩衡量学生水平和学校教学水平的教育体制下，一种权重和社会影响很大的考试取消，而新的评估指标体系未能有效建立前，必然会导致学校与学生茫然失措，甚至病急乱投医，盲目采纳其他形式的考试作为评估学生英语能力的"救命稻草"。因此，在大学英语四、六级考试真正取消之前，我们必须实施有的放矢的大学英语教学改革，并建立科学、合理、有效的大学英语教学评价机制。

陈：最后一个问题。我们知道，一项政策或方案的制定很容易，但实施起来都很困难，有时不一定能够真正产生成效。您认为大学英语教学改革如何才能有效实施呢？

束：显然，任何一项改革都是一个宏大的综合系统工程，涉及方方面面，大学英语教学改革亦不例外。这里我想简单谈两个未能引起足够重视的方面，供大家思考。

第一，教师素质。师资质量是教学质量的决定因素，同样也是中国英语教学改革成功与否的关键。只有一支高素质的英语师资队伍，才能真正对中国英语教学改革存在的问题进行反思，才能结合所在学校的具体情况进行具体分析，寻找解决问题的途径，最终解决问题。只有当每个英语教师真正意识到英语教学改革的必要性，把提高自身素质、改进课堂教学、培养学生的自主学习能力作为自己的自觉行动，英语教学质量才能真正提高。提高教师素质和能力的一个重要方法就是加强教师培训，造就一批具有国际学术水平、能用英语开设专业课的师资队伍。目前我国的英语教师培训还存在着许多问题。因此，如何针对教师的实际需求，针对英语教学课程标准的要求，科学、有效地规划和开展教师培训，真正提高英语教师的综合素质和教学能力，应该是教育主管部门高度重视并具体落实的重中之重。"外教社杯"全国高校外语教学大赛就是一个好的平台，对中国大学英语教学起到了非常积极的推动作用，能够促使我们重新审视大学英语教师的综合素质对课堂教学的重要性，对如何抓住大学英语教学改革的真正要害，努力提高课堂教学质量进行积极反思，最终促进教师课堂教学能力与素质的提高。

第二，理论研究。中国外语教学理论研究在过去的一二十年中主要是借鉴国外的相关研究成果。但要建立具有中国特色的外语教学理论，解决中国外语教学中的问题，一个重要的内容就是研究中国人学习外语究竟有什么特点。这就需要我们对一些影响我们外语教学政策和教学实践的重要理论问题进行系统、全面的探究和把握。只有在理论研究上有所创新、有所突破，我们的外语教学实践才能有可靠的基础和指导原则，我们的教育行政管理部门的决策管理才能按科学规律办事，我们的外语课堂教学实践才能不断创新。当然，在从宏观上进行理论探讨的同时，也必须注重从微观上关注课堂教学，探讨课堂教学活动的有效性。建立外语教育研究和实验基地，提高对外语教育规律的认识，是一个值得提倡的有效措施。

陈：衷心感谢束教授的精辟见解和到位阐释，谢谢！

参考文献

[1] 教育部. 国家中长期教育改革和发展规划纲要（2010—2020 年）[OL]. http://www.gov.cn/jrzg/2010-07/29/content_1667143.htm.

[2] 刘燕，华维芬，束定芳. 外语专业改革与发展战略 —— 上海市高校外语专业布局与外语人才培养情况调查研究 [J]. 外语研究，2011，（4）：8-14.

[3] 束定芳. 高等教育国际化与大学英语教学的目标和定位 —— 德国高校英语授课学位课程及其启示 [J]. 外语教学与研究，2011，（1）：137-144.

[4] 束定芳，陈素燕. 大学英语教学成功之路：宁波诺丁汉大学专业导向英语教学模式的调查 [M]. 上海：上海外语教育出版社，2008.

[5] 张绍杰，杨忠. 高校外语专业在新世纪面临的危机与对策 [J]. 外语界，2000，（3）：2-7.

MTI 教学：素养与能力

—— 黄忠廉^[1]教授访谈录

王小燕^[2]

摘要： 本文通过访谈的形式，以描述性方法探讨了口笔译专业硕士（MTI）教师应具备的素养及 MTI 教学方法，以期为优化 MTI 教学、进一步提高 MTI 教学质量提供借鉴。访谈对象为广东外语外贸大学翻译学研究中心博士生导师黄忠廉教授。黄忠廉教授认为，MTI 教师应同时具备翻译理论素养、实践素养、强大的翻译思维能力，但理论教师与实践教师的素养侧重点应有所不同。MTI 教师还应该具备严谨、谦逊的教学心态，应该重点培养学生的翻译思考能力。MTI 学生要学好翻译，良好的学习态度和正确的学习方法非常重要。

关键词： MTI；翻译理论素养；翻译实践素养；教学方法

黄忠廉教授简介： 博士，二级教授，博士生导师，广东外语外贸大学翻译学研究中心专职研究员。翻译理论家，变译理论创始人，科学翻译学、应用翻译学创建者。专攻翻译学、汉译语言和汉外对比。主持国家社科项目 3 项、部级科研项目 6 项，出版学术著译作 26 部，主编丛书 3 套，发表学术论文 230 余篇。曾入选教育部新世纪优秀人才支持计划，两次入选黑龙江省"龙江学者"特聘教授，黑龙江"文化名家"。现任陕西省"百人计划"特聘专家，广东省"珠江学者"特聘教授，国家社科基金

---

[1] 单位：广东外语外贸大学翻译学研究中心。通信地址：广东省广州市白云区白云大道北 2 号（邮政编码：510410）。

[2] 单位：西安外国语大学高级翻译学院。研究方向：翻译教学、翻译理论与实践、认知语言学。通信地址：陕西省西安市长安区文苑南路西安外国语大学长安校区 69# 信箱（邮政编码：710128）。

学科评议组大评委，中国英汉语比较研究会翻译学科组副组长。获第六届高等学校科学研究优秀成果奖（人文社会科学）。

王小燕（以下简称王）：尊敬的黄教授，您好！非常感谢您拨冗接受采访，为我们谈谈口笔译专业硕士（MTI）翻译的理论教学与实践教学。目前我国的翻译专业本科（BTI）及研究生教育处于起步阶段，相关诸多领域的研究有待进行。就目前国内翻译专业教学的研究成果看，涉及翻译专业教学的体系、概念、模式、原则（刘和平，2000，2004，2008，2009，2013）及译者能力发展（刘和平，2011）的，也有借鉴国外翻译专业教学体系——如澳大利亚高校等，来探讨对中国专业化翻译教学体系的启示的（朱锦平，2009）。但总体来讲，探讨本科翻译教学及课程设置的较多（如杨金蕊、丁晶，2013），从宏观视角看中国的翻译专业教学体系架构的居多（如高雷，2013），专门针对 MTI 教学，尤其是 MTI 教师与学生素养的不多，且仅有的一些成果也多为宏观、笼统性探讨（如冯权功、苗菊，2009），而针对 MTI 理论与实践教学的具体描述性研究并不多。您也谈到过，翻译理论在 MTI 教学中居重要地位，对 MTI 学生必不可少。鉴于您本人从事研究生的翻译理论教学、研究多年，经验丰富，广受学生欢迎，这里我想就 MTI 翻译理论课的教学与实践对教师能力、素养方面的要求，以及对学生的能力、素养方面的要求，请您谈谈看法。

首先，您认为从事 MTI 翻译理论教学的教师，应该拥有什么样的素质呢？

黄忠廉（以下简称黄）：既然是 MTI 理论教师，首先就是要具备理论高度，即拥有丰富的翻译理论储备，对翻译学的全局要有高屋建瓴的了解，对翻译理论的各个方面都有清晰明确的思考。翻译学的全局涉及学生翻译能力及实践培养的方方面面。对翻译学全局的掌握，会促使教师有意识地去关注哪些理论知识、在哪个环节、对哪个层次，或是哪一部分学生，是至关重要、必须要掌握的。教师只有具备全局观，才能在教学中更好地突出局部。当然，教师可能精通翻译学科中的某一方向，比如研究翻译史，但作为背景知识，他（她）对翻译的应用理论或者翻译的普通理论也要有所了解，还应该对翻译教学、翻译批评等有足够的了解。换句话说，理论教师要在拥有主攻方向的同时，对翻译的方方面面都要有所了解、有所涉猎，对翻译的基本常识，应该清楚。

第二，MTI 理论教师应该具备一定量的翻译实践。他（她）可以不是翻译家，但是至少也应该是位不错的译者，即理论教师具备理论高度的同时，也应该有从事实践的低度。教师要会讲什么是翻译、怎样译，还要能够译得好、译得妙，要顶理论之天、脚踏实践之地，这样在课堂上才能是一个巨人，才能靠他（她）的学识、智慧和翻译艺术去征服学生。但是理论教师不一定必须处处都比别人译得好，有些才华卓越的学生可能会超过他（她），这也是正常的。但总体来说，翻译理论教师应有较高的翻译水平，他（她）比学生高明的另一点，在于他（她）能够说清楚为什么要这样译，道理在哪里。所以他（她）应该同时具备这种高度和低度，即理论和实践贯通的能力素质，而且他（她）分析问题的能力很强，批判意识也很强。

第三，作为 MTI 翻译理论教师，他（她）应该对翻译有一定研究。至少应该有初步的研究，并发表过相关的翻译研究论文。教师的研究领域，最好是在其译学理论全局掌握的基础上，有两个到三个重点研究的方向，比如翻译教学研究、翻译批评、翻译管理，或者译学领域其他方向的研究，这样教师的知识面会更宽更广。对翻译有所研究、有所思考，教师就会用自己的话来讲翻译理论，用自己的话把对翻译及翻译理论的独特认识和普遍认识总结出来。

第四，虽然是 MTI 理论教师，但他（她）脑海里必须储存大量的翻译事例，即关于翻译的事件和故事，也包括翻译实践和例子。此外对于相关的翻译实例也能脱口而出，既有原文又有译文，且最好是多个译本并举列出，信手拈来。这些实例故事，可以是自己的，也可以是别人的，这对于拥有多年翻译实战经验的教师来说，是很容易做到的。这样的教师一定魅力无穷，学生会非常佩服，也一定会很喜欢。

第五，MTI 理论教师应当具备强大的理论分析能力和临场应变能力，能够灵活运用翻译理论对各种翻译故事及译例进行深入分析，能够现场随时点评学生译文，而且点评到位。对学生带到课堂的译例，他（她）能够进行现场解读、点评，发现问题并解决问题，这也是让翻译理论课堂具有魅力的一个方面。以我的理论课堂为例，我会让 MTI 学生课前自己找些翻译译例，带到课上自己给大家讲解，讲完之后由同学点评。通常我会请不止一两个学生点评。学生点评完之后，我再进行点评。而且我不仅会对第一个同学的译文进行点评，也会对第二个甚至第三个同学的点评再做点评，指出学生点评的优劣之处，带领他们看到其视野所不能及的地方。通过这种两重、三重的点评，学生得到的收获可能是两倍、三倍的，甚至是四倍的。而且课堂上的这种点评，往往即兴而起，带有很多灵感和智慧。加上互动，课堂就成了一个思想碰撞、智慧荟萃的地方，学生自然会感觉激情四射。而一个智慧型、有激情且充满互动的理论课堂，对教师素质的要求也非常高，教师要像导演一样，能够掌控整个课堂。

最后一点，MTI 教师也要有自我批判的精神。比方说，万一学生所举的例子超出了教师的认知范围，教师根据以往的知识和实践经验现场解答不了时，也要有勇气承认自己对这个问题上的无知，并承诺将查阅资料予以解决，或者是留待将来与学生一起解决。有勇气承认自己无知，会让学生更加敬重你。人都会有无知的时候，所以才要学习，才要进一步研究。所以，谦虚、勇于自我批评的精神，也是高水平 MTI 理论教师的基本素质之一。当然，一个翻译理论教师应该具备的素质是多方面的，我仅列举了几个主要方面。

王：的确如此，MTI 翻译理论课教师要具有理论高度、实践的深度、研究的态度、讲解的力度、教学的艺术以及谦逊的心态。而且往往越是翻译大家、理论大家，他们为人做事情越是谦逊，越具有自我批判精神。既然 MTI 翻译理论的课堂是带领学生进入知识、智慧和思想殿堂的地方，那么您认为 MTI 翻译理论课最应该教会学生的是什么？

黄：MTI 学生学习的翻译理论，应该是基础的翻译应用理论，而非纯理论。其目的是培养翻译思维意识、提高翻译实践能力。MTI 教育中理论与实践的这种密切关系，决定了 MTI 理论课最应该教会学生的，既不纯粹是翻译理论，也不纯粹是翻译技能，而是一种对翻译理论与翻译实践进行反思的能力，即翻译的思考能力。

翻译思考能力包含两方面：一是运用翻译理论分析、解释实践的能力；二是对翻译实践进行预判、评价并总结的能力。这种分析、解释能力，指学生掌握理论之后，能够用它修改和点评译文，并解释为什么这样译？译文好在哪里，或不好在哪里，为什么？也就是运用理论对翻译实践进行指导分析的能力，把理论变为译者翻译思维工具的能力。这种思考思维，离不开强大的分析能力。而所谓分析能力，实质上就是把理论变成译者自己思想的一部分的过程。分析能力还表现在能够在实践中运用理论分析两种语言转化、变通的全过程，及各种相关因素，尤其是文本内外的语境因素，并从中总结出新的理性认识和思想观点。

翻译思考能力的第二个方面，是对翻译任务的预判、评价和归纳的能力。译者拿到翻译任务后，首先要预测或评估，比如材料的内容是新还是旧？哪些需译出而哪些不用译？这样的预判，既涉及学生的篇章语言学能力、双语跨语言跨文化的转换能力，也涉及学生的取舍思维能力。说到底它包含学生的全译转换能力和变译变通能力。面对翻译任务，怎样预测读者期待？怎样决定翻译策略——全译或变译？

若有取舍，该取什么而舍什么？翻译过程中具体采用了全译策略和变译策略中的哪些方法？涉及哪些具体技巧？能否通过对翻译实践和翻译过程的具体分析，思考并提炼出一些新规律、新观点？等等。新提炼出的观点就是思想的火花。思想火花汇集，就会形成新的理论。所以分析、解释的能力是学生的翻译思考能力中最重要的方面。这些都是翻译应用理论这门课应该潜移默化地传授给 MTI 学生的。

具备了这种翻译思考能力，相当于具备了一种强大的学习能力，学生只有在课堂上获得了这种学习能力，在学校期间才会译得更自信、学得更自觉，走出校门后才能独当一面，做到无师求进。

王：那么您认为教授 MTI 翻译实践课的教师，应该具备什么样的素质呢？

黄：MTI 实践教师在素质要求方面应该与 MTI 理论教师基本相同或类似，但侧重点相反，因此两者应该是互补的。首先，与理论课教师的重在掌握理论高度不同，MTI 实践教师应首先强调丰富的翻译实战经验。他（她）最好是个翻译高手或强手，至少也应该是个翻译熟手。他（她）最好是某个领域内的翻译专家，同时又不局限于该领域。比方说他（她）最擅长石油方面的翻译，但同时也会涉猎其他领域专业的翻译。MTI 翻译实践的教师最好还从事过文学翻译，因为文学翻译是对翻译能力要求最高的一种，所以他（她）最好经历过这种最高难度的翻译训练。所以，MTI 实践教师应该拥有丰富的应用翻译实践经验，同时兼备文学翻译的基本素养。

第二，一定的翻译实践量。我认为 MTI 翻译实践教师不一定非要有好几百万字的实践量。有人认为翻不到一百万字就不能当翻译实践教师，这不全对。提高翻译能力，翻译量是必要条件，但不是充分条件。身为翻译实践教师应该有一定的翻译实践量，但不等于要非常大甚至是无穷大的翻译量。我倒觉得 MTI 翻译实践教师一定要有另外一种能力，即思考总结、理论分析的能力。他（她）既要译得出，还要说得出，总结得出；要有很强的表达能力，讲解起译文来，简明扼要，句句切中要害。具备分析、总结和表达能力，教师就会在实践中发现问题，也更清楚学生学习中在哪里易出错、出什么样的错。

MTI 翻译实践教师必备素质的第三点，才是对翻译理论知识的要求。这一点与前面讲到的对翻译理论教师的素质要求在侧重顺序上是相反的。具备了基本的翻译理论，教师才能在拥有实践能力的同时，讲出翻译决策的依据，导出翻译经验，将其上升到规则或理论的高度。也只有这样，才能把翻译的经验作为智慧和技能传授给学生。所以一定的理论知识和理论研究能力对于 MTI 翻译实践教师是必不可少的。

缺乏理论的 MTI 实践教师，一辈子都只会停留在经验层面，不能把经验变成一种思想，也无法用连贯的思想性语言去影响学生、引导学生，并且把经验传授给学生。

综上所述，MTI 理论教师以理论为主但离不了实践；而 MTI 实践教师以实践为主但离不开理论，二者互补。一个翻译学院或是翻译系，如果能有一批这样的理论与实践同时兼备，又有各自擅长的方向且能力互补的教师，才能真正支撑起 MTI 课程教学体系的科学结构。

王：我的理解是，翻译理论课培养的是 MTI 学生的翻译理论素养，因此 MTI 理论教师要有理论的高度和实践的深度，能够深入浅出，用译例讲清楚理论的本末渊源；翻译实践课培养的是 MTI 学生的翻译实践素养，所以 MTI 实践教师要有深厚的翻译实践功底、熟练的翻译实践策略、扎实的理论基础以及适当的传授翻译经验的方式，能够对翻译实践进行由浅入深的分析，从实践到规则、规律进行总结。多位专家也持有类似的观点：鲍川运教授（2009）认为，如果翻译教师本身没有相当的实践经验，又没有规范的教学方法，教学效果和质量就无法保证。何刚强教授（2007）也谈过，翻译专业教师必须"精艺谙道，循循善诱"，并认为"译艺"即精通翻译的一般策略与技巧，"译道"即宽广的翻译理论视野，"译情"即琢磨翻译和教学翻译的激情，这三者是翻译专业教师必须具备的三种功夫。

但是到目前为止，我很少读到从学生的角度探讨怎样学习翻译的相关研究文章。所以想请您对 MTI 学生谈一谈，学生应该怎样做，才能学好翻译理论、才能学好翻译实践。

黄：关于怎样学好翻译理论，我讲这么几点。学好翻译理论，学生首先要有积极的学习态度。比如说扩大课前预习阅读的范围；再比如，对需要学习的话题进行文献检索，查阅相关资料，了解该话题的国内研究的前沿，即有哪些学者对其进行了哪些思考，都有哪些观点，取得了哪些成果等。对同一话题的不同观点进行积极的汇总、比较、甄别，这样学生得到观点，就比读一部教材更为全面，学到的东西也比一个老师所教的更多。

第二，学习理论需要大量阅读，有效的阅读方法和积极的沟通也很重要。如何有效地阅读理论教材呢？一个简单的方法是要学会列提纲，即把教材章节内容的纲目、思路、内部逻辑，从大到小以网状、标题、图表等形式，或是其他自己习惯的方式罗列出来，即把教材"由厚读薄"。这也是学生阅读的最基本要求。在阅读理论教材或文献的过程中，学生要边读边思考，同时加入自己的理解，用自己的话去概括书中的思想内容，总结逻辑体系，然后列出提纲。这样的方法，不仅有利于学生系统掌握教材的内容体系，也有助于学生内化原书的思想体系。对于自己阅读总结出的纲目，最好能积极与同学、老师进行交流。一来可以巩固和检验自己的学习成果，二来也可以吸收不同的理解和看法。这个讨论、交流的过程，既是把书"由薄再读厚"的过程，也是检验、巩固甚至丰富阅读成果的过程。探讨中如果能把同学和老师对自己思考点评的新的元素，纳入到自己的理解体系中，那么学生就可以得到是原教材两倍甚至更多的思想收获。加上前面说的扩充式阅读，学习的效果会更佳。因此，有效的阅读方法和积极的交流沟通非常重要。

第三，MTI 学生应具备一定的自学能力。如果说能够把阅读总结的理论体系，跟同学、老师交流探讨，则最好。若没有这样的机会，学生就可以采取自学的办法。他（她）可以先阅读整理思想提纲，然后尝试脱离课本，拿着纲目自己讲解，靠回忆和理解尝试还原书本内容。如果想不起来读过的内容，就可以再去翻阅教材或文献，直到自己把学习提纲融会贯通，把书中的内容牢牢掌握、记住。这就是通过自学的方式，快速牢靠地掌握相关理论。学生要尝试用自己的话去表述、解释所学的理论知识。在尝试的过程中，就会逐渐学会使用理论术语，甚至会采用一些比教材更简洁、更明了的术语来总结。实际上，这就相当于学会了自己去创造术语。坚持自学，逐渐积累，长此以往，学生就很有可能超越教材、超越课堂，甚至超越教师。如果学生对某个翻译理论的理解和升华超越了整个翻译界，那便意味着对译学理论的创新突破，自然是更大的进步了。因此，具有自学能力并坚持不懈积极学习，对于学好翻译理论十分重要。

最后一点，积极的学习者，既要善于分析、勤于思考，还要善于动笔，记录总结思想的火花。如果说读书列提纲是一种杂记、笔记的形式，那么读完书后，对于把书"由厚读薄"，再"由薄读厚"的过程中产生的各种想法和认识，动笔记录下来，则是应该提倡的一种很好的自我总结方法。换句话说，积极的学习者往往会把自己在往返阅读的训练过程中产生的思想火花，或是偶发的灵感或心得，进行总结，记录下来。这样做，记下的不仅仅是对整个知识的认识，更是对整个学习过程的认识。如果说从纲目到内容反复讲解是对知识的消化与扩充，那么总结学习过程、记录思想感悟，则是对方法论的总结、对思想的总结，也是智慧的凝结。长期坚持阅读、坚持记录，学生既可以掌握理论，又可以掌握方法论，他（她）的进步也会更大、更快。因此勤于动笔，记录总结，对于学好翻译理论不可或缺。

关于第二个问题，怎样学好翻译实践。对 MTI 学生来说，大量的翻译实践很重要。怎样实践，我想主要讲两点。第一是学生应该利用各种机会，积极参加各种翻译项目，进行实战训练。有 MTI 翻译项目或是实训基地的院校，这一点都做得很好。比如西安外国语大学的 MTI 学生，就有机会参加学校与《环球时报》、外交部等单位的翻译合作项目。一般来讲，翻译项目都有完善的管理方式和流程，对翻译质量采取全程监控的做法。具体来说，就是由教师带领学生翻译，经过多层审校，保证最终的翻译质量。此外，项目中所有的翻译实践，都是有时间限制的，包括教师的审校、批改、润色乃至给学生反馈，以及外籍专家对稿件的终审等等，都是有时限的，多为一天内完成。这本身就是个高强度的训练，能快速提升学生的翻译能力，并锻炼学生的组织、沟通、反馈能力，及其他方面的各种能力。最重要的一点是，学生的翻译成果能够在相关网站得以发表，这对提升学生的信心非常难得。因此 MTI 学生尽可能参加这种翻译项目，认真对待老师、外教以及终审编辑每一次的反馈意见，若能分析、思考并总结心得，辅之以对翻译理论的学习，他（她）的翻译实践能力会快速得以提高。

王：嗯，这些反馈心得的记录，也可以成为学生将来写论文时的观点与例证。

黄：完全可以。在翻译实践中积累下来的这些心得、经验、体会以及译例，完全可以用到学生未来的论文中。学生甚至还可以从这些观察中，找到很多可供研究的课题。所以说参与 MTI 的实训实习平台，是学好翻译实践的一个很好的方法。但是大部分院校没有这种合作项目，无法给 MTI 学生提供这样的实训机会，这些学生该怎么办？这就是我要讲的第二个方面。对于这些院校的学生，我倒觉得他们应该自己想办法，积极努力为自己创造实践的机会。具体怎么做呢？学生首先应该十分了解翻译的不同分类，对自己学校的 MTI 的课程体系和师资力量有所了解，同时结合自己的优势或兴趣，以及未来的就职意愿，对自己在校期间的翻译实践训练进行自我规划。

他（她）可以按照不同的分类标准，比如口译、笔译；全译、变译；文学翻译、应用翻译等等，分析本校 MTI 教学力量的强弱之处。比如是笔译强，还是口译强；是全译强，还是变译强；或者说是机器翻译／语料库翻译强，还是石油领域翻译力量强，等等。总之，学生需要在对本校 MTI 教学力量的全面了解之后，进行查漏补缺。学生可用列表的形式，标明自己需要弥补或额外加强的领域。师资力量强的课型，可以紧跟教师，抓紧课内外的实践训练，课余则重点弥补教学力量薄弱的环节。比如本校的 MTI 笔译很强，但是口译缺乏师资，那他（她）就应想法去弥补自己的口译学习。倘若本校的口译力量强，可以充分练好口译，但是笔译力量却不尽如人意，尤其是在文字水平方面，缺少汉语功底如同英文同样强大的师资时，学生就应该想办法强化并提高自己的汉语水平。他（她）可以采用阅读的方式，或是网络学习方式，甚至到中文系听课等，把更多的业余时间用于教学力量所不及但提高翻译实践又必备的关键地方。

学生的这种查漏补缺式自我训练，最好能够和自己未来的职业规划结合起来。倘使未来想从事石油领域的翻译，且又恰好就读一所石油大学的 MTI，那么除了学习本院系开设的翻译课程以外，他（她）就可以想办法强化自己的石油专业知识。比如让石油专业的老师或同学推荐一些基础课程，或是跑到石油院系旁听等，主动出击，来弥补自己专业知识上的欠缺。因此，学生不仅仅要有思想、积极主动，还要了解自己，能够为自己做长远规划，能够根据实际情况扬长避短，充分利用在校学习的时间为自己将来进入职场做好各种准备。

还有最后一点，就是 MTI 学生要有勇气直面自己的弱点，以极大的毅力和耐心，攻克自身的不足。要充分利用在校学习时间充实自己的专业知识。哪一方面弱，就专门去补哪一方面，比方数理化不好，就越要补数理化，待未来求职时，（进入的领域）说不定就是与数理化相关的领域。如果等到进入职场之后再去学习专业知识，势必慢人一步。所以说学生要充分利用在校学习的时间，通过各种渠道强化自己的翻译实践，不遗余力地拓宽专业知识。关于如何抓好翻译实践，我主要讲这两个方面，不一定够，大家可以再补充。

王：非常感谢您（分享）的观点。对您谈话中印象最深刻的，就是 MTI 教师应该爱翻译、善钻研，"理论""实践"两手抓；还有一点，就是积极主动地学习对于 MTI 学习的重要性。学生要有备而学，对自己的学习和未来进行积极的规划，要善于把自己的长远职场目标和当前的学习目标结合起来，这样才能有的放矢，才能更加积极主动地去学习，学习的效果也更好。再次感谢您！相信您的经验和观点，一定会对 MTI 教师和学生带来很大的启示。它们对于 MTI 的教学，意义同样重大。

参考文献

[1] 鲍川运. 翻译师资培训：翻译教学成功的关键 [J]. 中国翻译，2009，（2）：45-47.

[2] 冯全功，苗菊. 实施案例教学，培养职业译者 ——MTI 笔译教学模式探索 [J]. 山东外语教学，2009，（6）：28-32.

[3] 高雷. 翻译本体与翻译学体系 [J]. 山东外语教学，2013，（5）：109-112.

[4] 何刚强. 精艺谙道，循循善诱 —— 翻译专业教师须具备三种功夫 [J]. 外语界，2007，（3）：24-29.

[5] 刘和平. 再论教学翻译与翻译教学 —— 从希拉克信函的翻译谈起 [J]. 中国翻译，2000，（4）：40-45.

[6] 刘和平. 翻译教学方法论思考 [J]. 中国翻译，2004，（3）：39-44.

[7] 刘和平. 再谈翻译教学体系的构建 [J]. 中国翻译，2008，（3）：35-39.

[8] 刘和平. 论本科翻译教学的原则与方法 [J]. 中国翻译，2009，（6）：34-41.

[9] 刘和平. 翻译能力发展的阶段性及其教学法研究 [J]. 中国翻译，2011，（1）：37-45.

[10] 刘和平. 翻译教学模式：理论与应用 [J]. 中国翻译，2013，（2）：50-55.

[11] 杨金蕊，丁晶. 基于需求分析的翻译专业本科课程设置调查研究 —— 以山东省一高校为例 [J]. 山东外语教学，2013，（5）：74-82.

[12] 朱锦平. 从澳大利亚高校的翻译教学看专业化翻译教学体系的建构 [J]. 解放军外国语学院学报，2009，（5）：76-80.

学术创新能力培养的几点思考

—— 王寅教授访谈录

刘玉梅[1]　杨义[2]　万帮华[3]　胡国瑞[4]

摘要： 本文是对四川外国语大学博士生导师王寅教授的访谈录。王寅教授长期从事研究生教学和科研工作，在认知语言学、语言哲学、语义学、英汉语对比研究等方面建树丰厚。他大力倡导与时俱进的学术精神，并视"创新"为其灵魂。本次访谈主要围绕如何培养学术创新能力展开。在三个小时的访谈中，王寅教授从语言学的哲学摇篮、理论创新、继承发展、培养模式、自我设计、理论本土化、职称与科研等七个方面阐发了自己对学术创新能力培养的见解。这些眼光独到的治学之法和语重心长的治学建议将给青年学者极大的帮助和鞭策。

关键词： 访谈；学术创新；培养模式

王寅教授简介： 现为四川外国语大学外国语文研究中心教授，博士生导师，认知科学研究所所长，四川大学和苏州大学英语语言文学专业兼职博士生导师，中国英汉语比较研究会副会长，中国语言与符号学研究会副会长，中国认知语言学研究会副会长，广东外语外贸大学外国语言学及应用语言学研究中心兼职研究员。主要研究方向为：认知语言学、语义学、英汉语对比研究。

---

[1]　上海外国语大学博士后流动站，上海，邮政编码：200083。

[2]　四川外国语大学研究生部，重庆，邮政编码：400031。

[3]　四川外国语大学研究生部，重庆，邮政编码：400031。

[4]　重庆工程职业技术学院，重庆，邮政编码：402260。

1.0 哲学：语言学之摇篮

刘玉梅等（以下简称刘）：王老师，您好！首先非常感谢您能够接受《山东外语教学》的邀请，和我们谈谈学术创新能力的培养。同时，也祝贺您的《语言哲学研究——21 世纪中国后语言哲学沉思录》获得国家社科基金后期资助项目并在北京大学出版社出版。完成这么一部 70 多万字的巨著，一定倾注了您不少的心血。能否请您先介绍一下语言哲学对语言学研究的影响及其发展动向呢？

王寅（以下简称王）：一般认为，西方哲学大致经历了本体论、认识论和语言论三大转向。语言哲学生发于语言论转向之中，旨在通过语言分析探索思维与存在、人与世界的关系问题。语言哲学家们的研究成果对现代语言学的发展做出了巨大贡献，其中语言学中的语义学和语用学就主要继承了其基本思路。所谓语义学，主要是以弗雷格、罗素及维特根斯坦前期，特别是维也纳学派所创建的逻实论（逻辑实证论）为内容；而语用学（又称日常语言学派），主要是指由维特根斯坦后期，奥斯汀、格莱斯、塞尔等发展起来的哲学研究思潮。事实上，语言学界所开设的语义学和语用学这两门课，就是把语言哲学的相关理论引入到语言学研究中逐步发展起来的。

从西方哲学的三个转向和语言哲学两大学派来认真梳理语义学、语用学的来龙去脉，能够让我们更深入地理解语言学问题，让我们的分析更透彻、阐述更清晰。我们认为，语言哲学是需要认真学习的一门学科，它将有利于我国外语界学者从根本上提高自己的哲学修养、知识水平、分析和解决语言问题的能力。我国学者钱冠连、李洪儒、林允清、隋然、刘利民等率先将语言哲学引入外语界。钱冠连先生在广外（广东外语外贸大学）首先招收语言哲学方向的博士生，为我国外语界开辟了一个全新的方向，他还在全国成立了中西语言哲学研究会，每年举办夏日语言哲学读书院，目前已经举办 10 届。通过这十几年的努力，外语界一些学者从不知晓、不接受语言哲学，到慢慢知晓、接受乃至爱上它（现在不少高校面向研究生都开设了这门课，有些院校面向本科生也开设了这门任选课），并深刻体会到语言学和哲学之间的缠绕关系。

关于语言哲学的最新动态，可以关注一下《哲学的第四转向——后现代主义》，这是 20 世纪 60 年代法国的一批哲学家，包括后来欧洲、美国的一批哲学家提出的一种新哲学思潮，它以传统哲学观为批判对象，其关键词为"反中心""消解""破坏""解构""颠覆""非理性"等。我与很多同行讨论并得到他们支持后，于2012年在《外国语文》上正式提出了这一观点，将西方哲学归结为四个转向：毕因论（即本体论）、认识论、语言论、后现代。

后现代哲学思潮中包括很多观点，其内部也不很统一，各有各的出发点，各有各的观点，为便于理解和陈述可从思想特质上将其分为三期。

第一期：人本性与批判性。主要代表是海德格尔、伽达默尔，以及法兰克福学派的几位代表，如霍克海姆、马尔库塞、阿尔多诺、哈贝马斯等。

第二期：破坏性与解构性。主要是法国的十几位哲学家，如拉康、萨特、梅洛·庞蒂、列维·施特劳斯、利科、巴尔特、利奥塔、福柯、德里达、克里斯蒂瓦等。还有奥地利的弗洛伊德、费耶阿本德，美国的哈桑、德力兹等。

第三期：建设性与体验性。我们不仅要破坏一个旧世界，还要建设一个新世界。后现代哲学家在上述解构的基础上又提出了建设性思潮，主要代表有罗蒂、奎因、格里芬、霍伊等。我们拟将美国莱科夫和约翰逊教授所创建的体验哲学（Embodied Philosophy）以及钱冠连先生所倡导的中国后语言哲学（CPPL）置于建设性后现代之中。认知语言学和中国后语哲（后语言哲学）是沿着西方语言哲学和后现代主义哲学一路发展而来的，是与当今世界人文大潮接轨的。

理顺了关系，找到了根源，把握了脉络，就能更清楚地了解西方哲学家们的思想演变轨迹，也可更清楚地理解我们当前所从事的语言学研究，从而可顺利进入学术前沿。季国清先生早在1999年就在《外语学刊》发表了题为《语言研究的后现代化迫在眉睫》的论文，可谓高瞻远瞩，一针见血地指出了我国语言学界"忽视哲学基本功"的严重缺陷。

2011年我在《山东外语教学》发表了题为《后现代哲学视野下的当代隐喻研究》的论文，便是在后现代哲学思潮影响下提出的一种隐喻新观。文中指出，必须在后现代哲学视野下才能看清隐喻的本质，因为隐喻都是"假话"，是非理性的产品，而非理性正是后现代哲学的典型特征。形而上学哲学家避而不谈隐喻，因为在他们看来，隐喻是形而上学的敌人，是追求客观真理的拦路虎。后现代主义哲学思潮推动下，人们充分认识到隐喻是语言中不可缺少的一部分。特别是莱科夫和约翰逊教授于1980年出版了 *Metaphors We Live By*（《我们赖以生存的隐喻》）之后，学界对隐喻的认识发生了巨大变化：它不是一个修辞问题或简单的语言问题，而是人们头脑中认知世界的基本方式。为什么隐喻会引起这么多人的关注？有关隐喻的国际会议，参会者一般都会超过千人，来自于哲学、心理学、语言学、逻辑学、人工智能、神经认知、文学、历史等诸多领域。我们认为，这是因为隐喻是后现代哲学思潮的产物，后现代的风刮到这里了，隐喻这个典型的非理性的灰姑娘开始被人们注意到了。在此形势下，隐喻研究成为当前学界的一个热门话题，也就顺理成章了。

我又于 2012 年在《外国语》上发表了《后现代哲学视野下的语言学前沿——体验人本观与认知语言学》，在这篇文章中我再次论述了"体验人本观（Embodied Humanism）"，解构了将人因素排除在外的"传统人本观"，也反思了德里达、哈贝马斯等忽视客观因素的"激进人本观"，同时也批判了"悲观人本观"，如福柯喊出的"人已死亡"这一惊世骇俗的口号。我认为，这些片面的观点可运用体验人本观从理论上做出修正。作为建设性后现代思想，其中心内容之一就是"人本、认知"。因此，认知语言学的核心原则"现实—认知—语言"与此思想完全吻合，在现实与语言之间，应当有一个最重要的因素"人，人的认知"，语言便是人们基于对现实进行互动体验和认知加工的结果。10 多年来，我围绕语言的体认性，发表了 29 篇文章，旨在为语言学研究提供理论思考和教学实践提供参考。没想到顺藤摸瓜，竟然从语言体认性摸到了后现代哲学的大思潮中，这又激发了更多思考。我也希望通过分享自己的发现，让更多学者了解后现代及其对语言学发展可能带来的影响，以产出更多创新性成果。

2.0　理论建树：学术创新之灵魂

刘：语言哲学和后现代思潮大大拓宽了语言学研究的视野，也使得语言研究步入了前沿阵地，这与您及同行的学术创新能力是密不可分的。我们作为您的学生也是受益者。对于广大学者来说，学术创新是毕生追求的目标，同时也是艰巨的任务，但"创新"两字含义十分广泛，您能否谈谈对学术创新的理解？

王：这个问题问得非常关键，也说明你们对这个问题已有一定的认识。大学为什么要招收研究生，就是要你们来搞研究的。研究什么？研究理论！方法上的突破固然重要，但比起理论创新来说，其当居次位。注意我这句话讲得很有分寸，方法上（如语料库、数据统计与分析等）的革新固然是好事，主要解决的是"论据"问题，用以如何论证，是为论点服务的。而理论创新，是解决"论点"问题的，因此显得更加重要。试想一下，中学语文教师如何教导我们写政论文？这必须抓住两大要点：

论点和论据。没有鲜明的论点，何以称其为论文？或缺乏充分的论据，仅凭主观爱好摘用几条例句（不合口味的就不要），也会缺乏说服力。运用语料库和数据统计的方法可有效弥补这一缺陷。因此，理论创新加上方法突破会带来学术研究的更大进步。

谈到"创新"，似乎大家没有太多的疑问，每个学校的研究生教学大纲都会有这两个字。但如何研究理论？怎样在论点上创新？恐怕就是"仁者见仁，智者见智"。我们的答案是"吃饱了撑的"。所谓"吃饱了"就是我们常说的"继承"，就要先刻苦读书，吸收前人的财富；所谓"撑的"就是我们常说的"创新"，沿着前人的论述接着向前走。"吃饱"是基础，是必要条件；只有"吃饱了"，才可能"撑出新东西"。

作为导师，就要有甘当人梯的心态，愿为弟子提供自己的"肩膀"，好让他们站在上面向上攀登。当然，这个"肩膀"应当是代表学术前沿的"肩膀"。作为导师，理应自觉走到学术前沿，这样才能引导我们的学生向前走啊！在此我想推荐两位老先生，一位是胡壮麟先生，另一位是钱冠连先生，他们是我们的楷模，是"活到老，学到老"的榜样。胡先生一辈子总是走在学术前沿，他自改革开放以来引介了国外几十位知名语言学家，十几门新课程，或研究方向，包括"Pragmatics"，也是胡先生首先引入并译为汉语的"语用学"。胡先生是系统功能语言学派的大师，可是他早就敏锐地认识到认知语言学的前沿性，在 2004 年就出版了《认知隐喻学》，充分体现了胡先生与时俱进的精神，为一批系统功能学者树立了榜样。最近胡先生还写了一篇关于海德格尔语言哲学思想的论文（发表于《外语教学与研究》2012 年第 6 期），为国人所敬佩！钱先生也是如此，他在我国外语界首举语言哲学这面大旗，成立了中西语言哲学研究会，每年夏天免费为全国青年教师举办语言哲学培训班，号召并组织全国外语教师学习和研究西方语言哲学。这十几年来他发表了那么多创新性论文，有力地推动了我国乃至世界在语言哲学方向的研究。我觉得我国外语教师皆当以这两位先生为楷模，刻苦学习，认真思考，与时俱进，勇于创新，不断克服知识老化的现象，才能无愧于研究生导师之称号。作为高校教师，研究生导师，就一个心思——读书、教书、写书，且当以此为乐，而不能当作负担。

3.0 理论创新之道：继承和发展

刘：您刚刚提到，理论创新是我们的目标，恰恰这又是最不容易达到的。您可否对理论创新提点建议呢？

王：研究生论文主要包括两大块："论点"和"论据"。所谓论点，是全文所要论证的中心观点，一定要有新意，具有前沿性。论文不能没有论点或没有新鲜论点，仅注重分析和收集数据；也不能简单运用国外理论，然后换用汉语的例子加以说明。用钱先生的话说，我们为何要替外国人忙乎？如此搞法，我们中国永远没有自己的语言理论。谈到创新，完全像索绪尔和乔姆斯基那样提出一个全新的语言理论，发动一场"哥白尼革命"，这对于广大学者来说，是难以做到的。可行之法当为：融会贯通地理解国内外相关观点，发现其中之不足，提出适当的修补方案。

我们学了那么多年的马克思主义，但很少有人想到将马克思的研究方法应用于语言研究之中。他把费尔巴哈的唯物主义与黑格尔的辩证法有机结合起来，形成了唯物辩证法。国内有不少学者在践行着这样的创新之路。四川外语学院（2013 年 4 月更名为四川外国语大学）的廖巧云教授在研究中发现，语用学中的合作原则、关联理论、顺应论各有缺陷，主张将三者紧密结合起来，从而形成了她自己的 CRA 理论，这就是一个很好的创新思路，实践了马克思的基本研究方法。我在《认知语言学》和《构式语法研究（上卷）：理论思索》《构式语法研究（下卷）：分析应用》中，每个章节都尝试发表自己的想法，言他人之未言，写他人之未写。这些年来在研究中，我们一直坚守一个信念——"既有继承，更有发展，重在创新，意在应用"。

我们的研究方向为"国外语言学"，但也不能囿于国外学者的论述，跟在"老外"后面亦步亦趋，念叨着他们的言辞，重复着他们的说教，还应学习我国古代和现代学者的观点，更要有自己的立场。汉语界曾批评我们外语界的学者，只懂"老外"，忘却自己的祖宗；只知继承，不能发展。我们应当引以为戒。我于 2007 年在高等教育出版社出版了《中西语义理论对比研究初探——基于体验哲学和认知语言学的思考》，意在打通中西，不必将语义研究（包括隐喻认知观）等视为外国学者的专利，在国际学术舞台上，当有中国学者的声音。因此，在科研创新中应记住：不能照着说，而要接着说，说前人没有说过的话，努力将国外的理论接过来变成自己的东西，使其本土化，深深扎根于本国文化之中。

4.0 硕博培养之根本：紧跟学术前沿

刘：王老师，您的学术胸怀一直让我们敬佩。今天再和您交谈，我们更感到学术创新不是个难以企及的遥远目标，而是一个实实在在的前进方向，更加坚定了我们脚踏实地研究的信心。我们想，硕士生、博士生以及年轻教师是未来学术事业的接班人，他们的学术创新能力直接关系到未来中国学术研究的新增长点。您怎么看待当下的硕士生博士生培养模式？如何做才能更有利于学术创新能力的培养？

王：这个问题问得也很尖锐。我们国家在审批博士点的问题上非常谨慎和严格。我对这个问题是这样想的，因为从理论上讲，硕导（硕士研究生导师）也好，博导（博士研究生导师）也好，一定要让自己走在本学科的前沿。要能谈创新，就必须要知道当前的学术前沿究竟在哪里，若不能将学生带到本学科的前沿，从何谈创新？因此，硕士生和博士生的课程设置必须符合时代要求，教学研讨的内容必须紧跟形势发展，学术研究必须着实解决有关前沿问题。

对于"创新"，不同学者定有不同理解，此乃正常。我们拟取广义的立场，因为条条大路都可通罗马。

（1）可在原有理论框架中探讨新增长点，如有人做结构主义研究，可沿此方向发现新内容，如专注于研究索绪尔的学者，发现了索绪尔《普通语言学教程》第二版、第三版，并不断予以新阐释。但顺便提一句，不必用后发现的观点批判索氏1916年的观点。如有人做乔姆斯基为代表的 TG 理论研究，可在 TG 中继续寻找新突破点，提出新观点，修补他们前期的研究成果。但这里有个问题，在老圈圈中究竟还能挖出多少新东西，留有多大的发展余地？

（2）此时不妨换个新思路，说不定跳出原有理论框架，可能会发现一片新天地。如原来做其他语言学派研究的人，觉得其发展空间已经有限，不妨迈出一步，会有海阔天空的感觉。我国系统功能语言学大师胡壮麟先生早就意识到这个问题，近年来对认知语言学、语言哲学表现出浓厚的兴趣。钱冠连先生早开始从语用学迈入语言哲学这一新领域。我在语言学研究过程中也分别经历了结构主义、TG 理论、系统功能语言学以及认知语言学、构式语言学几个阶段，一步步走到今天，先后出版了《认知语言学》《构式语法研究（上卷）：理论思索》《构式语法研究（下卷）：分析应用》和《语言哲学研究 ——21 世纪中国后语言哲学沉思录》（上、下）。了解新学派开始需要点时间和精力，但一旦进来以后，便觉得其乐无穷了。把各种观点想通了，连贯了起来，就自然会有得心应手的感觉。

（3）正如前面所强调的，创新当以理论为重，方法为次，道理很简单，因为方法是为理论服务的，落脚点还是要置于理论上。或许有人不同意这个观点，但这也没关系，这是我个人的观点。对于国内有些二语习得（第二语言习得）、应用语言学方向的论文那种"错把方法当理论"的做法，钱先生批判了十几年，当引起我们的高度关注。数理统计有必要，但最终还是要为有价值的论点服务，千万不可"捡了芝麻，丢了西瓜"。

（4）科研是一项集体性活动，学术创新要有团队精神和学派意识。大家就学术问题可畅所欲言，无拘无束，各抒己见，互相启发，便能真正做到集思广益、共同进步。在团队活动中，既可讨论，也可争论，有理、有节地阐述己见，发现问题和矛盾后再去找相关资料、文献，真正做到以理服人，以语料证明。我每年带7～9个硕士生、1～2个博士生，每年还有几个访问学者，再加上我弟子的研究生，组成了一个学术团队，平时每两周见一次面，开展专题讨论。我们还在研究生中成立了科研沙龙，每两周活动一次。在这些活动中，大家或读书，或讨论，或报告，或开题，或请专家讲学，或自己登台，努力开发研究生的科研潜能。真可谓"知无不言，言无不尽"，弘扬学术自由精神，走共同发展的道路。

特别是硕士研究生、博士研究生论文开题，更应当采用集体活动的方式，相互启发，拓宽视野，争取做到一人开题、大家受益。每年我都将硕士研究生分成2～3个组，（让他们）认认真真地互相修改论文初稿，且检查他们的修改笔迹，（让他们）讨论各自论文的优缺点，且要提出详细的修改建议。同时，每年学生开题和答辩之前，都要组织他们进行数次演练，这一方面可培养他们的集体主义精神，互相问答；另一方面也可提高他们讲说和答辩的能力，不打无准备之仗。

若个别学生将所得新资料占为己有，不肯与人交流，我想，该生的学问一定是做不大的，因为学品即人品。一个人若心胸不开阔，学问何能做大，有容乃大嘛！这就是我多年的一句老话——"心胸有多大，学问做多大"。我曾做过索绪尔研究、TG 理论研究，也研究过系统功能，近十几年又做语言哲学研究、认知语言学研究，各学派观点相左乃常见之事，但一定要理清各自的学术背景，心平气和地讨论学术问题。

5.0 师生之创新角色：自我设计

刘：王老师，您觉得导师和研究生在学术创新上各自扮演着什么角色，应当如何处理好师生关系？

王：这里牵涉一个导师和学生的自我设计问题。所谓"自我设计"，即应该尽早考虑未来 10 年或 8 年自己的学术研究方向、具体计划。例如，我从 20 年前就开始做认知语言学研究，然后我带了硕士生、博士生，自己有个初步设想，围绕这一方向列出了若干课题，然后慢慢做起来。我十几年前就开始思考认知语言学的学科建设问题，经过我与弟子们的共同努力，逐步将这些学科建设起来，写出了十几篇文章，包括：赵永峰的《认知音位学初探》；刘玉梅的《认知词汇学》；郭霞和崔鉴的《认知句法学初探》；我撰写了认知语篇学、认知翻译学、认知构式语法学、认知符号学、认知修辞学、新认知语用学、认知社会语言学（与王天翼合作）、历史认知语言学、神经认知语言学、应用认知语言学等。我自己还围绕认知语言学构想了若干议题，若研究生们无从开题，我就让他们与我一起来做这些研究，从他们的研究中我也获得了很多有用的数据。

导师有自我设计，研究生或青年学者也应有自我设计。从学术基本功、专业方向、语料库建设到每天的基本要求，都要制订出切实可行的计划。作为研究生，首先要认真读书，读各课程老师列出的书籍、自己专业方向的论著、与论文有关的文献、自己感兴趣的资料。有些材料要精读、有些可泛读；读书时一定要记笔记，随时写感想。由于我弟子的论文必须用封闭语料库来调查和分析相关数据，因此他们还要学好语料库语言学这门课程，学会网络检索。研究生在写作时头脑中就当有"创新"两字，切切牢记自己能为学界做出点什么贡献。有些研究生过分依赖导师，做不出来就爱问导师，一有问题就找导师，问这个怎么写、下一步怎么弄。当然，导师有义务帮助学生，但要帮得巧妙，重在启发、意在开导，而不必每问必答、大包大揽，不能养成学生过于依赖他人的习惯，这就是我们平时常说的"要培养学生分析问题和解决问题的能力"。

我所指导的研究生，说实话还是比较辛苦的，除了学习我校开设的正常课程之外，还额外与学生们一起学习了西方哲学、语言哲学、后现代哲学、形式逻辑、普通心理学、认知心理学、汉语语言学、西方语言学简史等。（我）常要求他们将每门学科整理出一张总表来记忆，有利于宏观理解，对知识点的上下左右关系更能一目了然。

然后我还领着大家通读认知语言学的经典著作，如 *Metaphors We Live By*（《我们赖以生存的隐喻》）、*An Introduction to Cognitive Linguistics*（《认知语言学入门》）、*Linguistic Categorization*（《语言的范畴化》）等（十几本书），一个章节一个章节地过，一个理论一个理论地学，一本书一本书地念。当这十几本书都"吃下去"了，自然就有了别样感觉，思想境界自有不同，眼光也有了变化，分析问题的能力也就强了。在此基础上，还愁"撑不出"东西来？

我们都懂得教学相长的道理，这十几年来我与大家每年都要精读一遍这些书，我对这些书也就有了更深刻的理解。你们都知道，我除了国外语言学之外，还有两大爱好：一是汉语语言学（如文字学、训诂学等），另一是西方哲学（包括语言哲学和后现代哲学），这大大有利于我更好地理解体验哲学、当前已占据主流的认知语言学，及其相关人文思想。

6.0　硕博开题之路：理论本土化

刘：王老师，您所说的师生各自扮演的角色我们深有体会，最近几年我和我的研究生们共同研究认知词汇学、构式语法、认知修辞学等问题，常常在讨论中迸出新的学术火花和思想，在这个过程中我们取得了学术双赢。这些都得益于您的这个方法。但有些青年学者感到在学术研究过程中常面临着"开题难"的情况，您能否提几点建议？

王：这几年我也常遇到这一情况，研究生无从开题。我想从两个方面来回答这个问题。

（1）还是前面说过的那句话——"吃饱了撑的"。首先是要"吃饱了"，该念的书都念了，该做的笔记都做了，该写的"豆腐干"都写了，才有可能成功开题。这是我多少年来的个人经验：两耳少闻闲杂事，一心多读专业书，随想随写，终身受用。用语言哲学家的话来说，就是"思想依赖语言而成形，人凭借语言而出场"，只有以语言的形式才能将思想揪住，语言未述及的世界是我们未知的世界。据此，只有把自己平时思索过的思想用语言文字记录下来，它才能得以存在，以备后用，与人交流。这几十年来我电脑里有几百块这类"豆腐干"，有的可直接应用于文章之中。有了这些"豆腐干"，就会产生想法，想法多了，文章自然也就有了。有些学生之所以不能成功开题，是因为平时可能积累太少，没写笔记，对有些问题也未加深思，难怪没有思路。由于积累不够，再加上没用封闭语料库做调研的习惯，不擅长从语料中发现问题，也不知道如何统计数据和分析语料，写着写着就没话说了，怎么也撑不出所要求的论文篇幅。有时我也对个别不很自觉的同学采用简单方法，检查写没写"豆腐干"，是凡不能成功开题的学生，一般都没认真做笔记，没有什么"豆腐干"积累。

值得注意的是，在写笔记时一定要注清楚哪些是抄的，且应及时记下页码，以备以后引用，不至于抄了人家的文章还不知道错出在哪里；哪些是自己的话，以后可放心运用。很多研究生有时能写出很漂亮的"豆腐干"，有新见解，此时作为导师不必去沾学生的光，而应当注意引用他们的发现，以资鼓励！即使是导师提供给学生的观点，一旦他（她）写在论文中了，就当算是学生的成果，以后再引用时当交代出处。我想自己还可源源不断地继续开发出新思想。

（2）我办公室里挂了一块论文模板，一般说来，硕士论文五章，博士论文八章，各章的基本内容如下：

第一章为导言，介绍选题理据、研究目的、分析方法，结构布局等；

第二章为文献回顾，回顾相关研究并发现不足，为第三章做好铺垫；

第三章为理论框架，针对昔日研究不足提出解决问题的新理论框架；

第四章为语料分析和讨论，运用已建的新理论来分析相关封闭语料；

第五章为全文结语，归纳本研究之贡献和不足，提出未来研究建议。

博士论文可在此基础上将第四章内容扩展至 3～4 章。

每年研究生开题时，就让他们面对这一模板来讨论，以免有人把握不住写作思路而离题说偏。根据多年的经验，我常要求学生从第四章入手开题，即先找好语料（必须有一定的数量），然后思考用什么理论来解释这种语言现象，第三章也就有了雏形，最后加上一头一尾，即引言和结语。

7.0　青年教师之困惑：职称与教研的平衡

刘：当前学术研究中存在一种普遍现象，青年教师在高校的教学、科研、评职称中感到压力很大，在发表文章的量和质上存在一定矛盾，您是怎样看待这三者之间关系的？

王：我们都生活在现实生活之中，感受到各种具体压力，如工作压力、生活压力、经济压力，年轻人还要谈朋友、成家等，这很正常。作为年轻人一定要注意，在人生不同阶段要解决不同的重点问题，不能还未成功开题就去考虑工作问题，不能还未毕业就安排怀孕生子，这都是未能抓住不同时期主要矛盾的表现。既然读了研究生，就意味着要做好科研，其他事情也就会在适当的时候水到渠成。到目前为止，我的研究生基本上都在高校当老师，我想，他们未来一定能在我国外语界发挥一定作用。

作为高校教师，首先要认真备课、教好书。我建议大家要善于提炼。譬如在词汇和语法教学中，做好两套卡片：词汇教学卡片和语法教学卡片，各条目下可留空以备不断增补、修改，收集新观点和好例句，终身受用。此举可保证不为换教材而发愁，因为词汇和语法这两块知识的基本内容不会有太大变化，也省下了若干重复劳动，且自己亲手整理，印象深刻，常年积累后还可成为自己的科研成果。

教学与科研这两者不是相互对立的关系，而是相互促进、共同进步的关系。我们可在教学中发现有用语料，不断积累新想法，等到成熟时便可成文。而自己和他人的科研成果常可直接转换为教学方法，不断改善课堂教学效果。如近年来我共发表了 29 篇关于语言体验性（或体认性）的文章，它们可直接为英语教学提供有价值的参考。当然，谁也不能保证自己发表的文章都是有质量的，我在过去二三十年也写过一些东西，回过头来看看，有些文章写得还是肤浅的，进步总是有过程的。我也是到了五六十岁，才开始从哲学层面，把语言学和哲学研究紧密结合起来，做了一点点小事情。你们要面对发表论文、搞好教学、升职称等，从现在起就要养成一个好习惯 —— 多思考、勤写作、常积累。建议你们就像记日记一样，每天写一两千字的"豆腐干"，老师上课讲授的新东西，你总归有点想法吧？每碰到一个语言现象或读了一篇文章，你不能没有感想吧？此时赶快写成"豆腐干"，只有写下来了，才是自己的。我有时晚上失眠会思考一些问题，必须顺手拿起放在床头的小本子写下来，不能等到第二天醒来时再写，一闪念的想法到那时说不定早已无踪无影。当这类积累多了，文章自然就有了。

刘：王老师，衷心感谢您能抽出时间来接受我们的采访并回答问题。您围绕学术创新从语言学的哲学摇篮、理论建树、继承与发展、硕博培养之根本、师生自我设计、理论本土化、职称与科研的平衡等方面阐发了自己的见解。我们相信您的这些感受对我们青年学者具有很大的启发意义，您宝贵的治学经验一定会让我国外语教师受益良多。我们坚信您语重心长的期望和建议，对如何培养学术创新具有重要意义。再次感谢您，并祝您身体健康！

参考文献

[1] 胡壮麟. 认知隐喻学 [M]. 北京：北京大学出版社，2004.

[2] 胡壮麟. 人·语言·存在 —— 五问海德格尔语言观 [J]. 外语教学与研究，2012，（6）：803-814.

[3] 季国清. 语言研究的后现代化迫在眉睫 [J]. 外语学刊，1999，（1）：9-16.

[4] 王寅. 中西语义理论对比研究初探 —— 基于体验哲学和认知语言学的思考 [J]. 北京：高等教育出版社，2007.

[5] 王寅. 认知语言学 [M]. 上海：上海外语教育出版社，2007.

[6] 王寅. 后现代哲学视野下的当代隐喻研究 [J]. 山东外语教学，2011，（4）：3-8.

[7] 王寅. 构式语法研究（套装上下卷）[M]. 上海：上海外语教育出版社，2011.

[8] 王寅. 哲学的第四转向 —— 后现代主义 [J]. 外国语文，2012，（2）：9-15.

[9] 王寅. 后现代哲学视野下的语言学前沿 —— 体验人本观与认知语言学 [J]. 外国语，2012，（6）：17-26.

[10] 王寅. 语言哲学研究 ——21 世纪中国后语言哲学沉思录（上）[M]. 北京：北京大学出版社，2014.

[11] 王寅. 语言哲学研究 ——21 世纪中国后语言哲学沉思录（下）[M]. 北京：北京大学出版社，2014.

中国学生英语能力：含义与描述

—— 邹为诚教授访谈录

常海潮 [1]

摘要： 语言能力指标研究是应用语言学领域探讨的核心问题之一。对于语言能力指标的研究主要是采用质的研究方法，首先构建理论框架，然后通过大量的二语习得实验加以验证、反驳或扩展。本文试图通过访谈来探讨语言能力指标的理论框架，并探索这些能力指标的具体种类和含义，以期完成我国学生英语能力指标研究的第一项工作。本文访谈对象是华东师范大学外语学院邹为诚教授，他系统地阐述了中国学生英语能力指标的框架构想。

关键词： 语言能力指标；质的研究方法

邹为诚教授简介： 教授、博士生导师。现任华东师范大学外国语言应用语言学研究中心主任、《国外外语教学》杂志编辑部主编。1982 年毕业于中国矿业大学外语系，获文学学士学位；1988 年毕业于上海外国语大学英语系，获文学硕士学位；1992—1993 年赴新西兰 University of Canterbury（坎特伯雷大学）进修学习，主要攻读英语口语和口语俗语的分析研究；2000—2002 年赴美国 University of Pennsylvania（宾夕法尼亚大学）教育学院学习、研究，主要研究方向为第二语言习得。

主要研究领域与成果： 第二语言习得研究和外语教育——担任国家"九五"重点教材建设项目《综合英语教程》主编，承担编写工作，《综合英语教程》获得2002 年全国优秀教材一等奖；有多篇论文发表于中国和美国的各种专业杂志上。英语口语和口语俗语研究——为英语系研究生开设现代英语口语分析课程；有多篇论

---

[1] 单位：天津理工大学。

文发表于各种杂志上；担任上海市教育考试院高中英语口语考试设计和评分顾问。翻译和同声传译 —— 多次担任政府大型国际会议的主要翻译和同传译员。

常海潮（以下简称常）：英语是一种语言，又是一门外语，请您就"英语能力"的含义谈谈自己的看法。

邹为诚（以下简称邹）：我认为首先应该谈什么叫语言能力，然后才能谈到什么叫外语能力。至于是不是要专门谈英语能力，这个我觉得不重要，因为语言在本质上都有相通的地方，只要是人类自然语言，都有相通的地方。所以一个人学会自然的语言，在能力上应该有通用的指标，无非就是换一个语种而已，在抽象的层次上面应该是一致的。我们不说学生，就说一个人会语言，标志着什么？我觉得标志性事件可以从这几个方面来讲：第一，你至少要知道这门语言知识。传统的语言学告诉我们，懂一门语言，就要懂这门语言的知识。知道语言的语音系统，你能够读出来，能够说出来，能够发出这种语言的声音，人家能够听懂你、接受你。作为自然语言的一种表现形式，这是最基本的一个要求。第二，你要掌握词汇，要有足够的词汇量来满足交际的需要。无论你是否受过教育，你至少会用自然生活中的一套词汇来表达自己的思想，在情境中思想。第三，要知道词汇怎么构成句子。你知道"狗咬人"和"人咬狗"是不一样的，意思是不一样的。尽管它们都用相同的词汇，但是意思不一样，那是因为句子结构变了。所以由句子结构变化导致句子意义的变化或功能的变化，作为有这门语言能力的人，在潜意识层次中是应该知道的，不需要专门来教你。所以这是最基本的三方面的能力。但实际上，如果我们看一个人的语言能力，可能还不止这些，接下来还有什么能力呢？应该有我们叫做 discourse（叙述）的这种能力。他（她）要有语段能力。他（她）知道讲了一句话，后面还要讲的话，他（她）知道前后呼应、前后照应。他（她）知道通常人们所习惯的组织方式，在一个语篇、一个语段里能够连贯地这样讲。他（她）知道开始怎么说话，怎么结尾，在语言能力框架里面都应该有这么一种知识。他（她）可能讲不出来，但是潜意识会这样讲。比如说，见了面他（她）不会说"再见"，一定是临走的时候才说"再见"。也就是说，他（她）是按照这个民族、这门语言所规定的组织方式来安排 structure（结构）的。还有，语言和语言之间的连接这种能力，他（她）都必须按照 native speaker（讲母语的人）的方式来讲，必须具备这种能力。除此以外，他（她）还知道什么样的话该说、什么样的话不该说，拿学术一点的语言讲，叫做 genre knowledge（体裁知识）。

对 native speaker（讲母语的人）来讲，这也是一种潜意识的知识。

比如，一个教师在商店里面跟营业员讲话，不会用很粗俗的语言，因为他（她）知道，他（她）的讲话在这种场合下必须符合这种风格；他（她）给学生讲课时用的语言会不一样；他（她）回到家里面讲的语言方式也不一样。这种根据场景、根据交际的目的来变化语言的风格，包括词语的组织方式、选词、遣词造句，他（她）都会有不同的考虑。这样一种高层次的语言知识，可能不是很多人都有的 —— 有这样的意识，但是，仅仅是程度差异而已 —— 即便是在农村田地里干活的一个农民其实也有这个意识，只是他（她）驾驭这个 genre（体裁）的能力可能要弱一点。他的 genre（体裁）的种类，repertoire（本领）比较少，所以他（她）可能在这方面比较弱。除此以外，他（她）还必须要知道跟这门语言相适应的一种文化知识。他（她）知道在什么地方要讲吉利的话，在什么时候可以讲不吉利的话；什么时候可以用骂人的话，什么时候不可以用骂人的话；什么时候可以说粗话，什么时候不能说粗话；什么话题是可以在什么场合拿出来说的。这是由文化决定的。比如说，人家办喜事的时候你就不能去讲不吉利的话，这是一种文化所规定的，语言里面并没有这样的规定。但就是由于有文化的规定，他（她）才在这个语言环境里面使用。如果要说他（她）有这样的语言能力的话，也必须包括这样的能力，就是语用能力。那么我想，从语言本质来讲，语言能力应该有这个东西。当然，加拿大人说还有什么交际能力，比如说要有 communicative strategies，即交际策略，这也是一种语言能力。就是说，你不会说话的时候怎么办？总要把交际困难克服掉，这可能也是我们潜意识中就有的一种能力。所以当我们讲到能力，它涉及两方面，一种是实际使用语言的能力，还有一种就是抽象层面上的能力。这种抽象层面上的能力，一般我们认为就是语言知识和交际能力；在实际使用层面上的语言能力，和抽象层面上的知识不完全是一码事情，你看到的东西跟实际知识体系里面所具有的东西可能不是完全一致的。

Stern（斯特劳）在出版的 *Issues and Options in Language Teaching*（《语言教学的问题与可选策略》）一书中就讲到怎么看待 proficiency（熟练）的问题。他认为，语言能力在深层次的抽象层面上是两个方面的内容：linguistic competence 和 communicative competence，就是语言知识和交际能力。然后他说，在实际层面上的知识就是 the use of language（语言运用）。你实际使用语言是针对你的对象，针对具体的任务，然后运用这个知识，当然这里面有技能的配合。就是说，你根据实际的场景使用语言知识的时候需要有技能，就是听说读写的技能。通过中间这些技能的协调把你的语言知识的抽象层面和所面临的社会文化、所处的社会文化里面所面对的具体的语言交际任务这两者连接起来。

常：一个是抽象层面的语言能力，一个是语言的具体运用，这两者之间是什么样的关系？

邹：这涉及语言能力的发展。语言能力的发展既需要语言知识，又需要在合适的场景下进行练习。就是说，在一种特殊的情况下，语言是可以直接跟社会挂起钩来进行学习的。但是，历史上很少能真正做到这一点。一种语言一旦进入正规的学习环境以后，它跟社会的关系就"咔嚓"被截断了，这是很可悲的事情，是现代教育体制留下的一个弊端。也就是说，知识一旦进入课堂，很容易跟社会现实中断。事实上，学生进了课堂以后，当老师在教语言的时候，学生就不再把这门语言看成他（她）的母语那样的语言了，观点就变了。他（她）把它变成一种语言，就像学校的一门功课一样。你问他（她）：为什么学英语呀？（答：）学英语呀，学校的功课，要考试的。（问：）那考试考什么？（答：）记单词，你记住了多少单词。他（她）不会说——我会表达什么、什么思想，他（她）不会这样说。他（她）只会说——我背了多少单词，我默写得了多少分，我句子错了没有，我句子没错，我能背课文。古今中外差不多都一样。其实这不是我们中国人特有的问题，欧洲人也是这样，英国人当初学拉丁文也是这样，他们后来学法语也是这样，也是看记住多少单词。一开始，学习者都是把语言作为一种死的、固定的、静态的知识来学习的，所以这个时候就谈不上语言能力，其实就是纯粹的语言知识。那么，由于它跟社会关系被切断，所以，学习者是不是能够发展语言能力就不知道了。这个时候你去测量，就测量不出他（她）的语言能力。但是学习者在一种情况下会发展语言能力，它有一个社会条件，就是学习者必须有使用这门语言的自然环境。这种自然环境通常有三种情况可以提供：第一种，有家庭背景；第二种，他（她）通过到社会上去参加各种社会性的活动，包括社会补习班；还有一种，他（她）有出国机会，跟外国人有直接的接触机会，或者进入外国的学校。一旦学习者课堂上的语言知识能够跟上面这三种情况的任何一种挂起钩来，他（她）的语言能力就获得了发展的机会。

实际上，我在讲这些之前，我没有讲出一个道理，就是语言知识不会直接转化成语言能力。语言知识转化成语言能力需要有一个使用环境。使用的环境依靠什么呢？技能。所以，Stern（斯特劳）讲的是对的，你创造能力也好，你死搬这个句子教条也好，无论你具有什么样的能力，实际上都是在一定的语言知识基础上找到语言运用的机会，然后通过语言技能的发展，把这个转化过去，能力才发展起来，所以语言能力不是靠单独的一个语言知识系统来构建的。学校的语言教育很难发展学生的语言能力，难就难在这个地方。因为它只要一进课堂，就"死掉了"。跟社会分开以后，有什么严重后果？第一个严重后果，就是学习者只看到一些静态的语言知识：一个是语音，一个是词汇，一个是句法，这就是为什么传统的语言教学就只教这三个东西；第二个后果，就是社会文化知识的缺失。语言始终要和情境连在一起，可是一个学习者，尤其是中小学生，他（她）没有生活经验，很难想象一门语言所表达的思想在一个什么样的社会环境中间展现出来。这样的能力他（她）是没有的，所以这门语言所携带的所有社会文化知识几乎都被中断。中断的后果是什么？会造成思维品质的下降，或者他（她）几乎不思考。学习知识如果没有思考，这几乎就是不可能的事情。我们大家都知道，通过认知的方式去学习语言知识，学习任何知识你都要有认知过程。没有思维，你就不可能获得任何东西、学到任何东西。人，毕竟不是动物嘛。有些技能你可以不动脑筋，比如说，你可以重复舞蹈动作，不停地练。语言是不能这样的，语言时刻要跟社会文化、跟意义联系起来。

举个简单的例子，比如说，He cut himself when shaving in the morning，如果一个小孩子他（她）没有接触到刮胡子这样的事件，他（她）不懂刮胡子这样的东西，这句话对他（她）来说像天书一样。Cut himself 什么意思啊？把头割掉了？把手割掉了？究竟割多大的口子算 cut himself？是割在脸上还是割在腿上？这是个比较典型的例子，就是说，实际生活中你很难找到这样的情况，你说小孩子没有见过刮胡子，这不可能，但是我只是举这个例子说明语言里面有大量的文化知识，它一旦进入课堂就被中断了。如果学习者本身不具备这个文化知识，不能把这个文化知识带进课堂，他（她）就会出现语言理解上的不真实情况。他（她）的语言不真实产生在什么情况下呢？就是你问这个孩子，懂了吗？他（她）说懂了。可是他（她）说这个"懂"跟我们成年人看到这个语言说"懂"是两码事情。也就是说，一个人讲"懂了"，会有五种情况。第一种情况，说"你懂了吗？"他（她）说"懂了"。小孩就会这样，说"我懂了"。实际上他（她）的意思是什么呢？［他（她）的意思是：］我看到这个字眼了，看到这个语言了，我碰到这个语言了，我知道你是在对我说话，这叫"懂"。就是，他（她）看到语言符号了，或者他（她）碰到这个语言符号了，他（她）就可以说"懂"。为什么呢？他（她）没有这个心理需要的时候，为什么要懂这语言里面是什么呢？所以他（她）知道你在跟他（她）说话，不就"懂"了吗？所以他

（她）会说"懂了"。第二种情况，抓住你的只言片语，他（她）说"懂了"。他（她）只听了前半句话，后面半句没听到，所以整句话是什么意思他（她）根本不知道，但是他（她）也会说"懂了"，为什么？他（她）确实有理解"发生了""对不对"。第三种情况，他（她）理解错了，他（她）也说"懂了"。你说的是这个，他（她）完全搞岔了。如果你们两个人没有继续 negotiation（协商），你们俩的沟通就出现了差错了，永远错了。第四种情况，他（她）可能懂了这句话的意思，真的是懂了。这句话，从头到尾，每个字他（她）都懂，而且这句话讲的什么意思他（她）也懂了。第五种情况，那是最高级的，他（她）不仅懂这句话的含义，他（她）还知道人家为什么讲这句话，讲这句话的目的是什么，这是最高层次的"懂"。所以一种语言进入课堂以后，学生在上述任何一个层面上都可以说"懂了"。你说你还怎么讲？

理论上来讲，课堂里教语言是不可能的事情，这就需要学生跟老师反复地 negotiation（协商），这就是为什么课堂里面一定要有 interaction（互动），没有 interaction（互动），你不可能引导学生去掌握真正的语言能力，真正发展他（她）的语言能力必须要有大量的 interaction（互动）。那么在生活中间，我们是不会人为地制造一些语言来进行交际的，没有交际目的是不会使用语言的，我们有了交际目的才会使用语言。学习者处在这种状态的时候，就知道这个交际目的是什么，至少他（她）知道语言跟环境的交融，其他的条件跟上来了。其实，讲到语言能力的时候我觉得还有一点很重要，叫 encyclopedic knowledge，世界性的知识（百科知识）。就是运用这门语言的时候有伴随性的知识，而这种伴随性的知识使语言得以"挂住钩子"；没有这样的一个伴随性的知识点，语言是记不住的。比如说知道一个人的名字，首先这个人要存在，知道有你这个人存在，你的名字对我才有意义；如果我不知道你这个人存在，那么你的名字我可能就像没有看见一样。也就是说，看到这个名字，什么意思呀？我自己就想一个意思给它 ——make a meaning for it。我们人有这个能力，就是 make meaning out of nonsense—— 没有意义我们会想一个意义把它套上去，使得这件事情有意义。它对我有意义，然后我会把它记住。就是必须要有一种伴随性的知识存在，没有这种伴随性知识你就很难记住，这就是 encyclopedic knowledge（百科知识）。所以在自然的语言状态之下，既没有伴随性知识，也没有情境，也没有交际的目的，人们就在那里大量地使用语言，这是不可能的。儿童习得语言，他（她）的语言能力的发展是在这样的情况下发展的，而语言一进入学校，这种情况就没有了，或者说很大一部分就丢失了。（很大一部分）丢失了以后，就只留下书本上的那些话，或者老师跟学生之间极少的一部分语言，只留下这样一部分东西。

常：只是一些干巴巴的词汇呀，语音呀，对吧？

邹：对，它所有的与生活联系的伴生性的东西都没有了，就是这种 contingencies of language（语言偶然性）就失去了，不存在了，这是非常严重的一个后果。第三个严重的后果，是身份的错位，叫 misplacement of identity。misplacement of identity 是什么呢？Krashen（克拉申）在 20 世纪 80 年代讲 input hypothesis（输入假说）就讲过，学习语言的人在课堂里面学习，其实他（她）只能学到一些语法知识。这些语法知识起到监控作用，使得我们在生产语言的时候能更加符合语言的规则，这样语言产出的时候能组织得质量好一点，能导致更多语言输入的机会产生，这是他非常重要的一个观点。然后他说，伴随着这个语言输入的过程，学外语的学生会自然地产生一种心理状态，这种心理状态叫做 affective filter，即情感过滤器。对情感过滤器，中国外语教学界其实没有很好地理解这个概念。它指的是什么意思呢？它指的是：我是"外国人"，我讲这个话对吗？我就不敢讲。然后我觉得，老师，你也是"外国人"，我凭什么相信你教我的话是对的？我现在跟你学，我转过身来跟"老外"讲，人家"老外"会听得懂我的话吗？你又不是"老外"。无论是学生还是老师，双方都会产生这样的不信任感，这种就是我们通常讲的脸皮厚跟脸皮薄，对不对？脸皮薄的人他（她）的 affective filter（情感过滤器）比较高，这样就阻碍了他（她）的语言的尝试。就是 risk taking（风险承担）呀，hypothesis testing（假设检验）呀，他（她）就会失去这些机会，所以到"老外"那儿去，他（她）就不肯张嘴说话、就害怕。他（她）心里面讲：我不要说错了，我说错了"老外"会怎么看我？还有一个，我讲的话不是我想说的话，就是心里面的意思根本表达不出来。我的语言能力非常有限，我的身份也不适合我用外语来讲我这个话，我这个意思表达不了我想说的那个程度，或者越灵敏的人这种程度就越高。

其实 Krashen（克拉申）讲的情感因素应该是这个东西，而不是说老师课上得不好或老师对学生态度不好。所以，语言进入课堂以后，就造成这个问题。脸皮薄的学生就会产生情感障碍，情感障碍就会影响他（她）的 risk taking（风险承担），而语言学习一定要有 risk taking（风险承担），为什么？因为只有 risk taking（风险承担）的过程才能使学生的语言能力真正处在最前沿的发展位置上，我把这种能力称为 bring it to the upfront of confidence（获得自信），这个阶段是老师教的时候最好操作的。就是，我点拨一下，我纠正一下，我引导一下，你就会了。但是前提是你处在 risk taking（风险承担）这个层面上。你已经会说了，说一百遍有什么意义呢？对不对？无非就是说得更熟练而已，而你的语言能力不见得会增长。我们刚才讲，语言能力有知识要求，你要有技能，你要有文化知识，你要有社会的 encyclopedic knowledge（百科知识），要有这些知识。你处在要犯错、想说又不敢说、能说但是又出错这个地方是教学最有效的地方，是语言能力发展最快的一个方面。

常：学生一般都有这样的经历，就是跟外国人交流比跟自己的老师交流更容易。

邹：对，这就是由 identity（身份）错位造成的。当一个中国人和一个外国人交流的时候，这种 identity（身份）非常明确：你是外国人，我是中国人，所以我就不怕我讲错多少。我只要比划着能把意思弄清楚就行。在没有外人的情况下，只有我们两个人，我的心理负担要轻得多得多，我根本就不会怕我出错，而且我还会受到鼓励——他（她）听得懂我的话，对不对？我受到鼓励，因为他（她）不会挑我的毛病。不仅不会挑我的毛病，还会给我做出 recasting（纠正），让我得到启发。就是说，我觉得跟他（她）交往很愉快。这就是课堂语言跟自然语言之间本质的差异。

常：在我国各级学校教育中，英语都是一门课程，从学校教育的角度来看，学生 identity（身份）的建立与他（她）英语能力的提高有什么关系？

邹：它是 school subject（学校课程），这不单纯是一种语言能力，还有各种问题在里面，我们都没有去好好地认识这些问题，比如 identity establishment（身份定位）这种功能。我觉得上海相关的课程大纲就要比全国的相应的大纲在这方面论述得更深。《上海市中小学英语课程标准》里有一句话，说"掌握外语是上海市民应该具备的基本素质。英语是我国中小学阶段一门主要的外语语种，也是上海基础教育阶段的一门主要课程"，这个含义是什么？这个含义很深刻。就是说，希望上海的学生在学习英语的时候要把自己的 identity（身份）和英语尽量挂起钩来，要把它当成自己的一种语言。为什么？因为学生学习语言时，他（她）要从身边的事物开始学起。我记得"文革"时期第一句学的是 Long live Chairman Mao!（毛主席万岁！）我们没有学 Long live Washington!（华盛顿万岁！）为什么？那时我们根本不知道 Washington（华盛顿）是谁！老师要是教 Washington（华盛顿），我会觉得很害怕，怎么这么难学的一个名字，对不对？Chairman Mao（毛主席）这个名字很好学，很熟悉，自己身边的事情。所以你教一个孩子、一个学生学语言，一定是从身边的事物开始的。从身边事物开始的时候，首先你在下意识里面就在帮他（她）建立 identity（身份）。那么，教小孩是没有问题的，所以差不多在 puberty（青春期）之前的学生你用这样的方法来教，以学生为中心，以学生的 existing knowledge（已有的知识）为起点来教语言的话，能慢慢地发展他（她）identity（身份）的认识，就是跨文化的 identity（身份）能慢慢建立起来。如果他（她）大了一点，到大学里面，很多东西就不是从身边的事物开始谈起的，谈外国的事物，这个时候 identity（身份）的错位会更明显。identity（身份）的错位实际上是从初中开始的，小学是不会的，小孩子一般都讲身边的事物，但是你过多地介绍外国的文化，学生也会产生 identity（身份）的错位。

常： 上海的大纲（《上海市中小学英语课程标准》）中谈到市民的素质，《义务教育英语课程标准》其实也有相似的提法，您认为这与我们探讨的"英语能力"有什么关系？

邹： 它叫市民的基本素质，主要体现在你要能够很自豪地表达自己的文化。首先你要对自己的文化确立一种信心。当语言的 identity（身份）跟他（她）的身份挂起钩来的时候，他（她）就对自己的文化有信心。我们讲中文的时候很有信心，不会怀疑用中文表达不出我们想说的话，不会有这个问题。在使用英文的时候我们就会缺少这个信心，我们不知道这样说是不是我们想说的话，这些都是应该在能力里考虑进去的。文化的身份、认同感，你有多少认同感，你达到一种高度的文化认同感那个语言能力是非常高的。

常： 对中国学生的英语能力进行描述，应该从哪些方面进行？

邹： 我觉得语言的知识体系，就是语音、词汇、句法这三个概念，传统的要素，这是可以描述的。第四个可以描述的是 genre knowledge（体裁知识）。第五个可以描述的是 discourse knowledge（语篇知识）。除此以外很难描写。cultural knowledge（文化知识）没法描述，encyclopedic knowledge（百科知识）没法描述。还有 peerple skill（人际能力）、interpersonal skills（人际交往技能），语言能力和 interpersonal skills（人际交往技能）有很密切的关系。

常： 即使无法描述的 cultural knowledge（文化知识）和 encyclopedic knowledge（百科知识）也应该是我们英语教育的目标吧？

邹： 这个是后现代主义的一种视角。后现代主义的一个特征就是学科之间的界限正在融合，融合以后，就会产生新的语言教学方式，一种叫 task-based learning（任务型教学），还有一种叫 content-based instruction（内容型教学）。task-based learning（任务型教学）强调知识、技能，我指的这个知识不仅仅是语言知识，包括encyclopedic knowledge（百科知识），世界知识、语言知识、语言技能和交际的过程这四个因素，还包括人际因素，这五个因素组合在一起，就是task-based learning（任务型教学）的核心思想。第二个后现代主义的教育特征叫content-based instruction（内容型教学），就是我们现在讲的高校的双语教育。它其实不是双语的，这种形式最初出现是为了双语教育，是因为美国人要解决移民问题，尽快地进入主流社会。那怎么办呢？他们英语又不好，又进不了大学，于是在高中里面把一些subject course（学科课程）用英语来教，让学生又学专业知识，又学语言。最初是这个设想，后来才发现，如果这种方法用得好的话，是很好的东西，叫content-based instruction（内容型教学）。学生又学知识又学语言，这跟现实社会的学习方式不是很接近了吗？这是一种好办法，于是就大量地采用这种办法来进行教学，这就是学科之间的渗透和融合。就是说，英语越来越作为一种工具渗透到其他学科里去，中国做得到吗？只有美国这个特殊的移民社会才需要这样的手段，我们国家的content-based instruction（CBI，即内容型教学）完全是为了外语学习，和美国的教学目的还不一样，所以就不容易达到那个效果。你不可能把它和数学、物理结合起来，因为，从传授知识的角度来讲，母语效率是最高的，那种效率远远高于外语教学的效率。如果我们今天突然改成用英语来教数学，那数学肯定学得一塌糊涂，家长都不干的，知识要倒退了，社会就倒退了。所以，中国的CBI面临这样一个挑战，就是我们不可能真正像美国那样把CBI做得那么好。

常：感谢您接受我们的访谈。

中国应用语言学发展的若干问题

—— 文秋芳教授访谈录

孙丰果 [1]

摘要： 本文是对文秋芳教授的访谈录。访谈中，文教授就中国应用语言学发展阶段的划分、中国特色应用语言学理论——"产出导向法"的构建、应用语言学研究要"顶天立地"的内涵、中国应用语言学发展壮大面临的任务以及应用语言学研究者应具备的素质等方面阐述了自己的独到见解。这些见解为今后中国应用语言学的发展指明了方向。

关键词： 中国应用语言学；产出导向法；顶天立地；发展任务；研究者素质

文秋芳教授简介： 北京外国语大学教授，北京外国语大学学术委员会主任，中国英汉语比较研究会英语教学研究会会长，中国英汉语比较研究会副会长，*International Journal of Applied Linguistics*（《国际应用语言学》）杂志编委会委员，《中国应用语言学》和《中国外语教育》主编。研究领域为应用语言学，研究兴趣包括二语习得、教师发展、语言政策和外语教育等。在《外语教学与研究》《中国外语》《外语界》和《现代外语》等各类核心或权威学术期刊发表论文 150 多篇，出版专著、编著、教材等 30 余种，主持多项国家级研究项目并获得国家级奖励 5 项。

文秋芳教授长期致力于应用语言学研究，在多个不同的研究领域均取得了可喜的成绩。笔者近期（2016 年）对她进行了"中国应用语言学发展的若干问题"的专访。以下是访谈实录。

---

[1] 聊城大学。

孙丰果（以下简称孙）：1978 年是我国外语教育史上的重要一年。是年，全国外语教育座谈会召开。会上，桂诗春先生发出了"引进应用语言学"，创建"符合我国实际的应用语言学体系"的呼吁（桂诗春，2008，参见庄智象，2008：31）。同年，我国招收首届应用语言学研究生并创办第一份语言学和应用语言学刊物——《现代外语》，这标志着中国应用语言学学科的初步建立。时至今日，该学科已经走过了近 40 年的发展历程。请您简要回顾一下这段历程。

文秋芳（以下简称文）：20 世纪 70 年代末，桂诗春先生在全国率先举办各种应用语言学培训班，把全国的应用语言学研究者召集起来进行培训。很多学员学成后回到全国各地，"扯起应用语言学的风帆"（桂诗春，同上）。从此，我国的应用语言学逐步发展起来并走过了近 40 年的发展历程。在此，我想从研究方法角度回顾一下我应用语言学的发展变迁。之所以选取这一角度，是为了凸显应用语言学各阶段研究方法所呈现的主要特征，借"研究方法"管窥"应用语言学"的发展。事实上，应用语言学研究领域、内容相当广泛，还有不断扩大的趋势，受篇幅所限很难把不同时期应用语言学研究领域或内容全面交代清楚。另外，对发展阶段的划分，我借鉴其他学者经常采用的 10 年分期法，如束定芳、华维芬（2009：37）就"以每十年为一个阶段"将改革开放以后我国外语教学理论研究的发展分成三个阶段。依据研究方法，我们大致可以将我国改革开放以来应用语言学的发展历程划分为四个阶段。1978—1987 年为第一阶段，在此期间，我国应用语言学侧重理论反思与引进，非实证研究一统天下。1988—1997 年为第二阶段，其间我国应用语言学的方法意识崛起，量化研究上升、质性研究起步（高一虹等，1999）。1998—2007 年为第三阶段，该阶段实证方法得到应用与普及。20 世纪 90 年代，我博士毕业回国任教，越来越强烈地感受到国内实证研究比较薄弱，实证方法亟待丰富，于是我开设了应用语言学研究方法课程，并出版了专著《应用语言学研究方法与论文写作》。其他学者也先后推出了各种实证方法论著（如刘润清，1999；秦晓晴，2003；郭纯洁，2007）。此外，外语教学与研究出版社等还在暑期举办了一系列研究方法研修班。这些举措都有力地推动了实证方法的应用和普及。2008 年至今为第四阶段，该阶段我国应用语言学得到全面、深入发展，实证方法获得公认，更多相关专著涌现（如秦晓晴，2009；周丹丹，2012；杨鲁新等，2013；许宏晨，2013），实证主义研究范式发展势头强劲，混合法的应用渐成趋势；后实证主义研究范式逐渐兴起，叙事法（如战菊，2010）和民族志法（如李茨婷、郑咏滟，2015）的应用亦不鲜见。

特别值得一提的是，2011 年我国承办了第 16 届世界应用语言学大会，标志着我国应用语言学在与国际接轨方面迈出了坚实的一步。根据对我国学者所发文章的粗略考查，我国与国际应用语言学之间的差距已经大大缩小。这主要得益于高科技，而网络的普及更为我们及时接触和了解国外资源提供了极大便利。可以说，现在我们已经与国外应用语言学学者站在了同一个起点上。但不可否认的是，我国应用语言学的不足也很明显，其最大不足是缺少具有本国特色的应用语言学理论。

孙：为了弥补我国应用语言学的上述不足，近年来您做了大量工作，并最终构建了"产出导向法"的理论体系。请您简要回顾该理论的形成过程。

文："产出导向法"的原型是"输出驱动假设"。最初，我提出"输出驱动假设"是针对英语技能课程改革的（文秋芳，2008）。后来，我进一步探讨了该假设对大学英语教学的适用性问题（文秋芳，2013）。当时，受 Swain（斯温）的"输出假设"启发，我认为：（1）输出比输入对语言学习的驱动力更大；（2）把输出能力作为学习目标更符合学生就业需要（文秋芳，2014：4）。但是，"输出驱动假设"与 Swain（斯温）的"输出假设"还是有明显的不同之处的，主要体现在：前者针对中、高水平学习者，后者不区分学习群体；前者更多考虑的是教学过程，而后者更多聚焦于二语习得过程；前者认为输出包含说、写、译，而后者认为输出不包括译的功能。之后，在实际应用"输出驱动假设"的过程中，我们发现，"输出驱动假设"（以下简称"旧假设"）突出了输出的重要性，但没有清晰界定输入的作用，致使教师在实践中不易处理两者之间的关系。为此，我（2014）对旧假设进行了改进，将其修改为"输出驱动 - 输入促成假设"（以下简称"新假设"），并明确了输入与输出之间的关系。新假设认为，输出既是语言习得的动力，又是语言习得的目标；输入是完成当下产出任务的促成手段，而不是单纯为培养理解能力和增加产出性知识服务、为未来的语言输出打基础。基于新假设，师生可以根据产出任务需求对输入进行选择性处理，在有限的课堂时间内集中精力学习和理解与产出任务密切相关的语言形式、百科知识。在 2014 年和 2015 年，经过慎重思考并听取其他专家建议，我最终将该理论发展为"产出导向法"理论体系（Production-oriented Approach, POA）（Wen, 2014；文秋芳，2015）。在该理论体系中，"产出"（production）既强调产出过程（producing），又强调产出结果（product）。完整的"产出导向法"理论体系包括三部分：（1）教学理念；（2）教学假设；（3）以教师为中介的教学流程。教学理念包括"学习中心说""学用一体说""全人教育说"；教学假设涵盖"输出驱动""输入促成"和"选择性学习";教学流程由"驱动""促成"和"评价"三个阶段构成,在整个流程中教师要恰当地发挥引领、设计、支架等中介作用。教学理念是其他两部分的指导思想,教学假设是教学流程的理论支撑,教学流程是教学理念和教学假设的实现方式。应该说,与"输出驱动-输入促成假设"相比,"产出导向法"理论体系的内涵更加丰富,除了包括"输出驱动假设"和"输入促成假设",还增加了"选择性学习假设"。更重要的是,该体系并不限于三个假设,还包括三个教学理念和相应的教学流程,其可接受性和可操作性更强。

孙: 您如何看待"产出导向法"理论体系的产生在我国应用语言学理论建设史上的意义?

文: 可以说,"产出导向法"的提出是应用语言学理论中国化的一次尝试。这样说的原因有两点。第一,构建该理论是为了解决我国外语教学"学时不足,成效不佳"的问题。近年来经常听到有人用"哑巴英语""聋子英语"等批评外语教学。其实,如此批评有失公允,因为这些批评忽略了教学时间这一最关键变量对外语教学效果的影响。我国大学英语教学总学时远远少于其他国家的,甚至仅仅相当于国内英语专业2年课时数的三分之一(文秋芳,2012)。没有足够的教学时间,何谈取得理想的教学效果?然而,有些校长和领导对大学英语老师提出很不切实际的要求,而我们的老师作为弱势群体,又不敢争辩。有鉴于此,我就提出了"产出导向法"。从教学试验的效果来看,采用"产出导向法",虽不敢保证学生能达到怎样的学习程度,但可以肯定的是,运用这种方法能够使学生在有限的课时内学会做一些事情,增强学习成就感,提高学习成效。第二,构建该理论旨在实现"学用结合",克服"学用分离"的趋向。传统外语教学过分强调打基础和基本功,认为语言运用是学生自己的事,以为学生语言知识积累到一定程度自然就会应用,课堂上没有时间教学生使用。这样,学生的惰性知识(即接受性知识)越积越多,而教师在语言使用方面的指导往往不充分,从而导致学生学了不会用,出现"学用分离"的问题。采用"产出导向法",可以帮助学生将学和用结合起来,使学生学会使用教师所教的内容,让学生每节课都有所收获。从这一意义上来说,"产出导向法"比较符合中国国情,有利于解决"课时少,教学效果不佳"和"学用分离"的问题。当然,这一方法的提出,也借鉴了国外的二语习得理论和应用语言学理论。因此,我们认为,"产出导向法"理论是具有中国特色的应用语言学理论。

孙: 这一中国本土特色的应用语言学理论的提出,令学界欢欣鼓舞。下一步要考虑的恐怕就是如何将该理论应用到我国外语教学的实践中，使其在实践中得到检验、丰富和发展，并指导教学实践。您认为各高校如何应用这一理论，才能提升本校大学英语教学的成效？

文：如前面所述，"产出导向法"面向中高级英语学习者。不同高校学生的英语水平往往差别较大，故"产出导向法"的应用应因校而异。针对重点高校，我们专门开发了基于"产出导向法"的《新一代大学英语》教材并请有关出版社牵头制作了大量微课；而且，我们还在假期开展有关"产出导向法"和《新一代大学英语》教材应用的培训。这些举措可以帮助教师熟悉"产出导向法"的教学理念、教学假设和教学流程并更好地应用配套教材。换句话说，重点高校要实践"产出导向法"理论并提高其教学成效，需要参加有针对性的理论培训、教材培训并真正用好《新一代大学英语》教材。高职高专或普通高校，因为没有配套教材，加上受传统教学模式的影响，其学生未必能很快适应"产出导向法"，所以全面采用"产出导向法"可能有困难。对于这类高校，我们建议其年轻教师自发组成教学团队，从所用教材中选取一两个单元，开展"产出导向法"教学试验。试验课前，教学团队共同讨论交际场景的设计和话题的选择，并将协商好的场景和任务呈现给学生，同时向他们提供恰当的语言输入材料；学生根据交际场景、任务及输入材料，与组员一起准备课堂汇报内容并进行预演。试验课上，当值小组进行课堂展示并同其他同学和教师有效互动；临近下课，教师对当值小组的课堂展示做出评价并回应其他同学的共性问题。即便高职高专或普通高校教师只是在教授部分内容时采用"产出导向法"，其意义也是很大的，至少有助于学生克服"学用分离"的倾向并树立"学用结合"的意识。

孙：2011 年，世界应用语言学大会首次在我国召开期间，您对应用语言学研究中存在的"上不着天、下不着地"的现象提出了批评，希望中国的应用语言学研究者能够"顶天立地"。请您结合"产出导向法"理论，再深入谈谈"顶天立地"的内涵。

文："顶天立地"是应用语言学研究者应树立的重要意识。"顶天"主要指"理论创新"，"立地"则指"使理论落地"。应用语言学研究应该尽量将两者结合起来，即将"理论创新"和"使理论落地"统一起来，而非对立起来。毋庸讳言，对同一个人来说，同时做到"顶天"和"立地"实际上很难。因此，在中国应用语言学界出现了两类研究者：一类侧重理论创新，另一类更倾向于使理论落地。换句话说，一类侧重"顶天",另一类侧重"立地"。虽然两类研究者侧重点不同,但是他们都可以在某种程度上将"顶天"和"立地"结合起来。比如,从事理论创新的人固然要侧重理论的建构,使其理论建构过程首先符合二语习得和应用语言学理论的要求;与此同时,如果他们的研究也能符合国家需要和学生发展需要、符合外语教学实践的要求,就可以认为做到了"顶天立地"。也就是说,理论研究者不应为建构理论而建构理论,他们应当有一种情怀和理念 —— 希望自己所做的理论研究能够为实际服务。正如我构建"产出导向法"理论一样,虽然我不太可能亲自到各个学校去上课,但是我头脑中要有这么一种情怀 —— 我希望自己这方面的研究能够解决中国外语教学中的实际问题,从而为中国的外语教学做出实实在在的贡献。如果理论研究者根本不考虑其理论能否为实际服务,那么其理论无异于空中楼阁,毫无价值。实践研究者也可以做到"顶天立地"。他们可以从以下方面着手:一方面,他们需要在实践中检验既有理论,使之更具可操作性;另一方面,他们需要在实践中发现理论的不足,为理论的发展和优化做出应有贡献。比如,我的博士生张文娟的研究侧重的就是如何使理论落地。她所关注的正是如何使我提出的"产出导向法"理论更具有可操作性,如何把这种理论应用到教学实践中去,同时在实践中发现其缺陷,从而不断发展和完善这一理论。

孙: 具有本土特色应用语言学理论的提出,标志着我国应用语言学理论的发展上了一个新台阶。请您谈谈,要发展壮大我国的应用语言学,今后我们还需要做好哪些工作。

文: "产出导向法"理论的提出还谈不上使我国应用语言学发展上了一个新台阶,至多是我们在理论构建方面的一种积极尝试。其实国内已有不少学者在这方面做了积极的尝试。例如,王初明教授提出了"写长法"以解决长期困扰英语教学的"投入大,产出小"的难题(王初明等,2000)。后来,他又顺应当今二语习得研究潮流提出了"学相伴,用相随"原则,即"学伴用随原则"(王初明,2009)。今后,要发展壮大我国应用语言学,我们至少需要做好以下三方面工作。

第一,加强理论自主创新,丰富我国应用语言学理论体系。过去我们注重理论的引进和介绍,在理论自主创新方面做得很不够,这一问题已经引起国内不少学者的担忧,如胡文仲(2009:168)指出,我国的外语教学没有"形成自己的理论系统和独立的学派",这说明"我们在外语教育研究方面还有比较大的缺陷"。束定芳(2013:432)也认为,"我国外语教学理论研究在过去一二十年中主要是借鉴国外相关成果，缺乏有自己特色的理论"。现在我们在一定程度上扭转了这一局面，但我们不能就此止步，相反，我们的理论建设还需要加强。一方面，我希望今后更多教师试用国内学者提出的新兴理论，使他们的理论在为大学英语教学服务的过程中不断发展和完善；另一方面，我希望国内学者在介绍和吸收国外优秀理论成果的同时更加注重我们国家本土的教学特色，提出更多具有中国特色的应用语言学理论，从而使中国应用语言学形成强大的理论体系。

第二，充分利用国际权威期刊，并且提升国内期刊的办刊水平。作为 *International Journal of Applied Linguistics*（《国际应用语言学》）杂志编委会委员，我发现，我国学者近年来在国际应用语言学权威刊物上发稿依然不多。造成这种状况的原因主要有两点。其一，学术期刊是学术话语发挥作用的阵地。国际权威应用语言学期刊由欧美发达国家把持，其主导着该领域的学术评价体系，更愿意刊登本国学者的文章，以此向国际学界传递他们的学术声音进而引领国际应用语言学的发展方向。其二，中西文化差异较大，我国学者的研究与国外文化相距较远。理工科研究通常不受文化的影响，但应用语言学研究往往会受文化因素的制约。这样，要跳出我们的文化，同时选择能为国际学术圈接纳的研究视角并不容易。今后，我们需要更加熟悉国际学术规范，提高学术写作能力，在学术研究创新和学术视角的选择方面多下工夫，争取向国际权威期刊多投稿，多发稿。当然，我们也可以考虑和国际知名学者加强学术创作方面的合作。另外，我们需要提高国内期刊的办刊水平，把国内期刊培育成具有国际水准的知名期刊。我们主编的《中国应用语言学》期刊正在向这方面努力。

第三，利用国际会议舞台，传递中国学术话语。从我多次参加国际会议和承办国际会议的经历来看，国际会议是互通有无、交流信息和思想的重要平台。通过这样的平台，我们既可以倾听国际声音，又可以传递中国话语。要利用好这一平台，一方面，我国学者应增强国际学术交流意识，精心准备高质量的论文参加国际会议，另一方面我们也要争取在国内举办更多世界应用语言学大会之类的国际会议。一句话，我们既要走出去，也要请进来。

孙：刚才您谈到，要推动中国应用语言学发展，中国学者需要做好三方面的工作。实际上，上述工作能否取得预期成效归根结底取决于我国应用语言学研究人才的素质。只有当国内优秀应用语言学研究者水平不断提高，群体不断壮大时，中国应用语言学发展才能有质的提升。您本人作为成功的应用语言学研究者，多年来在应用语言学的 10 多个研究领域均取得了突出的成绩，近年来又在构建中国特色的应用语言学理论方面取得了明显进展。您的成功虽然难以复制，但"他山之石，可以攻玉"。所以，最后请您结合自己的科研经历谈谈优秀的应用语言学研究者应当具备哪些素质。

文：人才强，学科强。优秀科研人才队伍的壮大是中国应用语言学持续健康发展的重要保障。概括起来，应用语言学研究者应具备的素质主要是五个方面。其一，要找准个人兴趣点。我们只有对一件事情很有兴趣，才能持久钻研下去，所以一定要从事自己感兴趣的研究。我本人一直认为授人以鱼不如授人以渔，加之我当时意识到"研究学生如何学"是当时二语习得领域的研究热点，所以我以"英语学习者因素与英语成绩之间的关系"为博士论文选题并侧重研究英语学习策略。博士毕业返校以后，我继续从事学习策略方面的研究。因为我认为学生学会学习可以终身受益，所以指导研究生时我也特别注重教他们研究方法。可以说，无论从事学习策略研究还是教授学生研究方法都与我的经验和个人兴趣分不开。其二，要顺应国家需要。研究只有符合国家需要，才能保障其社会价值。近年来国家越来越重视语言政策和语言规划，我所在的中国外语教育研究中心是教育部人文社科重点研究基地，具有为国家外语教育规划建言献策的责任和义务，所以我积极转向语言政策研究，希望能为国家外语教育的科学决策贡献力量。其三，要善于利用集体智慧，注重团队协作。我从事教师发展、形成性评估及现在的"产出导向法"研究都是充分利用了集体的力量。在南京大学工作时，我就特别重视团队建设、梯队建设，带领年轻教师申报了教师发展方面的项目，最后在大家共同努力下一起完成。因为我始终坚信集体智慧大于个人智慧，所以此后的"形成性评估"和现在的"产出导向法"研究也是如此完成的。其四，要对研究前沿有敏锐的洞察力。学者只有瞄准前沿，站在高端，才能做出成绩。我对前沿的东西比较敏感，一旦认准了，就会认真做好。我当时认为语料库和计算机自动评分是很前沿的研究领域，就带领研究团队及时跟进，联合攻坚，终于分别取得了一批成果。其五，要权衡个人优势与不足，扬长避短。抓住前沿，未必总能站在前沿。科研是"长跑"。在自己不擅长的领域，经过努力也许可以一时占有优势，但长期保持优势地位却很难。从长远来看，始终处于某一领域"第一梯队"的通常是那些既擅长该领域又能为之持续努力的研究者。就我而言，虽然语料库和计算机自动评分等领域比较前沿，但我自己并不擅长，所以我果断选择了放弃，而让更长于此的博士生继续做下去。我本人则继续从事自己更擅长的外语教学和教师发展研究，毕竟我在这些方面积累了不少经验。

孙：通过这次对话，我们不仅进一步了解了中国应用语言学的发展历程、取得的成绩和存在的不足，也明确了今后的发展方向。您对应用语言学研究的经验和见解使我们受益匪浅。再次感谢您接受采访。谢谢。

参考文献

[1] Swain M. Communicative competence: Some roles of comprehensible input and comprehensible output in its development[C]// S Gass & C.Madden. Input in Second Language Acquisition. Rowley, MA: Newbury House, 1985.

[2] Wen Q F. Production-oriented approach to teaching Chinese adult learners: A keynote speech at the 7th International Conference on English Language Teaching in China[Z]. ctober 23-26, 2014, Nanjing, China.

[3] 高一虹，李莉春，吕珺. 中、西应用语言学研究方法发展趋势 [J]. 外语教学与研究，1999，（2）.

[4] 桂诗春. 大潮拍案浪花飞 [M]// 庄智象. 外语教育名家谈（1978—2008）. 上海：上海外语教育出版社，2008.

[5] 郭纯洁. 有声思维法 [M]. 北京：外语教学与研究出版社，2007.

[6] 胡文仲. 新中国六十年外语教育的成就与缺失 [J]. 外语教学与研究，2009，（3）.

[7] 李茨婷，郑咏滟. 民族志研究等同于质性研究吗？—— 语言教育学的视角 [J]. 外语电化教学，2015，（3）.

[8] 刘润清. 外语教学中的科研方法 [M]. 北京：外语教学与研究出版社，1999.

[9] 秦晓晴. 外语教学研究中的定量数据分析 [M]. 武汉：华中科技大学出版社，2003.

[10] 秦晓晴. 外语教学问卷调查法 [M]. 北京：外语教学与研究出版社，2009.

[11] 束定芳. 关于我国外语教育规划与布局的思考 [J]. 外语教学与研究，2013，（3）.

[12] 束定芳，华维芬. 中国外语教学理论研究六十年：回顾与展望 [J]. 外语教学，2009，（6）.

[13] 王初明. 学相伴，用相随 —— 外语学习的学伴用随原则 [J]. 中国外语，

2009，（5）.

[14] 王初明，牛瑞英，郑小湘. 以写促学 —— 一项英语写作教学改革的试验 [J]. 外语教学与研究，2000，（3）.

[15] 文秋芳. 输出驱动假设与英语专业技能课程改革 [J]. 外语界，2008，（2）.

[16] 文秋芳. 大学英语面临的挑战与对策：课程论视角 [J]. 外语教学与研究，2012，（2）.

[17] 文秋芳. 输出驱动假设在大学英语教学中的应用：思考与建议 [J]. 外语界，2013，（6）.

[18] 文秋芳. 输出驱动 - 输入促成假设：构建大学外语课堂教学理论的尝试 [J]. 中国外语教育，2014，（2）.

[19] 文秋芳. 构建"产出导向法"理论体系 [J]. 外语教学与研究，2015，（4）.

[20] 许宏晨. 第二语言研究中的统计案例分析 [M]. 北京：外语教学与研究出版社，2013.

[21] 杨鲁新，王素娥，常海潮，等. 应用语言学中的质性研究与分析 [M]. 北京：外语教学与研究出版社，2013.

[22] 周丹丹. 应用语言学中的微变化研究方法 [M]. 北京：外语教学与研究出版社，2012.

认知语言学在中国
—— 文旭教授访谈录

高 莉[1] 文 旭[2]

摘要：本文是对文旭教授的访谈录。文教授是国内认知语言学界知名学者，多年来一直致力于推动中国的认知语言学事业与国际接轨。访谈中，文教授讲述了他对认知语言学产生浓厚兴趣的原因，并就这种语言学新范式的现状、存在问题以及未来发展趋势做了解析。作为推进国内认知语言学研究向前发展的一种努力，文教授策划和成立了"语言认知与脑科学研究中心"并积极创办 *Cognitive Linguistic Studies*（《认知语言学研究》）国际学术期刊。在谈到语言学发展中如何做到引进与自创相结合时，文教授强调了批判精神和创新意识的重要性。最后，文教授畅谈了如何搞好科研的心得体会，希望与年轻学者共勉，共同推进中国认知语言学的发展。

关键词：认知语言学；中国；体验哲学；国际化

文旭教授简介：文旭教授是西南大学外国语学院教授、博士生导师，主要进行认知语言学、语用学、翻译学研究及语义与句法的界面研究等。他于 2001 年在北京师范大学获博士学位，2004 年至 2006 年在北京外国语大学做博士后研究。2002 年1 月至 7 月在美国伊利诺伊大学从师 Adele Goldberg（阿黛尔·戈德伯格）教授研修认知语言学及构式语法、2007 年 11 月至 2008 年 10 月在伯克利加州大学访学，从师认知语言学创始人 George Lakoff（莱考夫）教授研修认知语言学。文旭教授是国内认知语言学领域领军人物之一，他学识渊博、治学严谨，是科学出版社"外

---

[1] 西北农林科技大学外语系，陕西杨凌，邮政编码：712100。
[2] 西南大学外国语学院，重庆，邮政编码：400715。

国语言文学研究学术论丛"总主编、外语教学与研究出版社"当代国外语言学与应用语言学文库"专家委员会成员、上海外语教育出版社"认知语言学丛书"编委会编委。文教授现任中国认知语言学研究会副会长、中国语用学研究会副会长、西部地区外语教育研究会会长、中国英语教学研究会常务理事等职；同时担任国际学术期刊 *Cognitive Linguistic Studies*（《认知语言学研究》）及 *Asian-Pacific Journal of Second and Foreign Language Education*（《亚太第二外语教育杂志》）主编。从最初的"浅论英汉数词的模糊性"开始，在 20 余年的时间里，文旭教授已在国内外重要学术期刊上发表论文 100 多篇，包括新近发表于《现代外语》上的《构式化：历时构式语法研究的新路径》一文和发表于 *Metaphor and Symbol*（《隐喻与象征》）上的 *Systematicity and Complexity of Idea Metaphors in Chinese*（《汉语概念隐喻的系统性与复杂性》）一文，这些论文中有 5 篇被人大复印资料全文转载；同时文旭教授出版学术专著或教材等 20 余部，主持国家级、省部级教学科研基金项目 10 余项。

开始于 20 世纪 70 年代末 80 年代初的认知语言学在国际语言学界发展迅速，已成为当代语言学中的一门"显学"。近年来，中国的认知语言学研究也如雨后春笋般崛起，科研成果随着研究队伍的不断壮大而激增，这印证了文旭教授在其《国外认知语言学研究综观》一文中的预测："21 世纪将是认知语言学的时代"（1999：34）。从对国外认知语言学研究的介绍到对这种语言学新范式的诠释与思考，文旭教授为中国的认知语言学发展做出了重要贡献。最近，怀着一种敬意，笔者对为人诚恳、关爱后学的文教授进行了采访，请他谈谈对中国认知语言学事业的看法，文教授欣然接受了采访，以下是谈话记录。

高莉（以下简称高）：文老师，我们知道您最初发表的学术论文主要关涉语用学，您能谈谈是什么原因促使您后来对认知语言学产生浓厚的兴趣吗？

文旭（以下简称文）：关于这个问题，我想从两个方面简要谈一谈。

一方面，在 20 世纪 70 年代末 80 年代初，当认知语言学在国外语言学界开始兴起的时候，国内认知语言学研究可以说还未起步。我 1999 年在《国外认知语言学研究综观》（《外国语》1999 年第 1 期）一文中对这门新兴学科进行了介绍，目的是想让国内同行了解国外语言学研究的最新动态和现状，引进与自创相结合，推动认知语言学在中国的发展。之后，在与友人探讨、交流认知语言学的相关问题中我发现，国人已开始关注这种语言学研究新范式，但认识上存在一些误区。为了让国人更准确地了解认知语言学的思想与观点，我 2001 年在《外国语》上发表了第二篇介绍认知语言学的文章《认知语言学：诠释与思考》，通过讨论与认知语言学密切相关的几个问题，例如认知语言学的哲学基础、工作假设、与生成语法的关系等，澄清了某些事实。时隔 1 年，我整合了认知语言学内部各种理论方法，从研究目标、基本原则、研究方法三个方面对这一新的认知范式做了进一步解释（参见《外语教学与研究》2002 年第 2 期）。要介绍某个学科，你自己首先必须对这个学科非常清楚。在向国内学者介绍国外认知语言学研究的过程中，我把大量时间和精力交给了这门学科，同时也被这门新兴学科深深地吸引了，这实际上也是我下面要谈的另一个方面。

虽然都是对语言的认知研究，认知语言学中的"认知"却有着与以往语言认知研究不同的含义。其以经验现实主义哲学为基础，摈弃客观主义认知观，认为人的身体经验在概念意义的形成中起着重要作用。认知语言学家指出语言并不是像生成语法所称的那样是一个自足的系统，而是与建立在日常经验基础之上的实际知识、意象图式、认知模型等息息相关。由于认知语言学把语言看作是人类认知能力的一部分，其对自然语言而非抽象语言系统更感兴趣，这些都使得认知语言学研究更具心理现实性。此外，认知语言学对其核心议题如典型性、多义性、概念隐喻、概念转喻等的研究更符合人类认知特点，同时也得到了来自实验科学的实证支持。正是由于认知语言学对语言现象的阐释更贴近语言本质，它吸引了不同研究者的兴趣。目前，认知语言学研究已与语言学其他学科相结合，大大地丰富了其研究内容。

总之，认知语言学在解释语言现象及社会、文化现象方面本身所具有的优势是吸引我对其产生浓厚兴趣的主要原因。

高：在向国内学者介绍国外认知语言学的研究中您强调"引进与自创相结合"，您认为学术研究中应该如何做到引进与自创相结合？

文：引进别人的目的是更好地为自己服务。学术研究中我们了解、借鉴别人的东西，在此基础上进行批评性的创新，推动科研向前发展。当然，这说起来容易，做起来就不那么容易了。中国是一个学术大国，却被美国主流媒体之一的《国际先驱论坛报》讥讽为"模仿大国"，原因不在于我们缺少知识和知识分子，而在于我们缺少评判精神和创新意识。

学术研究中要做到引进与自创相结合，首先要非常清楚别人的理论，吃透其思想精华，弄清其研究背景、研究目的等，这样才能避免在一知半解的情况下妄加评论。对人家的理论非常清楚后，就可以进行批评性的借鉴了。要创新就得批评，批评是敢于对权威质疑、挑战。如果没有当时对占统治地位的乔姆斯基生成语法的质疑与批评，也就没有今天认知语言学的发展。在乔氏那里被忽视的非理想语言却被认知语言学家认为是揭示语言与认知关系非常重要的语料。这就告诉我们，别人认为不对的东西不一定不对，别人认为对的东西不一定全对。Goldberg（戈德伯格）在其 *Constructions: A Construction Grammar Approach to Argument Structure* 一书中文版（《构式：论元结构的构式语法研究》，吴海波译，北京大学出版社 2007 年出版）的序中曾提到：1992 年自己在写博士论文时，语言研究者的普遍观点是主要动词决定句子的全部形式和意义。如果不是敢于对这种普遍观点进行质疑和再思考，我想也就不会有后来 Goldberg（戈德伯格）的构式语法理论。

接下来谈如何在批评后进行具体创新。我认为可以有以下几个着眼点：一是进行方法论层面的创新或是思维方式的创新；二是创立新的理论，新的学科体系或新的学派；三是对于已有的理论进行补充、丰富或新的论证和发挥，对其中的错误给予批评和纠正；四是重新梳理、系统化前人科学的思想资料和理论；五是重提或突显已被后人遗忘、淡化或埋没的思想，将其发扬光大。

高：认知语言学在国内得以快速发展在很大程度上与国内举办的各种学术会议与讲座有关，作为此类活动重阵之一的西南大学曾多次举办学术会议并邀请国内外知名专家学者讲学。此外，我们知道西南大学成立了"语言认知与脑科学研究中心"，这在国内同行中并不多见。作为该研究中心的主要策划者和筹办者，您能否给我们简单介绍一下中心的情况及其成立意义？

文：2004 年 4 月西南大学举办了第三届全国认知语言学研讨会，邀请了 Langacker（兰盖克）教授和 Goldberg（戈德伯格）教授做主题发言。这次研讨会以及会前讲习班的成功举办给了我们很多思想火花和丰富经验。随后，我们开始筹划成立"语言认知与脑科学研究中心"，主要目的是想加强语言学、心理学、哲学、人类学、人工智能、计算机科学、神经科学、脑科学、教育学等学科领域研究者之间的互动与合作，促进认知语言学的多学科发展，推动语言与认知的跨学科研究。"语言认知与脑科学研究中心"下设两个实验室：语言认知科学实验室和脑科学实验室。中心定期举办语言认知科学国际论坛，自 2010 年起已成功举办三届，分别由 Elizabeth Closs Traugott（伊丽莎白·克劳斯·特劳戈特）、John R. Taylor（约翰·泰勒）和 Roland Posner（罗兰·波斯纳）做了题为 *Constructionalization: An Approach to Diachronic Morphosyntactic Change*（《建构化：历时形态变化的一种方法》）、

Perspectives on Cognitive Linguistics（《认知语言学透视》）和 *Approaches to Cultural Semiotics*（《文化符号学的途径》）的系列讲座，每位学者的讲座都是 10 场次。

关于成立"语言认知与脑科学研究中心"的意义，我想从两个方面谈谈：一方面成立此中心是我们意欲与世界保持同步美好愿望及其努力的体现。黄国文教授在就我国的外语教学与研究如何与国际接轨的问题上曾说过："中国的外语教学与研究要与国际接轨，首先要有国外的学者与我们对话、参加我们的讨论，而且要有国际著名的学者愿意把自己的学术成果放进中国出版的刊物发表。"（转引自陈旸，2012：8-9）。目前由 John Benjamins（约翰·本杰明）出版公司出版、我与著名认知语言学家 Zoltán Kövecses（泽尔坦）主编的国际学术期刊 *Cognitive Linguistic Studies*（《认知语言学研究》）已成功走过了三个年头（2014 年创刊），该刊编委由来自世界多个国家的著名语言学家组成，这算是朝此方向的一个努力吧，希望能在中国学术的国际化以及中西学术交流等方面做出点贡献。另一方面，"语言认知与脑科学研究中心"的成立可以说是顺应时代发展的要求。认知语言学是新的语言学研究范式，在受到热捧的同时也受到了责难。作为早期认知语言学主要研究方法的内省法受到了许多认知科学家的质疑。为了使研究成果更具解释力和说服力，越来越多的认知语言学家走向了语料库、对比法、科学实验等研究方法。相信今后的认知语言学研究越来越受益于自然科学领域的脑实验研究方法。此外，不管是人文科学还是自然科学都越来越表现出跨学科的特性，仅仅囿于单一学科领域内的研究已不复存在。"语言认知与脑科学研究中心"的建立可以说满足了这种跨学科发展的需要。

高：就目前的情况看，认知语言学研究呈现出一片繁荣景象。您能给我们谈谈认知语言学的现状、存在的问题以及未来发展趋势吗？

文：我于 2011 年发表在《外语与外语教学》上的文章《认知语言学事业》从研究队伍、书籍杂志以及学会与学术会议三个方面阐述了认知语言学的现状。在 2014 年发表于 *Cognitive Linguistics Studies*（《认知语言学研究》）上的文章 *Cognitive Linguistics：Retrospect and Prospect*（《认知语言学的回顾与展望》）中谈及了认知语言学业已取得的成就，强调指出认知语言学不仅是一个语言学流派，它同样也是一门认知社会科学或认知符号学，在这个大数据时代对多个学科领域都有重要意义。目前国内同行在介绍认知语言学理论的基础上对汉语语言进行了积极探索，出现了越来越多的认知语言学与汉语研究相结合的著作，例如学林出版社最新推出的《语法化词汇化与汉语研究丛书》、高等教育出版社 2014 年出版的《认知语言学研究·第五辑》中的席留生著的《"把"字句的认知语法研究》、复旦大学出版社 2011 年出版的吴为善著的《认知语言学与汉语研究》、上海外语教育出版社 2011 年出版的《外教社认知语言学丛书·应用系列》中的《语法化理论 —— 基于汉语发展的历史》（石毓智著）等等。可以说今后基于我们的母语检验、修正或提出新的理论以及在类型学视域下进行英汉认知对比研究将是认知语言学发展趋势之一。此外，从最初的关注词汇、句法层面的语义和概念问题到关注语篇或话语层面的认知研究也将是认知语言学发展的必然趋势。这正如系统功能语言学的 J. R. Martin（马丁）等人将韩礼德的研究从小句层面扩展到语篇层面一样。任何理论都有指导实践、解决实际问题的潜能，认知语言学也不例外。今后，越来越多发展成熟的认知语言学理论被应用于社会、文化、宗教、艺术领域的实践活动将毋庸置疑。同时，运用认知语言学的理论原则和研究成果解决翻译、语言教学以及词典编撰过程中的实际问题也是认知语言学的发展方向之一。当然，学科之间的交叉与融合会使认知语言学与自然学科领域结合越来越紧密，这可以从目前的发展 —— 基于脑实验科学的语言研究、生物语言学研究看出来。

任何理论都有一个由不完善走向完善的过程，作为语言研究的一种新范式，认知语言学主要存在以下有待进一步完善的地方：（1）因其主要是建立在体验哲学基础之上，认知语言学从一开始就给人以"主观"的印象。体验因人而异、对体验的阐释可能因文化而异、不同语境下的体验可能会带上相异的主观色彩等等。因此，如何对其一些有关核心议题的理论进行润色以"去除"这种主观印象是认知语言学需要加以完善的地方。（2）作为认知语言学主要理论之一的构式语法认为任何形、义的配对都可以看作是构式，这似乎造成一种对某个语言单位是否为构式的判断的混乱。同时，当多个构式存在于同一语言单位中时，如何对其进行研究上的取舍？这些都是构式语法理论需要进一步细化的方面。

高：认知语言学是目前国内语言学研究的一个重要领域，拥有人数众多的研究队伍。作为在这一领域有较高学术造诣的学者，您能否给刚刚步入或即将步入认知语言学事业的年轻学者说点什么？

文：从 20 世纪 80 年代后期开始，中国语言学界就一直关注西方认知语言学的发展，中国的认知语言学与国际同步这是令人欣慰的事情。越来越多的学者了解国际学术动态并走在学术发展的前列中，这一点可以从呈不断上升趋势的认知语言学方向的期刊论文和学术会议参会者人数中看出（期刊论文参见《现代外语》2009 年第 3 期束定芳教授《中国认知语言学二十年——回顾与反思》一文的数据统计。据我们粗略统计，2011 年在西安举行的第 11 届国际认知语言学大会有超过 100 名中国学者参加；据杨忠报道，2013 年在加拿大举行的第 12 届国际认知语言学大会有 10 余名中国大陆学者和学生到会发言；另据报道，2015 年在英国举行的第 13 届国际认知语言学大会有 30 余名中国学者参会）。虽然有值得高兴的事情，但同样我们也有需要深思的问题——中国学者的研究成果何时能在国际语言学界产生重要影响？中国何时能出现像 Lakoff（莱考夫）、Langacker（兰盖克）、Talmy（泰尔米）等一样的世界级大腕人物？我想这个问题的解决有待我们所有语言研究者的共同努力，尤其是年轻学者。在此，我谈一点自己的心得体会，与大家共勉。

我认为要搞好科研必须做到以下几点：（1）要有广泛、扎实的基础知识。这就要求大量地阅读，主要是阅读原著。所涉及专业不仅要包括语言学，还要包括哲学、人类学、心理学、社会学等相关学科。只有这样我们才能对理论的来龙去脉有清晰的了解，而不至于出现"一知半解"的情况。此外，还得有扎实的普通语言学知识和语言学各流派发展始末的知识。不能是你搞认知语言学就只知道认知语言学的知识。本质上作为一种研究视角、方法的认知语言学还是对语言各个方面的研究，只不过是采用不同的视角而已。沈家煊先生就曾经说过："假如我们在形式语言学和结构语言学方面还缺乏相应的知识和训练，'认知语言学'的研究是搞不好的。"（转引自吴为善，2011：24）（2）要有学科意识。学科意识有助于我们把握学科的区别性特征，进而写出符合学科规范的东西。（3）要有问题意识。我的学生经常告诉我，说他们读了别人的东西后感觉没有什么问题，我说这可不行。这倒不是说要挑别人的刺，而是要养成善于发现问题的好习惯。生活中很少有人能做到十全十美，科研也一样，一定存在可以继续挖掘的地方。不要认为某个问题别人已经研究过就没有什么可说的了，说不定别人解决了的问题就是你发现研究问题之所在。（4）平时要注意收集资料。养成心细、勤快的好习惯，处处留意与你所感兴趣话题相关的资料，之所谓"处处留心皆学问"。这样可以避免出现日后研究、写作中资料匮乏的窘况。（5）研究选题要有可持续性。如果你今天对这个话题感兴趣，明天又对那个话题感兴趣，我想学问是做不好的。毕竟人的时间和精力都有限，我们只能在有限的时间内做好有限的事情。因此，最好选择可持续性的话题，深钻特定的领域，钻得越深越好。

高：文老师，今天与您的谈话让我受益匪浅，您对认知语言学事业的执着追求以及对国内认知语言学发展所做出的努力让我们看到了一位学者对学问锲而不舍的探索精神，相信这种精神会激励众多青年学者在认知语言学的"求学"路上越走越宽。非常感谢您在百忙之中接受我的采访！

参考文献

[1] Goldberg Adele E. A Constructions: A Construction Grammar Approach to Argument Structure（吴海波，Trans）[M]. Chicago: University of Chicago Press, 1995.

[2] Wen X. Cognitive Linguistics: Retrospect and Prospect[J]. Cognitive Linguistic Studies, 2014, 1（2）: 155-170.

[3] Wen X，Yang K. Systematicity and Complexity of Idea Metaphors in Chinese[J]. Metaphor and Symbol, 2016, 31（4）: 230-249.

[4] 陈旸. 功能语言学本土化研究：十年一回眸 [J]. 山东外语教学，2012，（3）: 3-9.

[5] 石毓智. 语法化理论 —— 基于汉语发展的历史 [M]. 上海：上海外语教育出版社，2011.

[6] 束定芳. 中国认知语言学二十年 —— 回顾与反思 [J]. 现代外语，2009，（3）: 248-256.

[7] 文旭. 浅论英汉数词的模糊性 [J]. 外语学刊，1994，（2）: 50-52.

[8] 文旭. 国外认知语言学研究综观 [J]. 外国语，1999，（1）: 34-40.

[9] 文旭. 认知语言学：诠释与思考 [J]. 外国语，2001，（2）: 29-36.

[10] 文旭. 认知语言学的研究目标、原则和方法 [J]. 外语教学与研究，2002，（2）: 90-97.

[11] 文旭. 认知语言学事业 [J]. 外语与外语教学，2011，（2）: 1-5.

[12] 文旭，杨旭. 构式化：历时构式语法研究的新路径 [J]. 现代外语，2016，（6）: 731-741.

[13] 吴为善. 认知语言学与汉语研究 [M]. 上海：复旦大学出版社，2011.

[14] 席留生. "把"字句的认知语法研究 [M]. 北京：高等教育出版社，2014.

[15] 杨忠. 第十二届国际认知语言学大会纪要 [J]. 基础教育外语教学研究，2013，（8）.

系统功能语言学：发展及应用
—— 张德禄教授访谈录

张淑杰 [1]　　张德禄 [2]

摘要：本文是对同济大学外国语学院博士生导师张德禄教授的访谈录。张德禄教授几十年来致力于功能语法、语篇分析、多模态话语分析的研究并颇有建树。在访谈中，张德禄教授阐释了语篇分析研究的内容及方向、多模态话语分析的研究现状及发展、系统功能语言学研究的前沿课题及其发展趋势；他还畅谈了做科研的方法，如怎样找到科研的突破点、如何处理领域与方向的关系，并就学术精神等方面给年轻学者提出建议。

关键词：系统功能语言学；语篇分析；多模态话语分析；超学科研究

张德禄教授简介：同济大学教授，博士生导师。曾任中国海洋大学外国语学院院长。共在国内外重要刊物 [如国际 SSCI（社会科学引文索引）刊物 *Text & Talk*（《语篇与谈话》）、《外语教学与研究》等刊物] 和论文集上发表论文 115 篇。他在国内外重要和权威出版社 [如美国的 Springer（斯普林格）出版社] 出版专著、译著、教材、辞书等 21 部。

张德禄教授是同济大学教授，山东大学、同济大学博士生导师，享受国务院特殊津贴专家。张教授于 1982 年留学澳大利亚，师从系统功能语言学创始人 M. A. K. Halliday（韩礼德）并获得硕士学位，是中国系统功能语言学研究的奠基者与领军学者。张德禄教授在多个国家级学术研究学会担任主要负责人，是国内二十几所大学的客

---

[1]　中国石油大学（华东）文学院，山东青岛，邮政编码：266580。
[2]　同济大学外国语学院，上海，邮政编码：200092。

座教授或兼职教授。张德禄教授主持国家项目 2 项，完成 1 项；承担并完成教育部和山东省科研项目 6 项；在国内外重要刊物和论文集上发表论文 155 篇，其中在外语类核心期刊发表论文 80 余篇，如 *Text & Talk*（《语篇与谈话》）及《外语教学与研究》《山东外语教学》《外国语》《当代语言学》等；由国内外知名出版社出版专著、编著、译著 23 部。几十年来，张教授在功能语法、符号学、文体学、语篇分析、多模态话语分析、外语教学等领域成绩斐然；在潜心科研的同时，张教授培养了许多德才兼备的学者，为系统功能语言学的发展做出了卓越的贡献。2014 年 12 月笔者就系统功能语言学的研究现状、前言课题及其发展趋势专访了张教授。

笔者：张老师，语篇分析是系统功能语言学研究的核心领域，您在语篇分析方面著述颇丰，在外语类核心期刊上发表相关论文 30 余篇，并形成著作《语篇连贯与衔接理论的发展及应用》于 2003 年由上海外语教育出版社出版；同时《语篇分析理论的发展及应用》由外语教学与研究出版社于 2012 年出版，请您谈谈您在语篇分析方面的研究心得。

张：传统上，语法研究的目标是分析句子，包括传统语法和形式主义语法学派都是把句子作为研究对象，但是系统功能语言学把语篇作为研究的核心。首先语篇是语言交际的基本单位，即使一个词、一个句子或者一系列句子都可以是一个语篇，都可以作为交际的基本单位。在系统功能语言学中，研究语法的目标是进行语篇分析，而不仅仅是研究小句。研究语法时应该把语法与语篇联系起来，因此系统功能语言学的语法被称为功能语法，实际上是把语言的形式与意义联系起来。同时，系统功能语言学各个方面的研究，特别是词汇、语法、语音、音系的研究主要涉及它们在语境中的功能，而语篇为它们的研究提供了语境（Halliday，1985）。

现在，语篇分析研究取得了很大的成就，但是还有很多问题需要做进一步研究。首先，语法与语篇在微观层面的关系需要搞清楚。以前对于语篇的研究主要放在语篇的整体结构上，如体裁结构，而对于微观层面上语法与语篇的关系还没有进行深入的研究，当然也有一些研究如修辞结构理论在做这方面的努力。把语法研究与比较接近句子及比句子大的语篇单位联系起来，语篇研究就形成了从宏观到微观即由什么语法单位及语法模式来体现的系统研究，这样就把语法与语篇的体现关系从整体与局部两个层面上联系起来。其次，对语义系统的描述还需要做进一步研究。以前进行的系统描述大部分是在语法层面上或者与语法相关的层面上进行的，而对于社会文化层面上的研究还不够，当然有些方面的研究如评价理论也是在语义层面上进行的。最后，语义系统特征与语篇特征的关系问题也需要做进一步研究。这是系统特征与语篇特征的关系问题。语篇特征来自于系统，这些语篇特征与语义特征有什么联系，有怎样的决定被决定的关系也需要搞清楚。这些课题是系统功能语言学语篇研究的热点问题。

笔者：您从（20世纪）90年代开始进行的大部分研究是基于语篇层面的，特别是进行了语篇衔接与连贯的关系研究，并承担了教育部的社科规划项目"论语篇连贯的总体条件"，这期间的科研思路是怎样的？

张：做任何研究，特别是申请科研课题，首先要找准突破点。本课题重点研究了形成语篇连贯的各种条件，并最终形成了语篇衔接与连贯的理论。这个突破点来源于在研究中我对研究对象的思考和探索。我在研究中发现 Halliday（韩礼德）和 Hasan（哈桑）的语篇衔接理论有需要进一步研究的空间。比如他们提出"语篇衔接＋语域一致性＝语篇连贯"的理论（Halliday & Hasan，1976），这就意味着一个连贯的语篇首先是衔接的，同时要有语域一致性。但是一些小语篇特别是语境依赖性强的语篇具有语域一致性的特点却不一定有衔接机制，因此与 Halliday（韩礼德）和 Hasan（哈桑）提出的衔接理论有一些出入。为了解决这个问题，我们可以有两种方法：一是可以对语篇连贯的理论模式进行修改，二是可以扩展衔接机制，从而使连贯的语篇都有衔接机制。我采用了后者。

Halliday（韩礼德）和 Hasan（哈桑）的衔接机制主要是在语篇内部，但是在语境依赖性强的语篇中，语篇中的外指项目很多，如果这些项目不作为衔接手段的话，那就意味着这些语篇缺乏衔接机制，就不能满足 Halliday（韩礼德）和 Hasan（哈桑）提出的"衔接＋语域一致性＝语篇连贯"的模式。所以我就提出与语境相联系的语言特征也是衔接机制的思路，从而扩展了衔接机制的范围。同时，在研究中我还发现有些衔接关系是跨类的，如语篇中词汇项目和语法项目也可以形成衔接关系；另外，除了概念意义的衔接还有人际意义的衔接、语音的衔接（胡壮麟，1994）。这就形成了一个新的理论模式，衔接的手段得以扩展，从而从某个角度可以说，完善了 Halliday（韩礼德）和 Hasan（哈桑）的"语篇衔接＋语域一致性＝语篇连贯"的理论。有些学者认为这些新的衔接机制在 Halliday（韩礼德）和 Hasan（哈桑）的衔接理论中不存在，把他们作为衔接机制是否与 Halliday（韩礼德）和 Hasan（哈桑）的思路和理论不一致。实际上这些机制是形成连贯的条件，是否称为衔接只是一个术语问题。既然他们对于语篇的连贯起重要作用，就应该纳入到语篇衔接与连贯的理论框架中；

同时如果把它作为衔接手段的话，可以完善 Halliday（韩礼德）和 Hasan（哈桑）的理论模式。在此基础上我又对衔接的其他方面做了研究，如衔接力的研究、衔接关系的研究、衔接原则的研究及在宏观层面上的语篇连贯的研究（张德禄、刘汝山，2003），这些都是在 Halliday（韩礼德）和 Hasan（哈桑）的理论基础上对语篇衔接与连贯理论的发展。

笔者： 张老师，近年来语篇分析研究中出现了比较热门的多模态话语分析研究，请您谈谈多模态话语分析研究产生的原因。

张： 跟踪学科前沿的发展是一个研究者永恒的任务。多模态话语分析还应该算是一个比较前沿的课题。在系统功能语言学的产生与发展过程中，其研究目标一直是语言本身，但是 Halliday（韩礼德）提出语言是社会符号的理论已经为多模态话语分析的研究奠定了基础。既然语言是一种社会符号，就应该还有除了语言之外的其他社会符号；在人类的交际中使用的不仅是语言符号，还有其他符号系统中的符号，因此在研究语言的功能时也需要对在交际中选择的其他符号系统的功能特征进行研究（张德禄，2010），这就是 20 年来多模态话语分析研究得到迅速发展的原因。

系统功能语言学在研究语言内部及在社会文化和语境中的系统和功能特征的同时，也认识到交际在很多情况下不是由语言单独完成的，而是由多种符号系统共同完成的，并开始关注语言之外的其他符号系统的系统和功能特征，特别是它们与语言协同作用于社会交际的情况。这样，系统功能语言学研究开始由研究语言本身向研究其他符号系统扩展。研究多模态和社会符号学一方面扩大了系统功能语言学的应用领域；另一方面也有利于更深入地发展系统功能语言学。

笔者： 请问张老师，多模态话语分析研究的历史发展及研究现状是怎样的呢？

张： 多模态话语分析从 O'Toole（奥图尔）和 Kress（克莱斯）、Van Leeuven（凡利文）开始研究到现在已经有近 20 年的时间，无论在理论上还是实践上都取得了很大的成绩，包括多模态语法研究（O'Toole，1994；Kress & Van Leeuven，1996/2006）、模态之间的关系研究、多模态与多元读写能力培养的研究（the New London Group，1996/2000），以及多模态话语分析理论的应用研究等都得到了长足的进步。但由于研究范围大，涉及问题多，多模态话语分析在系统功能语言学内部还处在发展阶段，还有如下问题没有真正搞清楚，或者说没有意识到。

首先，大家对多模态语篇的分析，如对图像或者儿童连环画及电影等的分析研究，都是注重语篇本身的分析，而没有关注对语篇背后不同符号系统的研究。社会符号学为多模态语篇分析提供系统资源上的研究，因此多模态话语分析需要以社会符号学理论为基础，重视系统研究，以及从系统中选择的特征及其意义潜势或供用特征（affordance）的研究，即关注一个符号无论是语言符号还是其他符号在交际中应用的意义范围及在不同语境中的功能，这些共同特征形成了它的意义潜势或供用特征。

其次，多模态话语分析实际上是一个跨学科的研究课题，研究的对象通常是非语言学科的，如绘画、电影、舞蹈、广告设计等。所以，多模态话语分析需要多学科的协同研究。所谓多模态就是从不同的模态中选择符号特征来共同组成语篇，而不同的模态本身代表不同的学科，因此是多学科的协同（张德禄，2012）。现在这样做的不多，将来有两个路子可以走：一个就是组织相关学科的专家共同做研究，建立"超学科"研究平台；另一个路子就是培养多能人才，即一人多能，同时掌握多种学科的知识进行研究。

最后，多模态语法的研究还需要深化，主要存在以下几个方面的问题。第一，要进行对多模态语篇所涉及的符号系统的词汇语法的研究。在进行社会符号学研究的时候我们发现，有一些符号系统比较简单，没有语法只有词汇，因此没有必要研究它的语法；而其他的一些符号系统像语言一样，不仅有词汇还有语法，而且有的还有比较复杂的语法系统，因此研究的难度就很大。无论有没有语法，他们本身都有个系统，或者称系统语法，因此需要对不同的符号系统进行系统研究。第二，不同符号系统的语法特点也是不一样的，也需要研究。这也是我们在多模态语法研究中应该注意的，比如说语言是线性的，它的语法也是线性的，把一个线性的结构切割成不同的部分即形成语法单位或者语法成分；但是一个图像的单位不是线性的而可能是平面的，因为图像本身就是平面的，可以有不同的形状、不同的组成规则。平面语法与线性语法很显然有不同的特点，在平面语法中是一个词组级语法成分的在线性语法中就可能成为一个小句级或者句子级语法单位，所以说我们应该重视不同符号系统的语法特点的研究。第三，需要对不同符号系统的选择特征在多模态语篇中的功能进行研究，这更是一个比较难的研究课题。当你从不同的符号系统中选择特征用于交际时，这些从不同符号系统中选择的特征共同组成多模态语篇，每个特征都有它本身的功能，具体的功能是什么，在具体语境中有什么功能，如何相互协同作用来产生一个多模态语篇是我们需要做进一步研究的（胡壮麟，2004）。

笔者：张老师，通过您的分析，我们不难发现多模态话语分析的研究既需要对每个模态及模态间的关系做深入研究，也需要从宏观上进行更加系统的研究，您的力作《多模态话语分析理论与外语教学》会给广大学者更加详细而深入的讲解。张老师，纵观您这几年的成果，研究领域从系统功能语言学到符号学，研究的课题从语篇分析到多模态话语分析，涉猎很广，著述颇丰。请您谈谈学者应该怎样处理领域与方向的关系。

张：这里涉及做研究中知识面的深浅宽窄问题及理论与应用的问题。做研究需要到达学科的前沿，但同时也要求知识面宽，在跨学科、超学科研究中更是如此。从宽窄的角度讲，追求知识面宽，但是一定要有核心，围绕核心向外扩展；同时不能漫无边际地扩展，不然会迷失方向。见异思迁，难有大的建树。从深浅的角度讲，追求深也要坚持方向，从学科的发展角度看待研究的深入，才能保证在研究领域内向纵深发展。

笔者：那请教您，一个人如何能在有限的时间内实现这个目标呢？

张：一个人有时不能同时做到两者兼备，所以，就可以先发展一个方面，然后向外扩展，我自己的初期发展是按照这个模式进行研究的。我先集中研究一个领域，使它达到学科的前沿，这样就可以对其进行深入研究，如做课题或出成果。但是这样还是不够的，在研究的同时要扩展自己的知识，这种发展模式我把它称为"中心辐射型"。如刚才讲的语篇分析、多模态话语分析等领域的研究都是在系统功能语言学内进行的。但是很多语言的基本特征需要在研究其他学科的时候才能发现。例如，语言教学的效果通常不单单是从语言研究中得到，而是要结合教育学科理论研究和实践才能做出正确评估。知识面窄会限制自己的发展，在文科中尤其如此。

系统功能语言学是一种适用语言学，研究语言的应用是研究语言特性的基本条件之一（张德禄，2010）。但它通常要涉及另外一个学科或者几个学科，因此Halliday（韩礼德）把它看作一个"主题（theme）"，即围绕一个主题进行跨学科研究，或者说，更有效的是围绕这个主题进行超学科研究。超学科与跨学科的区别在于前者强调把各个学科整合为一体，各个学科的知识都要为本主题的研究做出贡献。

笔者：张老师，您从1987年的第一篇学术论文到1991年在 *Text & Talk*（《语篇与谈话》）发表论文，期间仅仅用了4年时间，请您谈谈年轻学者怎样发现前沿课题并深入探索，让自己的学术研究站在巨人的肩膀上从而推动语言学的发展。

张：实际上，我从开始学习系统功能语言学到能在国际刊物发文章不是4年，而是用了10年的时间，正是"十年磨一剑"。除了特别聪明、做研究十分擅长的人之外，一般人都需要长期坚持。长期坚持有两个意思：一是常年学习不断，不能忽冷忽热；二是要选择好自己的研究方向，并要坚持，不能见异思迁，一会儿东一会儿西。我自己的体会就是要坚持，持之以恒，在此基础上不断总结经验，学会从不同的视角、不同的层次看问题。

笔者：系统功能语言学作为当今世界语言学的一个重要分支，尤其符合中国人格物致知、学以致用的哲学思想，所以国内本流派的拥趸者越来越多。您也于2012年在《山东外语教学》主持选题，与学者探讨系统功能语言学的新发展。请您谈谈当前国际上系统功能语言学研究的前沿课题及研究趋势。

张：只有了解系统功能语言学的发展趋势，才能真正了解系统功能语言学的前沿课题和发展方向。系统功能语言学的研究核心是从意义和功能的角度研究语法，即系统语法与功能语法，所以系统功能语言学的初期又称为"系统语法"，后来才发展成为"系统功能语法"。因此，对于语法的研究是不断深化的，也是永恒的研究课题。进行语法研究的目的是进行语篇分析，因此语篇分析是系统功能语言学的核心课题，包括语篇本体的研究，如研究语篇的类型和语篇的结构；语篇的衔接与连贯；语篇与语境的关系（从语篇与文化语境的关系的角度讲是研究语篇的体裁；从语篇与情境语境的关系的角度讲是研究语篇的语域特征）。语篇用途也是一个重要的研究领域。进行语篇分析的用途是不同的，如果进行语篇分析的目的是研究语言本身的特征，则这是语言学本体研究；如果研究语篇的目的是发现语篇的用途，即发现语篇在社会交际中的功能，那么它是通过语篇分析来研究其他领域的东西，如批评话语分析，它是把语篇分析作为手段来发现政治问题、社会问题、权利问题等。（胡壮麟等，2005）

系统功能语言学的第二个发展趋势是由语言之内向语言之外其他符号系统的延伸，即多模态话语分析，上边已经谈过。

第三个发展趋势是由研究社会向研究社会成员的意义潜势过渡，即最近发展起来的个体性（individuation）研究。从Halliday（韩礼德）的基本理论角度来看是从社会符号角度研究社会成员之间的关系及把整个社会作为语境的语言研究，研究重点是语言的意义潜势，因此对于社会成员的个体特征研究一般不包括在这个方向之内。但最近随着语篇分析的发展，学者们发现，在通过语篇分析研究发现人类交际的共性特征的同时，还需要研究社会成员的个体特征，如个体身份的研究等［Martin（马丁），2009］。

同时还有一个从语言的中心向下的研究趋势，是关于功能语音学、功能音系学的研究。这类研究还比较欠缺，还需要做进一步的探索。

另一个发展趋势是向跨学科和超学科方向发展。实际上这是系统功能语言学的主要研究方向之一。系统功能语言学，作为一门适用语言学，其应用领域的研究涉及跨学科或者超学科的研究，如语言教学涉及语言学、心理学、教育学等学科；文体学涉及语言学、文学等学科；翻译涉及语言学及社会文化等相关学科。应用研究还涉及对其他载体的研究如电影、科学、法律、医学等，因此跨学科和超学科的研究究成为主要的发展趋势。

最后谈谈系统功能语言学与认知语言学的结合研究问题。能够把系统功能语言学与认知语言学结合是因为两者有共同的关注点：认知语言学也把意义作为主要研究对象，而不是形式；也强调语言运用的重要性［Croft（克罗夫特）、Cruse（克鲁斯），2004］。但两者的研究角度不同：一个是从社会文化语境角度从外部看语言；一个是从大脑思维的角度从个体内部看语言。从两者的结合研究上现在看主要有两种思路：（1）从意义的解释和构建的角度来解释认知现象，为认知语言学提供一个替代模式，如 Halliday（韩礼德，1999）和 Matthiessen（马西森，1999）；（2）从两者互补角度进行研究。我们一般采用后者。但采用后者要能够回答以下几个问题：（1）用这两个不同的理论解决相同的问题得到的结果是部分重叠的，是部分互补的，还是完全互补的？（2）两个理论能否整合为一个理论框架或分析框架？（如果两者确实是互补的，应该可以这样做）（3）在整合为一个框架时，哪个为主，哪个为次，或者两者的作用相当吗？（4）除了研究角度不同外，在其他方面是否存在理论上的冲突？（5）在理论整合中，相关的理论和术语如何处理？我自己觉得只有这些问题都能得到比较圆满的答案，才可以把两个理论进行有效的结合研究。

笔者：张老师，您作为国内系统功能语言学研究的先行者与开拓者之一，多年来致力于培养本学派的年轻学者，已经培养了近 100 名硕士生、10 多名博士生，请您谈谈您对年轻学者的要求与期望。

张：作为年轻学者，做学问首先要强调道德素质的培养。要有好的心态，要有为科学献身的精神。特别是做系统功能语言学方向，是从社会的角度研究语言，在研究意义的时候除了研究概念意义还要研究人际意义，研究者首先要认识到如何在社会上做人，才能真正做好语篇的人际意义研究。作为学者要有人文素养、高尚的价值取向，要有学者精神。能够潜心做学问、不浮躁，无论形势如何发展都要坚持自己的研究方向和研究目标；要有持之以恒的精神。同时还要有不断获取知识的兴趣和愿望。有了兴趣就不会觉得做学术很枯燥和劳累，你才能坚持做下去，最终做出一定的成果。

笔者：张老师，非常感谢您在百忙之中接受我的采访。您平易近人的学者气质、严谨而灵活多元的学术风格、不断探索不断创新的学术精神，对年轻学者来讲是一种鼓舞，更是一种标杆。您关于系统功能语言学研究独到而深入的阐述让我受益匪浅，再次感谢您！

参考文献

[1] Croft W, D A Cruse. Cognitive Linguistics[M]. Cambridge: Cambridge University Press, 2004.

[2] Halliday M A K, R Hasan. Cohesion in English[M]. London: Longman Group UK limited, 1976.

[3] Halliday M A K. An Introduction to Functional Grammar[M]. London: Edward Arnold Ltd., 1985.

[4] Halliday M A K, C M I M Matthiessen. Construing Experience Through Meaning: A Language Based Approach to Cognition[M]. London: Continuum, 1999.

[5] Kress G, T van Leeuwen. Reading Images: the Grammar of Visual Design[M]. London: Routledge, 1996/2006.

[6] O'Toole. The Language of Displayed Art[M]. London: Leicester University Press, 1994.

[7] New London Group. A Pedagogy of Multiliteracies: Designing Social Futures[C]// B Cope, M Kalantzis. Multiliteracies: Literacy Learning and the Design of Social Futures. Melbourne: Macmillan, 2000: 182-202.

[8] Martin J. Realization, Instantiation and Individuation: some thoughts on identity in youth justice conferencing[M]. Martin J. Forensic Linguistics: Vol 8. Shanghai: Shanghai Jiaotong University Press, 2009: 75-101.

[9] 胡壮麟. 语篇的衔接与连贯 [M]. 上海：上海外语教育出版社，1994.

[10] 胡壮麟. 超文本及其语篇特征 [J]. 山东外语教学，2004，（5）：3-8.

[11] 胡壮麟，朱永生，张德禄，等. 系统功能语言学概论 [M]. 北京：北京大学

出版社，2005.

[12] 张德禄，刘汝山. 语篇衔接与连贯的理论的发展及应用 [M]. 上海：上海外语教育出版社，2003.

[13] 张德禄. 多模态外语教学的设计与模态调用初探 [J]. 中国外语，2010，（3）：48-53.

[14] 张德禄. 论多模态话语设计 [J]. 山东外语教学，2012，（1）：9-15.